1781

AF523770

Wer das 18. Jahrhundert Georg Friedrich Händels erkunden will, sieht sich unversehens mit dem Heute konfrontiert. Und sei es nur, dass man sich fragt, warum Barockmusik seit einiger Zeit nicht mehr so langweilig wie noch vor fünfzig Jahren klingt und was das mit unserer Vorstellung von Musik zu tun hat.

Der Schriftsteller Karl-Heinz Ott hat lange als Operndramaturg gearbeitet und zahlreiche Essays über Musik veröffentlicht. Mit seinem kenntnisreichen Buch über einen der bedeutendsten Komponisten überhaupt eröffnet er auch dem Laien eine Welt, die über das rein Musikalische hinausweist. Er führt vor, wie eng musikalische Ausdrucksmittel, geschichtliche Entwicklungen und philosophische Grundsatzfragen miteinander zusammenhängen, und beweist, wie lebendig und unterhaltsam sich musikhistorische Zusammenhänge vermitteln lassen.

Karl-Heinz Ott, geboren 1957 in Ehingen an der Donau, ist für sein literarisches Werk vielfach ausgezeichnet worden, u. a. mit dem Alemannischen Literaturpreis (2009), dem Preis der LiteraTour Nord (2006), dem Candide-Preis (2006), dem Johann-Peter-Hebel-Preis (2012) und dem Wolfgang-Koeppen-Preis (2014). Zuletzt erschienen von ihm u.a. die Romane *Die Auferstehung* (2015) sowie *Und jeden Morgen das Meer* (2018) sowie die Sachbücher *Hölderlins Geister* und *Rausch und Stille. Beethovens Sinfonien* (beide 2019). Karl-Heinz Ott lebt in Freiburg.

Karl-Heinz Ott

Tumult und Grazie

Über Georg Friedrich Händel

Hoffmann und Campe

1. Auflage 2021

www.hoffmann-und-campe.de
Umschlaggestaltung: Lisa Busch © Hoffmann und Campe
Umschlagabbildung: © Bridgeman images
Satz: Pinkuin Satz und Datentechnik, Berlin
Gesetzt aus der Garamond Pro
Druck und Bindung: GGP Media GmbH, Pößneck
Printed in Germany
ISBN 978-3-455-01115-9

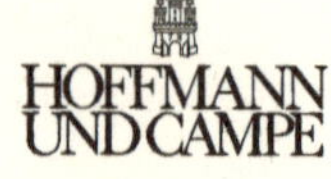

Ein Unternehmen der
GANSKE VERLAGSGRUPPE

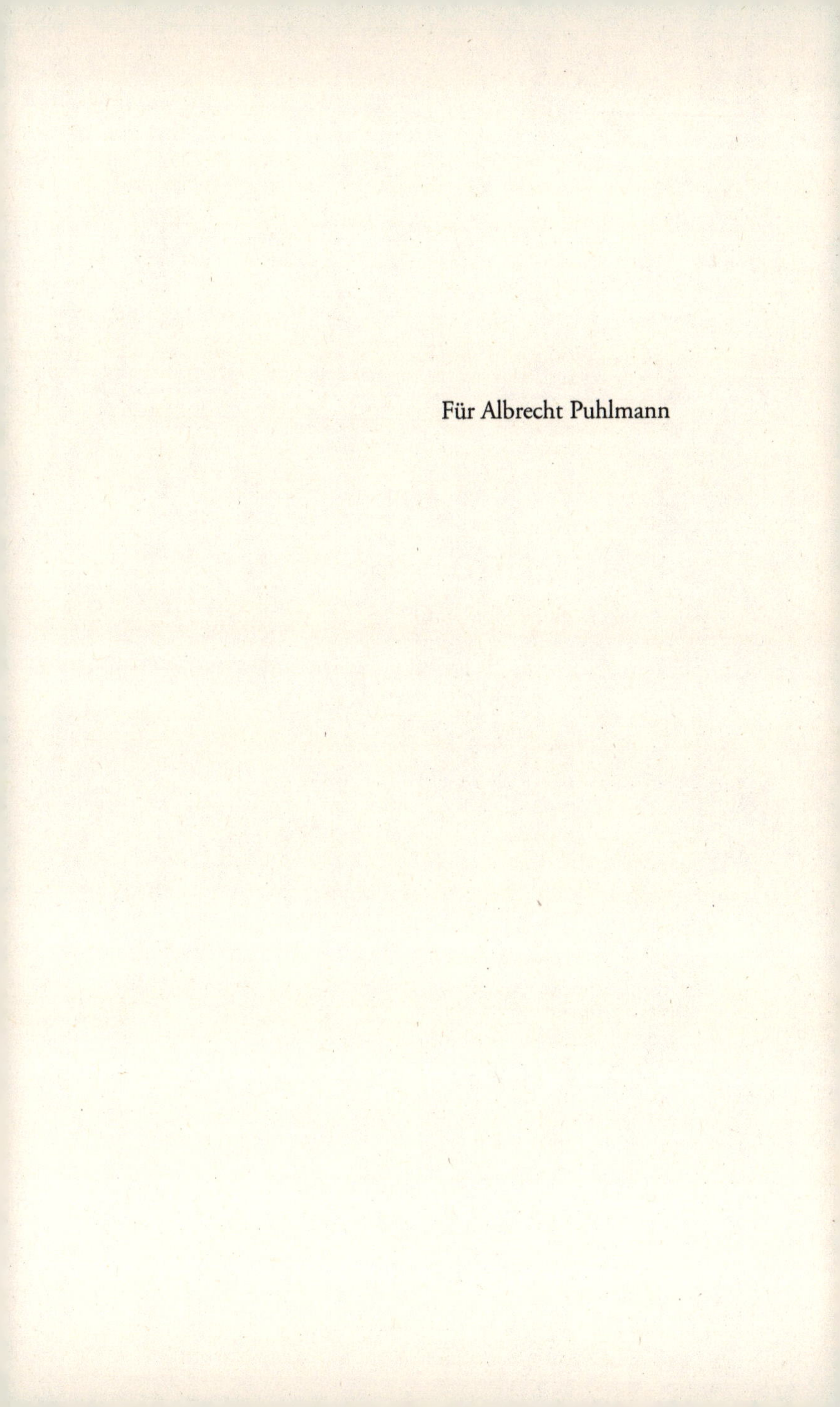

Für Albrecht Puhlmann

Inhalt

Heute morgen eine Art von Glück,
das (sehr schöne, sehr schwerelose) Wetter,
die Musik (Händel), Amphetamin, Kaffee,
die Zigarre, eine gute Feder, Küchengeräusche.

Roland Barthes, *Tagebuch von Urt,* 18. Juli 1977

Die stinklangweilige Barockmusik

Auf einmal ist alles anders. Man hört wieder hin, staunt und fragt sich, aus welcher Art von Geigen, Pfeifen und Harfen solche Kratz- und Klirrgeräusche kommen, weiß aber oft nicht einmal, wie diese Instrumente überhaupt heißen. Mit Bildern vor Augen wie von alten flämischen Malern, auf denen dickbäuchige Lauten mit langen Hälsen die Hauptrolle spielen und knollennasige Musikanten in Wirtshäusern aufspielen, begegnen wir inzwischen auch in unseren Konzertsälen Klängen, die ein wenig fremd und manchmal beinahe folkloristisch zugleich anmuten, ohne dass wir im Einzelnen wüssten, was eine Theorbe, Erzlaute oder ein Chitarrone ist, jedoch sofort wahrnehmen, wie warm, weich und dunkel Blockflöten im Unterschied zu ihren jüngeren Schwestern, den schrillen Querflöten, tönen. Vor dreißig, vierzig Jahren war das alles noch anders, zumindest im Großen und Ganzen. Wer sich damals aufmachte, auf alten Gamben zu spielen, hatte als Student bei seinem Lehrer alles andere als gute Karten und konnte zuweilen bloß hoffen, nicht gleich hinausgeworfen zu werden. Wer sich auf Barockmusik spezialisieren und sie auch noch anders als gewohnt spielen wollte, musste befürchten, als Versager dazustehen, der ein Schlupfloch sucht, um sein Mittelmaß mit Kuriositäten zu kompensieren. Schließlich dienten Bachs *Brandenburgische* oder Händels *Concerti grossi* bei Konzerten vor allem zum Aufwärmen, um erst danach richtig loszulegen. Sieht man einmal von Dirigenten wie Karl Münchinger oder Karl Richter ab, die schon nach dem Zweiten Weltkrieg ihren Schwerpunkt auf die Zeit zwischen 1700 und 1750 legten, so galt Barockmusik ansonsten als die Vorläuferin einer Klassik, die in Beethoven gipfelt und von dort aus in eine Romantik übergeht, in welcher der symphonische Sound nicht dicht und dick genug klingen und die Orchester nie groß genug sein konnten, um die Abgründe und Aufschwünge der Seele zum Sprechen zu bringen.

Barockmusik dagegen bestand aus solcher Perspektive vor allem aus Nähmaschinengeratter, schematischen Affekt-Arien, Cembalogezirpe und jenem monotonen Rezitativgesinge, wie man es in den endlos sich hinziehenden Passionsmusiken erleben musste, deren pure Länge einem tatsächlich etwas von Christi Leiden zu vermitteln schien. Zwar gehörte für einen Konzertpianisten das *Wohltemperierte Clavier* allein deshalb zum Pflichtprogramm, weil er beweisen musste, wie behende sich seine Finger auch beim Fugenspiel krümmen lassen, obwohl er vielleicht viel lieber den virtuosen Irrwisch gegeben und mit Rachmaninoffs Getöse brilliert hätte. Die Hochachtung vor der Komplexität der Kontrapunktik musste man aber eben auch zur Schau stellen, selbst wenn sie unterkühlt war und oft reichlich wenig mit Lust und Liebe zu tun hatte.

Für jemanden wie Adorno beginnt die neuzeitliche Musikgeschichte im Grunde eh erst mit Beethoven, aus dessen Symphonien man ganze französische Revolutionen, napoleonische Kriege und tausend subjektive Zerrissenheiten heraushören kann, lauter soziale und seelische Dramen, aus denen sich eine regelrechte Geschichtsphilosophie schmieden lässt. Weil Bach und Händel sich für derlei schwerlich eignen, handelt Adorno fast alles, was vor 1750 komponiert wurde, in Nebensätzen ab, die nicht selten etwas Wegwerfendes besitzen, und sei es, dass er Telemann als eine musikalische Manufaktur abkanzelt oder Heinrich Schütz als einen hölzernen, kontrapunktisch unbedarften Vorgänger von Bach abstempelt. 1955 veröffentlicht er zwar einen Essay mit dem Titel *Bach gegen seine Liebhaber verteidigt*, in dem er dem Thomaskantor durchaus seine Bedeutung bestätigt, in Wirklichkeit jedoch seinen Anhängern vorhält, jenen Jazzfans zu gleichen, denen es vor allem darum gehe, sich einer eingeschworenen Kennergemeinde zugehörig fühlen und sich von der Masse absetzen zu können. Im Übrigen, so Adornos Diagnose, verberge sich bei den Barock-Verehrern die alte Sehnsucht nach einer Autorität, der man sich mit dem Gefühl, sie frei gewählt zu haben, in einer als haltlos empfundenen Welt unterordnen könne. Auch wenn Adorno dabei ein paar sektiererisch wirkende Zeitgenossen vor Augen gehabt haben mag, wird man den Verdacht nicht los, er ziele im Grunde weniger auf Bachs falsche Liebhaber als diese gesamte Musikrichtung.

Bedeutende Abhandlungen, wie wir sie von ihm in Bezug auf Beethoven, Wagner und Mahler kennen, hat er, was barocke Werke anbelangt, nie vorgelegt. Bedeutsam wird für ihn Musik erst dort, wo man auf das sogenannte bürgerliche Subjekt trifft, was ganz schlicht heißt, dass dabei ein Leiden zum Ausdruck kommen muss, das von der Heillosigkeit einer Welt kündet, die sich am allerwenigsten mit einer religiös inspirierten Musik auffangen lässt. Adornos Kosmos bevölkern jene Verlorenen, metaphysisch Unbehausten, zutiefst

Verwundeten, wie wir ihnen angefangen beim romantischen Lied bis hin zu Beckett begegnen, von dem nicht zufällig eines seiner nahezu sprachlosen Zehn-Minuten-Stücke *Nacht und Träume* lautet. Zwei Männer sitzen dabei somnambul auf einer fast dunklen Bühne, während zwei weitere durch den Raum geistern und wir eine Stimme die letzten sieben Takte von Schuberts titelgebendem Lied singen hören. Eine Kunst, in der das Preisen und Rühmen auch seinen Platz hat, kommt Adorno von vornherein suspekt vor. Schließlich ignorierte er auch Olivier Messiaen, und sei es, weil für ihn ein zeitgenössischer Komponist, der sich als Christ fühlt, als contradictio in adjecto gelten musste.

Ob die Behauptung, dass erst nach der Barockzeit musikalische Subjektivität aufkommt, tatsächlich so evident ist, wie unsere gängigen Geschichtsvorstellungen suggerieren, darf man bezweifeln. Schließlich begegnen wir gerade bei Händel immer wieder einer Musik, die ins Schema einer barocken Affektmaschinerie nicht im Geringsten passt. Selbst wenn die ihnen unterlegten Verse jener Psychologie entraten, deren Zentrum unauflösbare Ambivalenzen bilden, drücken sich in vielen seiner Arien weit schillerndere Seelenzustände aus, als wir sie in den schlicht gestrickten Klage-, Jubel-, Wut- und Liebesgesängen der damaligen opera seria finden. Deutlich wird das bereits daran, dass Händel das übliche da-capo-Schema immer wieder aufbricht und man manchmal kaum ahnt, ob es sich noch um ein Rezitativ oder bereits eine Arie oder beides zusammen handelt, das ineinanderfließt, womit er weit ins 19. Jahrhundert vorausweist. Vor allem in Händels Oper *Teseo* lassen sich solche Tendenzen erkennen, so etwa in Medeas zwischen innigem Frieden und Verzweiflung schwankendem »Dolce riposo«, das wie eine große Arie beginnt, jedoch nach wenigen Takten seinen rezitativischen Charakter verrät, um dann sofort wieder in einen dramatischen Gesang überzugehen, wobei diese gesamte Szene mit zwei Arien, die sie hintereinander singt, und einem aufgewühlten Streit-Duett, das sich dem auch noch anfügt, nahezu das Ausmaß eines ganzen halben Aktes annimmt.

Andererseits muss man jemandem wie Adorno zugutehalten, dass es zu seiner Zeit kaum Gelegenheiten gab, Barockmusik anders als von Orchestern zu hören, die einen satten, durch die Romantik geprägten symphonischen Sound pflegten, was bei Händel und Bach gerade dann, wenn er strahlen sollte, oft ungemein dick, schwerfällig, breit und sogar breiig klang, ganz zu schweigen von solchen Sängern, die auch noch gravitätisch auf die Tube drückten und filigrane Gesangsgirlanden in Wagnersche Heldengesänge zu verwandeln suchten. Allerdings gehörte Adorno auch zu denen, die es für einen Rückfall in schiere Barbarei hielten, wenn diese Musik ernsthaft wieder auf alten Instrumenten gespielt werden sollte. Im Übrigen war er der Meinung, man brauche Händel, wenn es ums Polyphone gehe, erst gar nicht zu erwähnen, da Händel seine Fugen in einem pastosen Stil ertränke, der – wie er formuliert – keine Durchartikulation des Gewebes dulde. Mit solchen Bemerkungen offenbart er nicht nur eine erstaunliche Unkenntnis, sie sagen vor allem auch etwas darüber aus, wie zähflüssig und klebrig eine solche Musik damals gespielt wurde. Selbst die Aufnahmen eines Karl Münchinger und Karl Richter, die bis weit in die siebziger Jahre hinein als vorbildliche Interpretationen galten, wirken von heute aus gesehen derart tranig und träge, dass man meinen könnte, die sogenannte Alte Musik wolle uns vor allem trübsinnig machen. Bei der damaligen Vorliebe für sämige Streicherkantilenen schienen die Musiker gar nicht genug in ihrem schwerblütigen Sostenuto schwelgen zu können, womit sie allerdings dafür sorgten, dass Heerscharen von Jugendlichen, die bei ihren Eltern an müden Sonntagmorgen solche Erbaulichkeiten über sich ergehen lassen mussten, nie wieder etwas von Klassik wissen wollten.

Umso erstaunlicher, dass *Die vier Jahreszeiten* inzwischen nicht mehr wiederzuerkennen sind und die Geigen seit jüngstem wie im Eis knirschende, mit Metall beschlagene Fuhrwerksräder klingen und überhaupt kein einziges Instrument sich mehr so anhört, wie wir es bislang von ihm kannten. Auf einmal scheinen wir von einem unentwegten Zirpen, Knarren, Sirren und Scharren, von Windgeheul, Taubengeturtel, Kettengerassel und Hufgeklapper umgeben zu sein, als erstehe wie nie zuvor eine ganze Welt um uns herum, die man tatsächlich mit Augen zu sehen meint, eine Welt zwischen Breughelscher Winterstimmung und venezianischem Karneval, mit lauter Lautmalereien, angesichts derer man sich wundert, wie sie solchen sonst so rein klingenden Instrumenten wie einer Flöte und Laute überhaupt entlockt werden können. Nicht anders ist es bei Telemanns *Hamburger Ebb & Fluth*, wenn die Elemente zu toben beginnen, und zwar mit einer Lust und einer Wucht, als könne man von jenen wilden Stürmen gar nicht genug bekommen, die musikalisch auszuleiern beginnen, wenn die Winde ins Land hinein ziehen. Nur muss eine solche Musik eben federnd leicht und furios zugleich gespielt werden. Wen einst bei Händels *Wassermusik* eine lähmende Müdigkeit überkam, der kann auch sie längst neu entdecken, so etwa in der Einspielung von Harnoncourts Contentus Musicus, die so eckig und energisch, vital und kantig klingt, dass manche sie bei ihrem Erscheinen Ende der siebziger Jahre sogar für eine Parodie hielten. Dabei spricht allein das äußerst innig gespielte Andante in d-Moll, aber auch alles andere gegen jede satirische Absicht, ganz abgesehen davon, dass es inzwischen weit kühnere Zugriffe auf dieses Werk gibt. Was jedoch Harnoncourt und mit ihm alle, die im Namen einer historischen Aufführungspraxis frischen Wind ins Musikleben brachten, anstrebten, war die Wiederbelebung einer Klangrede, die mit jenem auf Hochglanz getrimmten Schönheitsideal aufräumt, wie wir es vor allem mit dem Namen Karajan verbinden, unter dem Harnoncourt als junger Cellist im Orchester gespielt hat.

Karajan steht dabei symptomatisch für eine Entwicklung, die mit der feldherrnartigen Beherrschung riesiger Orchestermassen im 19. Jahrhundert einsetzt, und zwar bereits zu einer Zeit, als der italienische Komponist und Dirigent Gaspare Spontini sich in Berlin anno 1819 den Titel eines Generalmusikdirektors zulegt, wie er an unseren Opernhäusern immer noch in Gebrauch ist. Wenn heutige Barockensembles auch die Symphonien von Beethoven und Schubert in kleineren Orchesterformationen spielen, lassen sich dabei musikalische und gruppendynamische Motive kaum auseinanderdividieren, zumal es zu den wesentlichen Anliegen einer historischen Aufführungspraxis gehört, an einem so durchsichtigen Klang zu arbeiten, dass nicht die Melodie das einzig Wichtige ist und alle restlichen Instrumente die Rolle einer Gitarre übernehmen. Wenn Debussy bemerkt, noch niemand habe Bachs Musik nachpfeifen können, hat er damit zwar nicht grundsätzlich recht, trifft aber einen richtigen Punkt. Schließlich verdankt sich die Anziehungskraft der wiederentdeckten Barockmusik ja unter anderem dem

Umstand, dass auf einmal wieder allerlei Seitenlinien zum Vorschein kommen, Seitenlinien, die einen wie selten zuvor aufhorchen und merken lassen, wie polyphon eine Partitur selbst dort klingen kann, wo es sich nicht einmal um etwas Kontrapunktisches handelt. Statt mit einem Klangteppich haben wir es auf einmal mit einem Stimmengeflecht zu tun, angesichts dessen man zuweilen nur staunen kann, was sich dabei in den Zwischenlagen alles abspielt.

Ganz anders dagegen jener symphonische Grandiositätsgestus, bei dem eine ganze Infanterie aus Geigern, Paukern und Bläsern ein vollkommen homogenes Klanggewoge hervorzaubern soll, das wie jene blitzblank polierten Posaunen zu glänzen hat, die in den hinteren, höheren Reihen das streichende Fußvolk überragen. Damit ein solcher Strahleklang immer strahlender klinge, wird die Instrumentenstimmung seit langem ständig höhergetrieben, was inzwischen dazu geführt hat, dass der Kammerton bei manchen Orchestern beinahe schon die Grenze von 450 Hertz erreicht, während er zu Barockzeiten noch unter 400 lag. Auch hier steuert die Barockbewegung entschieden zurück, zumal ihr an nichts weniger als an einer Brillanz liegt, die sich selbst genügt. Als Karajan in einem Radiointerview einmal gefragt wurde, wie er die Musik von Alban Berg einstudiere, antwortete er: »Ich übe mit den Musikern so lange, bis sie schön klingt.« Ob es der Sinn von Alban Bergs Werken ist, vor allem schön zu klingen, darf allerdings genauso wie im Falle der *Vier Jahreszeiten* bezweifelt werden.

Jene »respektvolle Langeweile«, die – wie Adorno meint – manchen Leuten beim Hören von Barockmusik ein »masochistisches Entzücken« bereite, verdankte sich weit weniger der Musik selbst als denjenigen, die sie zu Gehör brachten. Ganz abgesehen davon war in musikalischer Hinsicht die Barockzeit eh weitgehend unentdeckt, sieht man einmal von jenen akademischen Nischen ab, in denen man sich mit ihr schon lange intensiver beschäftigt. Doch außer Bach, Vivaldi, Händel und ein bisschen Scarlatti standen bei Kammermusiken allenfalls noch gelegentlich Namen wie Albinoni, Corelli und Couperin auf dem Programm, wenn es um die Zeit vor Haydn und Mozart ging. Wer, außer einigen wenigen, kannte schließlich schon Emilio de' Cavalieri, Alessandro Grandi, Giacomo Carissimi, Andrea Gabrieli, Giulio Caccini oder Stefano Landi, ganz zu schweigen von Komponisten, die geschichtlich noch weiter zurückliegen? Inzwischen hat sich jedoch eine Welt eröffnet, in der wir bei der Alten Musik unentwegt Neues entdecken, was keineswegs aus rein historischem Interesse geschieht, sondern vor allem deshalb, weil man gar nicht mehr begreifen will, dass wir uns so lange mit dem klassisch-romantischen Repertoire zufriedengeben konnten.

Dabei war der Aufstand groß, als sich immer mehr Musiker dazu entschlossen, ihre neuen gegen alte Instrumente einzutauschen und die Dinge anders, als man es gewohnt war, zu spielen. Schließlich fanden nicht nur solche Publikumslieblinge wie Yehudi Menuhin, dass Darmsaiten glanzlos klingen und sich Originalinstrumente nur stumpf und dumpf anhören. Dass jemand das Bedürfnis haben kann, wieder auf stählern, blechern, schnarrend und knarrend klingenden Hammerklavieren Haydn zu spielen oder Saiten auf seine Geige zu spannen, die unablässig nachgestimmt werden müssen, war in ihren Augen absurd. Bach, so hieß es, würde heutzutage auch auf nichts anderem als einem Steinway seine *Kunst der Fuge* zum Klingen bringen wollen und wäre dankbar dafür, dass es einen solchen technischen Fortschritt gibt. Während die historisch Orientierten an ihren alten Instrumenten die ungeahnte Klangpalette rühmten, klang in den Ohren ihrer Kritiker das, was ein Harnoncourt oder Hogwood hervorbrachten, nur wie eine einzige Sägerei und ein ungeschlachtes Geschrubbel, dem jeder Glanz und jede Eleganz abgehen. Rau, grob, ungeschliffen sei es und nichts anderes, hieß es entsetzt, als seien manche Zeitgenossen aus unerfindlichen Gründen in einen Rückschritt vernarrt, den man für immer überwunden glaubte.

Dass es reine Absicht sein kann, keinen Hochglanz zu erzeugen, sondern kratzig, harsch und bizarr zu klingen, belegen allein Rameaus höchst lautmalerische Cembalostücke, die Titel wie *La Poule* (das Huhn), *La Follette* (die Verrückte), *La Boiteuse* (die Hinkende), *Le Rappel des Oiseaux* (der Wachruf der Vögel) oder *Les Sauvages* (die Wilden) tragen. Wer es vermag, entlockt dabei dem eh schon spitz und scharf klingenden Cembalo allerlei Geräusche, die sich nach Scharren und Knarren, Zwitschern und Zirpen, Gerassel und Geklapper, Seufzern und dem Getrommel von Tambourinspielern anhören, durchmischt mit orientalischen Anklängen und Fanfarengelärm. Was Rameau alles an Naturgewalten zum Klingen bringen will, erleben wir wie nirgends sonst in seinem lautmalerisch kaum zu überbietenden Opéra-Ballet *Les Indes Galantes*, das unserem Gehör über Stunden hinweg ein berauschendes Schauspiel bietet, vom aufgepeitschten Meer und dem orkanartigen Wüten der Winde über ganze Erdbeben bis zum friedlichen Säuseln des Zephyrs. Wie sehr Rameau es um eine überbordende Affekt- und Bildersprache zu tun ist, belegen auch Spielanweisungen, wie sie sich etwa über einem Satz aus der Suite *Hippolyte et Aricie* finden, über dem nicht etwa *Musette*, sondern *bruit de musettes* geschrieben steht, was man mit Musette-Geräusch bzw. Musetten-Krach übersetzen könnte.

Natürlich ging auch damals dieses Imitatorische und Expressive manchen zu weit, wie etwa dem Philosophen Rousseau, der sich nebenbei als Komponist betätigte und für Diderots Enzyklopädie die Musik-Artikel verfasste. In seinen Augen muss Musik eingängig und sanglich sein, was heißt, dass der Komponist die Rolle des Orchesters möglichst klein zu halten hat und es auf keinen Fall zum überschäumenden Klangkörper aufblähen darf. Zwischen ihm und Rameau entstand deshalb eine Debatte, die nicht nur zwischen Gluck und Piccini, sondern auch im 19. Jahrhundert zwischen Belcanto-Anhängern und solchen wiederaufflackerte, die von der Oper mehr als nur eine Art Liederabend erwarten. Es ist ein Streit, der im Grunde bis heute anhält und auch fortdauern wird, zumal es dabei um die Frage geht, ob eher das Melodiöse oder Expressive, das Schöne oder Drastische im Vordergrund zu stehen hat. Dass das eine das andere keineswegs ausschließen muss, beweist wiederum Händels Musik, in der das Kantable und Kraftvolle, Gesangliche und Gewaltsame, Lyrische und Dramatische – oder man könnte auch sagen: Italienische und Rameausche – ganz selbstverständlich zusammengehören.

Die Fähigkeit, aus einer Partitur auch und gerade dann ein Ereignis zu machen, wenn der Notentext, wie es nicht nur bei Händel üblich ist, zuweilen reichlich spärlich aussieht, setzt eine viel freiere musikalische Phantasie voraus, als man sie bis vor kurzem noch für erlaubt hielt. Dabei sollte sich die Vitalität, mit der Barockensembles anfangs tatsächlich nur Werke aus Händels und Bachs Zeit aufführten, so ansteckend auswirken, dass längst auch Haydn und Mozart, Beethoven und Schubert merklich frischer und farbenreicher als noch bis vor wenigen Jahrzehnten klingen. Und wenn John Eliot Gardiner sich mit seinem Orchestre révolutionnaire et romantique an Berlioz' *Symphonie Fantastique* macht, gerät selbst hier, wo wir ein wildes Toben gewohnt sind, auf einmal alles glasklar, als ließe jedes Instrument sich jederzeit von allen andern unterscheiden, ohne dass dem Ganzen deshalb etwas an Erregung abhandenkäme, nur dass alles Auffahrende und Aufgepeitschte auf einmal weniger lärmend, sondern zuweilen sogar richtiggehend tänzerisch und auf wahrlich musikantische Weise schmissiger klingt. Interessant an dieser Entwicklung ist, dass nicht nur Barockspezialisten wie Harnoncourt oder Minkowski längst bis ins tiefe 19. Jahrhundert vorstoßen, sondern ebenso Dirigenten, die sich nicht der historischen Spielweise verpflichtet fühlen, Impulse von ihr aufnehmen. Als Claudio Abbado beispielsweise vor einigen Jahren Beethovens Symphonien neu einstudierte, arbeitete er mehr denn je jene vielen Stimmen heraus, die dem Wuchtigen dieser Werke auf einmal ein lichtes Gepräge geben können.

Vollkommen anders, als es ihnen prophezeit wurde, sollten ein Hogwood oder Harnoncourt keine Einzelfälle bleiben, sondern zum Motor einer musikalischen Bewegung werden, die mit so gut wie allem aufräumt, was im Klassikbetrieb vor einem halben Jahrhundert noch als hoch und heilig galt. Das betrifft nicht nur unsere gewandelten Klangvorstellungen, sondern auch das Selbstbild von Musikern, die es sich nicht mehr vorstellen können, einem Chef untertan zu sein, der das Orchester piesackt. Karl Böhms legendäre Widerwärtigkeiten und Karajans ikonenhafte Selbstinszenierungen, all das mag es in Ansätzen zwar immer noch und immer wieder geben, doch nicht zufällig sind die beiden in Zusammenhängen groß geworden, die man sich vor allem politisch nie mehr zurückwünscht. Von heute aus gesehen wirken ihre autokratischen Attitüden und Allüren reichlich lächerlich, doch sie haben nahezu ein Jahrhundert lang eine Atmosphäre geprägt, die von Gigantomanie und Subordination geprägt war.

In so manchen Barockensembles, die sich vor zwanzig, dreißig Jahren gegründet haben, wurde zuerst einmal monatelang über alle Arten von Phrasierungsmöglichkeiten und Tempovorstellungen geredet, bevor man ein Konzert gab. Bei jedem Ton sollte geklärt werden, warum man ihn so und nicht anders spielt, jeder Übergang wollte gemeinsam überlegt sein, und überhaupt gab es rein gar nichts mehr, was von vornherein als selbstverständlich galt, vor allem keinen Chef, der sagt, wo es langgeht. Auch die erste Geige wechselte zuweilen bei so gut wie jedem Konzert, und zwar schon deshalb, damit jeder die gleiche Verantwortung übernimmt und eine andere Kultur des Zusammenspiels eingeübt wird. Dass inzwischen auch hier der Alltag Einkehr gehalten hat und es längst wieder herkömmliche Aufgabenzuweisungen gibt, scheint schon deshalb unvermeidlich zu sein, weil das Habermassche Ideal vom herrschaftsfreien Dialog voraussetzt, dass Ergebnisse erst dann zustande kommen dürfen, wenn immer alle mit allem einverstanden sind. Wer nach einem solchen Prinzip zu arbeiten versucht, darf keinerlei Zeitdruck unterliegen und sollte möglichst frei von dem Zwang sein, auch Geld verdienen zu müssen. Wer aber je ein Barockensemble auf der Bühne agieren sah, weiß, dass es in aller Regel einen weit lebendigeren Eindruck als jene Orchester macht, in denen der Einzelne nichts anderes als ein kleiner Teil des Ganzen ist und in einem Repertoirebetrieb funktionieren muss, der keine langen Diskussionen darüber erlaubt, ob die Mehrheit der Musiker sich lieber auf Wagner oder Mahler, Verdi oder Strauss, das 18. oder 20. Jahrhundert kaprizieren möchte. In ein Barockensemble dagegen drängen vermutlich in erster Linie Musiker, die viel genauer wissen, was sie wollen, und die in aller Regel noch weit häufiger als die meisten Orchestermusiker in kleineren Formationen auftreten, ohne dabei nur auf Gigs aus zu sein. Auch wenn man sich mit Idealisierungen zurückhalten muss und der inzwischen allgegenwärtig gewordene Barockbetrieb ebenfalls etwas Routinemäßiges besitzt, meint man nach wie vor zu sehen, wie anders diese Musiker in das, was ihren Alltag ausmacht, involviert sind.

Als Reinhard Goebel mit der Musica Antiqua Köln im Jahre 1986 Bachs *Brandenburgische Konzerte* herausbrachte, standen die Leute Kopf, und zwar sowohl die Begeisterten als auch die Entsetzten. Das sechste Konzert in B-Dur etwa spielt dieses Ensemble bei höchster Präzision derart rasant, dass man es auf Anhieb kaum wiedererkennt. So wild und trotzdem unerhört transparent, wie es klingt, entdeckt man auf einmal einen Bach, der einen im wahrsten Sinne des Wortes nicht mehr ruhig auf dem Stuhl sitzen lässt. Wie die einzelnen Stimmen sich dabei verhaken und wieder voneinander lösen, bringen diese Musiker Linien zum Vorschein, die früher nur als Füllsel galten und gar nicht als solche wahrgenommen wurden. Derart kühn und frech, wie hier mit furioser Spielfreude ein Feuerwerk entfacht wird, fragt man sich aber auch, wie es möglich sein konnte, dass Heerscharen von Musikern das Potential einer solchen Musik über eine so unendlich lange Zeit hinweg nicht erkannten. So unerhört neu, wie Alte Musik hier klingt, will es einem zuweilen sogar scheinen, als könne man alles, was nach ihr kam, zuerst einmal vergessen, vor allem jenes 19. Jahrhundert, in dem man nicht selten den Eindruck gewinnt, es handle sich um ein reichlich forciertes Klanggewoge, das mitunter umso öder wirkt, je mehr man zu merken glaubt, wie ergriffen es einen machen will.

Die historische Spielweise zeichnet sich zunächst einmal dadurch aus, dass man die Myriaden von willkürlich hinzugefügten Artikulationsangaben vergessen muss, die den barocken Partituren erst später hinzugefügt wurden. Schließlich findet sich in ihnen von der Romantik an kein einziger Takt mehr, der nicht mit Phrasierungsbögen, Pedalvorschriften, Staccatotupfern, Crescendo- und Decrescendo-Pfeilen, Forte- und Pianozeichen und sonst noch allerlei Humbug übersät worden ist. Dass Bach mit Franz Liszt nichts zu tun hat, schien man nicht nur nicht wahrhaben, sondern widerlegen zu wollen. Und obwohl beispielsweise Busoni in seinem 1916 erschienenen *Entwurf einer neuen Ästhetik der Tonkunst* das romantische Wallen und Schwallen weit hinter sich zu lassen gedenkt, erdrückt er Bachs Cembalowerke mit endlosen Anweisungen wie »Molto tranquillo e gravemente, serioso, sostenuto e sempre sottovoce«, gefolgt von ständig wechselnden Vorschriften wie »mormorando«, »dolcissimo sospiro« und »più cantabile«. Die Bässe verdoppelt er eh so gut wie immer, und auch im Diskant werden fast alle Akkorde verfettet, sodass seine Bach-Arrangements so aussehen, als handle es sich um Sonaten von Brahms.

Während bereits Beethoven, aber vor allem Komponisten wie Schumann und Mahler ihre Werke mit einer Unzahl von Vortragsanweisungen ausstaffieren, sehen Partituren aus der Barockzeit in dieser Hinsicht vollkommen karg und kahl aus. Der Ruf »Zurück zum Original!« kann deshalb nur heißen, dass man sich an den Handschriften orientiert und spätere Ausgaben ignoriert. Dass wir, wie etwa im Falle Händels, oftmals keine Autographe mehr besitzen, macht die Sache zwar nicht einfacher, doch auch nicht so kompliziert, dass man wie vor dem Nichts stünde, zumal bereits viel gewonnen ist, wenn man den ganzen Wust an später hinzugefügten Vortragsanweisungen einfach ausblendet. Weil wir über unsere klassisch-romantische Tradition allerdings nicht per Dekret hinwegsehen können, bleibt einem nur die Möglichkeit, deren Klangideale auf den Prüfstand zu stellen, was zuerst einmal heißt, dass wir sie nicht auf die Barockzeit anwenden. Wie sehr bis heute der Drang vorhanden ist, selbst Werke aus dem frühen 17. Jahrhundert in Wagnersche Klangwogen zu verwandeln, belegt Henzes Bearbeitung von Monteverdis *Il ritorno d'Ulisse in patria*. Vom Ungewohnten, Sperrigen, Andersartigen der Monteverdischen Musik bleibt dabei nichts mehr übrig, ganz zu schweigen davon, dass von Transparenz keine Rede sein kann und die Sänger wahrlich walkürenhaft drauflosdröhnen müssen. Dass das Bedürfnis, den Klang zu verdichten und ihn gleichzeitig geschmeidiger zu machen, schon bei Mozart aufkam, zeigen seine Bearbeitungen des *Messias* und anderer Werke von Händel, die im Auftrag des Barons van Swieten zustande kamen. Dabei ist gegen Stimmverdoppelungen, das Hinzufügen weiterer Instrumente, Transpositionen und auch Streichungen und Straffungen, wie Mozart sie vornahm, nicht grundsätzlich etwas zu sagen, zumal Händel mit seinen eigenen Werken und denen anderer nicht anders verfuhr. Im Übrigen wurde in der Barockzeit auch die Wahl der Instrumente weit freier als zu späteren Zeiten gehandhabt, was schlichtweg daran lag, dass es beim Generalbassspiel keine allzu große Rolle spielte, ob dabei ein Cembalo oder eine Laute oder beide zusammen zum Einsatz kamen, zumal man in aller Regel einfach zu denjenigen Instrumenten griff, die gerade zur Verfügung standen.

Während Händel und Bach ihren eigenen Schöpfungen gegenüber ein reichlich pragmatisches Verhältnis besaßen, kommt mit dem romantischen Geniegedanken auch die Vorstellung auf, dass ein Werk etwas in sich Geschlossenes und damit Unantastbares ist. Was allerdings nicht heißen kann, dass es völlig beliebig ist, wie wir mit barocken Werken umgehen. Immerhin erfahren wir erst wieder durch die kleineren Besetzungen mit Originalinstrumenten etwas über die eklatanten Unterschiede nicht nur zwischen einem Bach- und Beethoven-Orchester, sondern bereits zwischen einem solchen, wie Haydn es am Hofe Esterhazys zur Verfügung stand, und jenem Londoner, für das er seine viel großzügiger und prächtiger angelegten späten Symphonien komponierte. Weil das eine dünner und das andere bombastischer klingt, gehen wir jedoch davon aus, dass Komponisten ihre Werke immer schon viel lieber für modernere Instrumente und riesigere Orchesterapparate geschrieben hätten und Bach lieber heute als morgen das Cembalo gegen einen Konzertflügel eingetauscht haben würde. Wer allein in solchen Fortschrittskategorien denkt, muss es natürlich vollkommen absurd finden, wenn heutzutage Musiker auf jene antiquierten

Flöten, Oboen, Hörner und Gamben zurückgreifen, die bloß als Vorstufen unserer viel perfekteren Exemplare gelten dürfen.

Da Bach seine Suiten aber nun einmal für ältere Instrumente und Haydn seine ersten fünf Dutzend Symphonien für Kammerorchester konzipierte, hatten sie andere Klangvorstellungen im Kopf, als wenn sie für einen Steinway oder Londons üppige Orchesterbesetzung gedacht gewesen wären. Nur der geschichtsphilosophische Glaube, das Spätere sei auch das Bessere, konnte dazu führen, dass Klangkörper, die an Beethoven und Brahms geschult sind, sich auch für Händels *Feuerwerksmusik* zuständig fühlten. In solchen aufgeblähten Bach- und Händel-Bearbeitungen, wie sie etwa von Stokowski stammen, kippt der orchestrale Gigantismus fast schon wieder unfreiwillig ins Parodistische um, wobei man diesem Monumentalklangfanatiker im Grunde sogar dankbar dafür sein muss, dass er diese Tendenzen bis zum Exzess getrieben und damit vorgeführt hat, wie die Gier nach Fülle das Gegenteil dessen, was sie anstrebt, hervorbringen kann. Wer allerdings eine Händel-Oper je mit einem heutigen Barockensemble erlebt hat, mag von da an im Graben kein auf Verdi und Wagner getrimmtes Orchester mehr sitzen sehen, wenn es um Werke geht, die vor 1750 entstanden sind. Zwar können die meisten Opernhäuser es sich kaum leisten, dafür eigens Spezialisten zu engagieren, doch es kommt durchaus vor, dass in Straßburg Les Arts Florissants, in Basel das Freiburger Barockorchester, an der Lindenoper die Akademie für Alte Musik Berlin oder das Balthasar-Neumann-Ensemble im Pariser Palais Garnier an Stelle der fest angestellten Musiker aufspielen. Ein kleineres Opernhaus wie in Lille wiederum, das kein eigenes Orchester besitzt, hat sich inzwischen dafür entschieden, regelmäßig mit dem von Emmanuelle Haïm gegründeten und geleiteten Le Concert d'Astrée zusammenzuarbeiten, was heißt, dass dort in jeder Saison Werke auf dem Programm stehen, die von einem der führenden Barockensembles aufgeführt werden. Wer als Geiger ständig mit Beethoven, Brahms und Mahler beschäftigt ist, wird im Unterschied zu diesen Spezialisten schwerlich in der Lage sein, von heute auf morgen eine Musik zum Klingen zu bringen, bei der das Vibrato keine Rolle spielt und die von viel schärferen Akzenten und einer Verzierungstechnik lebt, wie sie später überhaupt nicht mehr existiert, ganz zu schweigen davon, dass bei einem Händel oder Caldara bei weitem nicht all das, was diese Musik erfordert, bereits in den Noten zu finden ist. Doch damit sich allmählich die Einsicht durchsetzen konnte, dass nicht erst zwischen Bach und Beethoven, sondern bereits zwischen Händel und Haydn Welten liegen, hat es im Allround-Klassikbetrieb des 20. Jahrhunderts lange gebraucht.

Was aber als historisch korrekt zu gelten hat und was nicht, darüber lässt sich endlos streiten. Gustav Leonhardt, einer der Pioniere barocker Spielpraxis, legte stets Wert auf die Feststellung, es handle sich bei dem, was er macht, um keine Interpretationen, sondern um das, wie es vom Komponisten gedacht sei. Doch selbst dann, wenn man Leonhardts Einspielungen für das Nonplusultra halten mag, heißt das noch lange nicht, dass er damit keine Interpretation, sondern die Sache selbst, so wie sie zu sein hat, vorgelegt hat. Wer sich über jede Hermeneutik erhaben glaubt, offenbart damit nur seine Unbedarftheit, was jene vielfältigen geschichtlichen, kulturellen und biographischen Vermittlungsprozesse anbelangt, die wir keineswegs im Griff haben und überschauen können. Schließlich bringen wir bei jedem Blick in einen Notentext bereits tausend Voraussetzungen mit, und zwar zum größten Teil solche, die uns gar nicht bewusst sind. Der Glaube an die Unschuld eines handwerklich richtigen Verstehens, mit dem sich alles falsch Dazwischengeschaltete scheinbar fernhalten lässt, besitzt etwas erstaunlich Naives. Dass handwerkliches Wissen und Können als Voraussetzungen einer jeden Aufführungspraxis zu gelten haben, ist selbstverständlich, doch allein damit lässt sich keineswegs hinreichend erklären, warum William Christies Tempi andere als diejenigen von Trevor Pinnock sind und warum bei dem einen das gleiche Andante weit heiterer als beim anderen klingt. Der Notentext selbst gibt vor allem Auskunft darüber, was nicht in ihm steht, was ja schon sehr viel ist, nur dass dieses Nicht-Vorhandene in der barocken Spielpraxis etwas ganz anderes als in jenen späteren Zeiten bedeutet, in denen die freie verzierende Ausgestaltung als selbstherrlicher Eingriff in die innere Struktur eines Werks gegolten hätte, während sie im Barock unbedingt gefordert war.

Zwar erfahren wir über damalige Spielweisen sehr vieles aus musiktheoretischen Abhandlungen, wie sie etwa Händels Hamburger Weggefährte Johann Mattheson in seiner *Grossen General-Baß-Schule* oder der Schrift *Der vollkommene Kapellmeister* verfasst hat. Andererseits darf man solche Abhandlungen nicht nur als Bestandsaufnahmen lesen, sondern muss auch sehen, dass der Verfasser mit ihnen normativ eingreifen wollte. Im Übrigen können einem diese Schriften bei aller Detailliertheit trotzdem nicht erklären, wie temperamentvoll oder unaufgeregt man ein Werk anzugehen hat. Die inständige Beteuerung, von eigenen Auslegungsbedürfnissen und geschichtlichen Einflüssen radikal absehen zu wollen, mag zwar ernst gemeint sein, blendet jedoch aus, dass wir schon deshalb nicht souverän über unsere Deutungsprozesse gebieten können, weil alles, was wir tun, auch eine Reaktion auf etwas bereits Vorhandenes ist, ob es uns bewusst ist oder nicht. Ein Karl Richter hätte schließlich mit dem gleichen Recht von seinen Bach-Aufführungen behauptet, dass sie authentisch sind, wie es Gustav Leonhardt für sich beansprucht. Doch beide bringen Voraussetzungen mit, über die sie nicht frei verfügen, und sei es, dass der eine von diesem, der andere von jenem Lehrer geprägt ist oder dass er es absichtlich anders machen will, als es bis dahin üblich war. Allein die Frage, wie viel wir aus einem Notentext heraus- und wie viel wir in ihn hineinlesen, lässt sich kaum eindeutig beantworten. Dass eine da-capo-Arie anderen Regeln gehorcht als ein Wagnerscher Gesang, sieht beim Blick in die Partitur selbst ein Blinder. Was das allerdings im Einzelnen fürs barocke Phrasieren bedeutet, ist damit noch lange nicht gesagt. Während ein Gustav Leonhardt an authentische Lesarten glaubt, gilt in der Philosophie des 20. Jahrhunderts als weitgehend ausgemacht, dass nichts illusionärer ist als der Glaube an das Ursprüngliche und Echte. Wo das Uneigentliche endet und das Eigentliche beginnt, lässt sich schon deshalb schwer sagen, weil diese Unterscheidungen selbst ja bereits auf begrifflichen Entgegensetzungen beruhen und damit Voraussetzungen mit sich bringen, die alles andere als naturwüchsig und kulturell unschuldig sind.

Ungeachtet solcher Grundsatzfragen hängen wir mit dem Ruf nach dem Echten auch deshalb in der Luft, weil trotz noch so vieler historischer Studien keiner von uns wissen kann, wie Barockmusik damals tatsächlich geklungen hat. Schließlich wissen wir nicht, wie rasant Bach selbst seine Presti genommen hat oder ob Händel die Fanfarenstöße seiner Feuerwerksmusik eher gravitätisch oder leicht gespielt haben wollte. In den USA sind immerhin schon Platten erschienen, auf denen stand: *Authentic Edition – The famous Kanon as Pachelbel heard it* (»Authentische Ausgabe – Der berühmte Kanon, wie Pachelbel selbst ihn hörte«). Abgesehen davon muss ein Komponist nicht einmal der überzeugendste Interpret seines eigenen Werkes sein. Auch an Beckett hat sich gezeigt, dass er alles andere als ein inspirierter Regisseur war, wenn er seine Stücke inszenierte. Weil aber das, was wir mit dem Begriff Authentizität meinen, nichts Überprüfbares ist, stellt sich am Ende vor allem die Frage, ob uns eine Aufführung bannen kann oder nicht, ob sie uns mitreißt oder kaltlässt, aufrüttelt oder in den Schlaf befördert. Alles andere bleibt zu weiten Teilen der Spekulation überlassen, woran auch ein Gustav Leonhardt nichts ändern kann, wenn er meint, durch genaues Notenstudium zur einzig möglichen Wahrheit einer Komposition vordringen zu können und dadurch zum Sachwalter der Sache selbst zu werden.

Trotzdem kann man daraus nicht schließen, alles sei beliebig, zumal jemand, der eine Blockflöte von vornherein durch eine heutige Querflöte ersetzt, nie erfahren wird, wie sehr einen beispielsweise die Wärme der beiden Flöten in Bachs *Actus tragicus* berühren kann. Allerdings gibt es auch ganz schlichte Gründe, zu Originalinstrumenten zu greifen, so etwa im Falle von Bachs *Goldberg-Variationen*, die auf dem Klavier an manchen Stellen schon deshalb Schwierigkeiten bereiten, weil sich dabei die beiden Hände gelegentlich entschieden in die Quere kommen und zuweilen sogar die gleichen Töne anschlagen müssen, weshalb sich auf ein zweites Manual kaum verzichten lässt. Dass eine solche Musik, auf einem Konzertflügel gespielt, trotzdem nichts vom gewohnten Interpretationstrott besitzen muss und einem auch schon vor der Entdeckung der historischen Aufführungspraxis die Ohren geöffnet werden konnten, zeigen allerdings nicht nur die Aufnahmen von Glenn Gould, der alles andere als ein Verfechter des Originalklangs war. Auch wenn er geradezu penetrant seine unverwechselbaren Manierismen kultivierte, gelang es ihm immer wieder, aus dem Klavier Klänge herauszulocken, die sich gar nicht mehr nach einem Klavier, sondern eher nach einer Laute oder sonst einem Zupfinstrument anhörten. Es ist, als drücke er dabei überhaupt nicht auf Tasten, sondern reiße äußerst vorsichtig an Saiten, so wie es etwa Streicher bei einem leisen Pizzicato-Spiel tun. Zuweilen hat man aber auch das Gefühl, er zerre damit manche Stücke ins Parodistische, so wenn er gelegentlich einem Suitensatz einen reichlich mechanischen Charakter verleiht, womit er vielleicht auf ganz andere Weise, als es den Apologeten des Authentischen vorschwebt, den Klang von Hammerklavieren nachzuahmen versucht. Nicht so sehr bei Bach und Händel, jedoch bei Mozart, den Glenn Gould nicht sonderlich schätzte, kippt dieses Mechanische sogar ins Komische um, so wenn er etwa das *Alla turca* derart automatenhaft abspielt, als handle es sich um eine Spieluhr. Was Glenn Gould allerdings mit den Vertretern der historischen Aufführungspraxis verbindet, ist sein ungewöhnliches Non-Legato-Spiel. Ohne es könnte er überhaupt nicht in so gut wie jedem Takt drei verschiedene Akzente setzen und jeden Pralltriller zu einem Ereignis werden lassen, was bei ihm auf jene durch und durch kristalline Weise geschieht, wie sie heutigen Barockspezialisten als Klangideal gilt.

Ein paar Werke von Bach und Händel hat Glenn Gould auch auf dem Cembalo eingespielt, was sich bei ihm wiederum zuweilen nach einem frühen Klavier anhört, als suche er jedem Instrument ausgerechnet das zu entlocken, was nicht nach ihm klingt. Wie frei er dabei zum Teil verfährt, zeigt allein das Präludium von Händels erster Cembalo-Suite in A-Dur. Im Notentext haben wir es dabei vor allem mit liegenden Akkorden zu tun, die durch auf und ab gleitende Tonleitergirlanden miteinander verbunden werden. Glenn Gould verlebendigt diese akkordischen Pfundnoten nicht nur durch unentwegtes Arpeggieren, vielmehr löst er sie vollkommen auf und fängt an zu extemporieren, sodass das Stück sich wie eine virtuose Gitarrenimprovisation ausnimmt. Er verwandelt Händels Präludium schlichtweg in sein eigenes Stück, womit er sich allerdings keine maßlosen Freiheiten herausnimmt, sondern nur das macht, was während der Barockzeit Usus war. So erzählt Charles Burney, dem wir einen Großteil unserer Kenntnisse über die Musik des 18. Jahrhunderts verdanken, in seiner *General History of Music*, jener berühmte Kastrat Senesino, der einen Großteil von Händels Hauptrollen sang, habe auf der Bühne eine Arie des Komponisten Ariosti mit allem nur erdenklichen Gezottel, Gezappel und geckenhaften Verrücktheiten in ein ganz eigenes Stück verwandelt (»an exhibition of all the furbelows, flounces and vocal fopperies«).

Der um 1653 in der Nähe von Rimini geborene Pier Francesco Tosi, selbst ein berühmter Kastrat, veröffentlichte 1723 eine Schrift mit dem Titel *Opinioni de' cantori antichi e moderni* – »Meinungen alter und moderner Sänger« –, die der Direktor der königlichen Kapelle Friedrichs des Großen, Johann Friedrich Agricola, ins Deutsche übersetzte. Tosi schreibt darin, dass sein erster Lehrer – vermutlich sein Vater – ihm erzählt habe, wie die Sänger zunehmend die Marotte entwickelt hätten, in jede Arie endlose Kadenzen einzufügen, sodass die Opernabende kaum noch ein Ende finden wollten. Giulio Caccini wiederum erteilt im Vorwort zu seiner 1602 erschienenen Madrigal- und Ariensammlung *Le nuove Musiche* genaue Gesangsanweisungen, auf dass seinen Stücken nicht das passiere, was Graf Bardi, der Gründer der berühmten Florentiner Camerata, in einer ihm gewidmeten Abhandlung über die ältere und neuere Gesangsart zu beklagen hatte. Schließlich ist dort von Sängern die Rede, die derart wahllos eigene Passagen in Arien einfügten, dass der Komponist sein eigenes Werk nicht wiedererkennen könne. Um solche Exzesse einzudämmen, wurden damals Anleitungen für den angemessenen Gebrauch solcher Freiheiten ausgegeben, so etwa von Lullys Schüler Georg Muffat, der bezüglich des ornamentalisierenden Improvisierens ein paar grundsätzliche Regeln aufzustellen versuchte, und sei es nur, dass man nicht gleich den ersten Ton mit einem Triller ausschmückt. Immerhin findet es Johann Joachim Quantz, der Hauskomponist und Flötenlehrer Friedrichs des Großen, anlässlich eines Opernbesuchs in London der ausdrücklichen Erwähnung wert, dass Senesino in Händels *Admeto* nicht allzu viel improvisiert hat. Wie sehr dieses Ausschmücken nicht nur bei Sängern, sondern auch bei Musikern beliebt war, davon handelt eine Geschichte, die erzählt, wie der schottische Tenor Alexander Gordon sich während einer Probe bei der einzigen Arie, die er als nicht-italienischer Sänger in der Oper *Flavio* hatte, dermaßen über den am Cembalo sitzenden Händel aufregte, dass er zu singen aufhörte und schrie: »Falls Sie nicht endlich mit Ihrem endlosen Improvisieren aufhören, springe ich in den Orchestergraben!«, was Händel mit einem »Davon hätte das Publikum mehr als von Ihrem Gesang!« quittiert haben soll. Bei Charles Burney wiederum findet sich eine Anekdote, derzufolge der irische Geiger Matthew Dubourg, der im Jahre 1742 die Dubliner Uraufführung des *Messias* leitete, sich bei einer von Händel dirigierten Opernaufführung so sehr in einem labyrinthischen ad-libitum-Solo verloren habe, dass ihm längst die Grundtonart abhanden gekommen sei. Als er schließlich seine uferlose Kadenz doch noch mit einem signifikanten Triller zu Ende zu bringen gedachte, habe ihm Händel zugerufen: »You are welcome home, Mr. Dubourg!«, und dafür tobenden Applaus bekommen.

Dass es letztlich doch auf so etwas wie Stilempfinden ankommt, darauf spielt auch Couperin im Vorwort zum ersten Band seiner 1713 veröffentlichten *Pièces de Clavecin* an, wenn er gesteht, das, was ihn berühre, viel lieber zu mögen als das, was ihn nur erstaune (»j'avoueray de bonne foy, que j'ayme beaucoup mieux ce qui me touche, qu ce qui me surprend.«). Dass in einem vorgegebenen Rahmen Ausschmückungen jedoch nicht nur erlaubt, sondern unabdingbar sind, belegt allein schon die Aussetzung jenes sogenannten Generalbasses, der lediglich aus einer ausgeschriebenen Basslinie besteht, die mit Ziffern versehen ist, durch die deutlich wird, um welche Akkorde und deren Umkehrungen es sich dabei handelt. Vivaldi weigerte sich sogar, den kargen Bassverlauf mit Ziffern zu versehen, zumal er der Meinung war, dass Musiker, die das brauchen, Idioten sind. In welcher Weise der Cembalo-, Lauten- oder Harfenspieler diese

Linie ergänzt, muss sich aus dem Charakter des jeweiligen Stücks ergeben, wobei – wie bereits gesagt – zum Teil auch die Wahl der Instrumente offenstand und man schlichtweg auf das, was eben gerade zur Hand war, zurückgriff. Was wiederum Glenn Goulds frei gestaltetes Präludium aus Händels A-Dur-Suite anbelangt, so hat er es in eine Art Bachsche Toccata verwandelt, wobei bemerkenswert ist, dass Bach seine Toccaten vollkommen ausschrieb und dadurch so gut wie keinen Raum mehr für eine freie Gestaltung ließ, was ihm auch vorgehalten wurde. Dass Händels Präludium geradezu nach Improvisation ruft, lässt sich freilich gleich beim ersten Blick in die Noten erkennen, und zwar schon deshalb, weil es sterbenslangweilig wäre, würde man sie nur brav vom Blatt spielen.

Selbstverständlich hat das barocke Ausschmücken und Variieren nichts mit jenen Bearbeitungen zu tun, wie wir sie im Falle Bachs von Busoni oder im Falle Monteverdis von Henze kennen. Immerhin schüttelte der Musikwissenschaftler Max Schneider bereits in den zwanziger Jahren des letzten Jahrhunderts, als Händels Opern wiederentdeckt wurden, den Kopf über eine Aufführungspraxis, die auf die schönen Melodien fixiert ist und all das, was den zeitgenössischen Ohren nicht passt, weglässt oder umschreibt und dabei dem Orchester die Rolle eines wohlgefälligen Begleiters zuweist, der ein bisschen romantische Soße über das Ganze zu gießen hat. Gemeint waren damit unter anderem die Bearbeitungen von Oskar Hagen, der Händels Werken auch noch zu Titeln und Gattungsbezeichnungen ganz nach seinem Geschmack verhalf, so etwa wenn er die Oper *Serse* in »Xerxes oder Der Verliebte König – Heitere Oper in drei Akten« umtaufte. Was aber die tragischen Opern anbelangt, so bedarf es ebenfalls keiner großen Phantasie, um sich vorzustellen, was sich damals auf der Bühne tat und dabei aus dem Orchestergraben hochgeschwappt kam, wenn sein Regisseur Hans Niedecken erklärt: »Der Expressionismus hat uns die Kraft gegeben, wieder ein echtes, erfülltes Pathos zu haben; in einem neuen Barock entladen sich die aus der Musik Händels erwachsenen Kräfte in breitausladender Geste, in den in mächtigen Schwüngen gestalteten Linien bewegter Massen.«

Inzwischen sind jene Stimmen rarer geworden, die Darmsaiten und Holzflöten für armselige Vorgänger unserer brillanteren Gegenwartsinstrumente halten. Die lautmalerische Ausdrucksbreite, der wir seit einiger Zeit begegnen, überzeugt auch solche, die den Kult ums Authentische für Ideologie halten. Dass wir inzwischen etwas weniger in Kategorien des musikalischen Fortschritts denken, sondern die immensen Unterschiede zwischen einer barocken, klassischen und romantischen Musiksprache wahrnehmen, verdankt sich vor allem der historischen Aufführungspraxis. Die Frage, ob es sich dabei um etwas Originales handelt oder nicht, rückt dabei allein deshalb in den Hintergrund, weil sich die Verve und Vitalität, mit der die meisten Barockensembles zu Werke gehen, unmittelbar auf ihre Hörer überträgt. Dass viele Dirigenten es heute nicht mehr wagen, ein Konzert mit einem Bach- oder Händelhäppchen zu beginnen, deutet darauf hin, dass sie ihre Grenzen besser einschätzen können. Doch nach wie vor fragt man sich, wie Generationen von Musikern in der Lage sein konnten, einen Bach und Händel abzuliefern, der an Langeweile nicht zu überbieten war.

Namen wie Harnoncourt, Trevor Pinnock, Christopher

Hogwood, John Eliot Gardiner, Philippe Herreweghe, René Jacobs, Reinhard Goebel, William Christie, Frans Brüggen, Ton Koopman, Sigiswald Kuijken, Marc Minkowski, Emmanuelle Haïm und manch andere sind inzwischen aus unserem Musikleben nicht mehr wegzudenken. Doch man darf nicht vergessen, dass es nicht so sehr ein Harnoncourt oder ein Christopher Hogwood waren, die andere Spielweisen erfunden haben, schließlich gründete Anfang der dreißiger Jahre der Schweizer Dirigent, Mäzen und Eigentümer von Hoffman-LaRoche, Paul Sacher, jene Schola Cantorum Basiliensis, die längst der Basler Musikakademie angegliedert ist und als eine der wichtigsten Ausbildungs- und Forschungsstätten für barocke Aufführungspraxis gilt. Dass die Paul-Sacher-Stiftung zugleich die weltweit größte Sammlung von Werken des 20. Jahrhunderts besitzt, ist ebenso bemerkenswert wie die Tatsache, dass das Freiburger Barockorchester sich mit dem auf zeitgenössische Musik spezialisierten »ensemble recherche« ein gemeinsames Dach als Proben- und Begegnungsort gesucht hat. Beides mag darauf hindeuten, wie eng die Neuentdeckung des Alten und die Gegenwart zusammengehören, und zwar weniger in einem vordergründigen kompositionstechnischen Sinne, sondern in Bezug auf das, was wir Hörgewohnheiten nennen. Dass zeitgenössische Komponisten unser Gehör herausfordern, ist hinlänglich bekannt, nur dass es die Spezialisten für Alte Musik nicht weniger, wenn auch auf andere Weise tun. So macht uns etwa ein René Jacobs eine scheinbar längst vertraute Musik meist gänzlich neu erfahrbar, und zwar zuweilen so sehr, dass man meinen könnte, sie überhaupt nicht wiederzuerkennen. Wer einmal gehört hat, welches Gekreische er die Countertenor-Hexen in Purcells *Dido und Aeneas* anstimmen lässt, weiß spätestens von da an, welche Kluft sich zwischen den herkömmlichen Aufführungsgewohnheiten und einem bislang in dieser Weise unbekannten, höchst affektiven und lautmalerischen Ausdrucksdrang auftut. Nicht anders ist es, wenn er eine Händel-Oper wie *Rinaldo* entstaubt und sie mit dem Freiburger Barockorchester in ein wahrlich furioses Ereignis verwandelt, bei dem – wie in der Uraufführung – Vögel zu singen beginnen und die Continuo-Begleitung einen ganzen Kosmos an Klangfarben hervorzaubert, und zwar von Anfang bis Ende.

Während Karajan größten Wert darauf legte, dass seine Musiker jene Ansatzgeräusche zum Verschwinden bringen, die beim Erzeugen eines Tones entstehen, nutzen historisch orientierte Musiker dagegen alle nur erdenklichen Ausdrucksmöglichkeiten, und zwar deshalb, weil sie wieder erlebbar machen wollen, dass Instrumente einst nicht sich selbst und ihren eigenen Schönklang, sondern all das, was man als Naturlaute bezeichnen könnte, repräsentieren und übersteigern wollten. Wenn eine Saite kratzt und ein Horn patzt, kann das musikalisch weitaus mehr erzählen, als wenn es seine eigene Beschaffenheit so sehr transzendieren will, als handle es sich gleichsam um reine, körperlose Klänge. Schließlich kommt es gerade der Barockmusik darauf an, alle nur erdenklichen Affekte zum Sprechen zu bringen, und zwar mit einer Entschiedenheit, bei der Musik und Geräusch, Parodie und Pathos, Bizarres und Ergreifendes fließend ineinander übergehen, abrupt aufeinanderfolgen und eine so erstaunliche Ausdrucksbreite entfalten können, wie wir sie von kaum einer anderen Musik kennen und wie wir es ihr vor dreißig Jahren noch am allerwenigsten zugetraut hätten.

Dass Barockensembles etwas Verspielteres ausstrahlen als unsere herkömmlichen Orchesterapparate, belegen oft schon die Namen, die sie sich geben. So nennt sich etwa ein englisches Vokalensemble I Fagiolini, was »Bohnen« bzw. »Dummköpfe« bedeutet, während andere sich Les Art Florissants, Anima Eterna, Giardino Armonico, The Hanover Band, La petite bande oder aber Orchestre révolutionnaire et romantique, Orchestre du XVIIIe Siècle, Orchestra of the Age of Enlightenment, Les musiciens du Louvre und La Grande Écurie et la Chambre du Roy nennen. Letztere haben sich einen aufschlussreichen Namen zugelegt, zumal »L'écurie«, was eigentlich Pferde- bzw. Marstall heißt, am Hof des Sonnenkönigs für alles stand, was sich draußen abspielte, also Paraden, Feiern, Schlachten, Jagden. Für all das bedurfte es einer entsprechenden Musik, für die in Versailles der aus Florenz stammende Jean-Baptiste Lully zuständig war, der sich eines Tages in höchster musikalischer Erregung mit dem Dirigierstab in den Fuß stach und kurz darauf seinen Verletzungen erlag. Für die Kammer, la Chambre, waren dagegen andere Musiker vorgesehen, so etwa jener Gambenvirtuose Marin Marais, der Anfang der neunziger Jahre durch den Film *Die siebte Saite (Tous les matins du monde)* auch bei uns einen größeren Bekanntheitsgrad erlangte, zumal Gérard Depardieu ihn spielte. Aber auch François Couperin, der bis heute Klavierschülern gelegentlich über den Weg läuft, war für die Musik innerhalb des Schlosses zuständig. Freiluft- und Tafelmusik waren im Prinzip strikt getrennt, womit sich auch erklären lässt, dass von Lully so viele fanfarenartige Werke überliefert sind, während Couperin und Marais vor allem Gamben- bzw. Cembalostücke hinterließen. Bei größeren Festlichkeiten wie Bällen, Balletten und Empfängen wurden die Kammermusiker allerdings durch Mitglieder der Grande Écurie verstärkt, wobei es aber auch innerhalb der Kammermusiker nochmals zwei Gruppierungen gab, deren kleinere La petite bande genannt wurde und einen Teil jener größeren mit der Bezeichnung La grande bande bildete, welche wiederum aus jenen berühmten Vingt-quatre Violons du Roi bestand, die sich aus vierundzwanzig Geigern zusammensetzten, die nichts weniger als subalterne Hofmusikanten waren, sondern allesamt einen Degen trugen, keine Steuern zahlen mussten und sich wie Aristokraten fühlen durften. Auch wenn Lully eine Zeit lang der Leiter aller dieser Ensembles war, ändert das nichts daran, dass sie unterschiedliche Kompetenzen besaßen und die einen in Park und Wald und Flur, die andern in den Sälen und Gemächern aufspielen mussten.

Zu den kraftvollsten Vermittlern Alter Musik jedenfalls gehört die um den Oboisten Jean-Claude Malgoire versammelte La Grande Écurie et la Chambre du Roy. Händels sonst so oft bloß fad erbaulich wirkende *Feuerwerksmusik* lassen diese Musiker derart leuchten, dass man meinen könnte, sie schössen mit ihren Trompeten, Hörnern und Posaunen bei jedem Ton Pfeile in die Luft, weshalb sich die Fanfaren der Bläser-Ouvertüre weder gravitätisch bräsig noch feierlich steif anhören, sondern eine Leichtigkeit ausstrahlen, die eher an einen leuchtenden Sonnentag als an majestätische Aufgeblasenheiten denken lässt. Selbst wenn man solche Repräsentationsmusiken längst nicht mehr hören zu können meinte, erlebt man sie wie neu, wenn sie einem mit einer derartigen Energie wiederbegegnen. Ob es sich dabei um Originalklänge handelt oder nicht, ist höchst zweitrangig.

Schließlich begeistern sie uns nicht deshalb, weil jetzt auf einmal alles geschichtlich korrekt klingt, vielmehr hören wir plötzlich wieder hin und staunen über uns selbst, und zwar deshalb, weil einen nicht bloß Händels *Feuerwerksmusik*, sondern so vieles aus der damaligen Zeit in seinen Bann zu ziehen vermag.

*1685: Händel, Bach, Scarlatti

Händel wird am 23. Februar 1685 geboren, nur dass auf seinem Grabstein in der Westminster Abbey das Jahr 1684 eingraviert ist, weshalb die großen Londoner Händel-Gedenkfeiern auch 1784 stattfanden. Das Missverständnis verdankt sich seinem ersten Biographen John Mainwaring, einem Pfarrer, der seine Informationen von Händels Schüler und Notenkopisten John Christopher Smith hatte, der ebenfalls aus Deutschland kam und eigentlich Schmidt hieß. Wir treffen bei Mainwaring häufig auf ungenaue Angaben, nur dass man froh sein muss, dass es diese Lebensbeschreibung überhaupt gibt, da wir sonst über Händel noch weniger wüssten, als es eh schon der Fall ist. Dass Mainwaring den »24sten Hornung 1684« angibt, wie sein Übersetzer Johann Mattheson es eindeutschte, verdankt sich allerdings nicht, wie man zuerst einmal vermuten könnte, jenem julianischen Kalender, den die anglikanische Kirche aufgrund ihrer Abspaltung von Rom bis ins Jahr 1752 beibehielt, während das restliche Europa sich seit 1582 weitgehend nach der gregorianischen Reform richtete, wobei die Differenz kein ganzes Jahr, sondern bloß ein paar Tage ausmachte.

Fünf Wochen nach Händel wird Bach geboren und ein gutes halbes Jahr nach Bach Domenico Scarlatti, der Sohn des damals berühmtesten italienischen Opernkomponisten mit Vornamen Alessandro. Händel stammt aus dem sächsischen Halle, Bach von nicht allzu weit nebenan, aus dem thüringischen Eisenach, während Scarlatti in Neapel zur Welt kommt, dem Zentrum der damaligen Oper und – neben Rom, Florenz und Venedig – der Musik überhaupt. Im Gegensatz zu den anderen beiden wird Händel allerdings in keine Musikerfamilie hineingeboren, vielmehr ist sein Vater Georg Händel als Barbier und Wundarzt »wohlbestallter Cammerdiener« am Hof zu Halle, wobei er noch weitere Erwerbsquellen hat, wie etwa landwirtschaftliche Güter und eine verpachtete Weinschenke, die ihm allerdings im Jahre 1680, nach dem Tod des Herzogs, als unrechtmäßiger Besitz weggenommen wird. Nachdem 1682 die Hälfte der Bevölkerung in Halle an der Pest stirbt und Georg Händel auch seine Frau verliert, mit der er sechs bereits erwachsene Kinder hat, heiratet er mit einundsechzig Jahren die fast dreißig Jahre jüngere Pastorentochter Dorothea Taust, mit der er nochmals drei Kinder haben wird, deren erstes Georg Friedrich ist, dem noch zwei Schwestern folgen.

Bei Mainwaring lesen wir:

> »Von Kindesbeinen an hatte dieser Händel eine solche ungemeine Lust zur Musik bezeiget, daß sein Vater, der ihn sonst zum Juristen betimmet hatte, darüber in Unruhe gerieth. Als er aber nun merkte, daß dieser Trieb sich je länger je mehr äusserte, wurden alle Mittel vorgekehret, demselben zu widerstehen. Fürs Erste verbot er ihm nachdrücklichst, sich mit keinerley Art musikalischer Instrumente abzugeben, ja, es durfte nichts dergleichen ins Haus kommen, und ihm ward auch nicht einmal zugestanden, irgendwo hinzugehen, da er so was antreffen könnte.«

Weil ruhmreichen Künstlern natürlich auch Knüppel in den Weg gelegt werden müssen, weiß Mainwaring zu berichten, der kleine Georg Friedrich habe sich heimlich ein »kleines Klavicordium« besorgt – also eine Art winziges Spinett, das man sich unter den Arm klemmen kann – und auf ihm gespielt, wenn die andern im Bett waren. Als er zwölf ist, stirbt sein Vater, was heißt, dass von da an niemand mehr verhindern konnte, dass Händel zu dem werden sollte, was er geworden ist, vorausgesetzt, die Geschichte mit dem Musikverbot stimmt überhaupt.

Dass alle diese drei Komponisten im gleichen Jahr geboren sind, möchte man schon deshalb kaum glauben, weil bereits zwischen Händel und Bach die stilistischen Unterschiede frappant sind, während wir bei Scarlattis Sonaten zuweilen an eine ganz andere Zeit denken würden. Auf Scarlatti scheint nicht einmal die Epochenbezeichnung Barock zu passen, zumal wir ihn, obwohl auch das nur ein reichlich vager Begriff ist, eher mit dem, was man Rokoko nennt, in Verbindung bringen würden. Weil seine Musik etwas unverwechselbar Eigenes besitzt, lässt sie sich eh kaum einordnen, zumal Scarlatti sich um die Gesetze der geltenden Funktionsharmonik nicht im Geringsten kümmert, weshalb ihm sogar noch Eduard Hanslick, der Musikkritikerpapst des 19. Jahrhunderts, vorgeworfen haben soll, nichts von Harmonielehre verstanden und in seinen Sonaten eklatante Fehler begangen zu haben.

Dass ihm solche Regelverstöße versehentlich unterlaufen sind oder Scarlatti nicht einmal wusste, dass es welche sind, konnten nur Leute vermuten, denen entgangen ist, dass Andalusien, wo er einen beträchtlichen Teil seines Lebens verbrachte, maurisch geprägt ist, was heißt, dass dieser Landstrich arabisches Flair besitzt und dort auch außereuropäische Skalen heimisch sind, wie man bis heute am Flamenco hören kann. Dass viele seiner ebenso anmutigen wie wilden, furiosen wie virtuosen 555 Cembalo-Sonaten kaum der kompositionstechnischen Norm entsprechen, belegen allein schon deren viele Quintenparallelen und modulationslose Sprünge zwischen Tonarten, die nicht miteinander verwandt sind. In den 1771 erschienenen Reisetagebüchern des englischen Komponisten, Organisten und Musikschriftstellers Charles Burney heißt es, Scarlatti habe zu Monsieur L'Augier, einem Wiener Hofmedicus, gesagt, »er wisse ganz genau, dass er in seinen Klavierstücken alle Regeln der Komposition gebrochen habe, frage aber, ob seine Abweichungen von der Regel das Ohr beleidigten, worauf er auf die verneinende Antwort gesagt habe, dass er glaube, ein Mann von Genie habe kaum eine andere Regel zu beachten als diejenige, dem einzigen Sinnesorgan, das Gegenstand der Musik sei, nicht zu missfallen.« Burney bemerkt dazu in einer Fußnote: »Vor seiner Zeit war das *Auge* der absolute Richter über Musik, doch Scarlatti schwor Treue allein dem *Ohr*.« Das heißt, früher hatte man sich die Noten angeschaut, um Fehler zu entdecken, von nun an soll jedoch das, was man hört, entscheidend sein.

Liest man Musikerbiographien, die im 18. Jahrhundert spielen, begegnet man nichts anderem so häufig wie der Schilderung solcher Virtuosenwettkämpfe, wie sie bei so gut wie jedem Aufeinandertreffen berühmter Komponisten stattgefunden haben sollen. Auch John Mainwaring erzählt von einem Duell, das in Rom zwischen Scarlatti und Händel sowohl auf der Orgel als auch auf dem Cembalo ausgetragen wurde. In die Wege geleitet hatte es Kardinal Ottoboni, der im Palazzo della Cancelleria, einem der bis heute prächtigsten römischen Paläste, residierte und weniger für seine Religiosität als jene musikalischen Feste bekannt war, die er allwöchentlich bei sich veranstaltete und bei denen meist neue Werke zur Aufführung kamen. Zwar gibt es Stimmen, die ihn für durchtrieben und liederlich hielten, so etwa das französische Akademiemitglied Charles de Brosses, der behauptet, Ottoboni sei zwar ein »Freund der Künste und großer Musiker«, doch »ohne Moral, ohne Glauben, schamlos und heruntergekommen«. Worauf er dabei anspielt, erfahren wir nicht, weshalb wir auch nicht wissen, was es damit auf sich hat. Ungeachtet dessen, ob es zutrifft oder nicht, haben ihm zahlreiche Musiker Dutzende von Aufträgen zu verdanken, zu denen auch die beiden Scarlattis gehören und vor allem Corelli, dem Ottoboni in seinem Palast eine eigene Suite zur Verfügung gestellt hat, damit er dort in aller Ruhe komponieren kann.

Als Händel und Scarlatti sich im Jahre 1707 in Rom begegnen, sind die beiden gerade einmal zweiundzwanzig Jahre alt. Dass Scarlatti lediglich auf dem Cembalo, Händel dagegen auf der Orgel gesiegt haben soll, darf man als eine Anekdote verbuchen, die Gerechtigkeit walten lassen und die Kunst von keinem der beiden schmälern will, zumal Mainwaring berichtet, dass sie sich nicht bloß gegenseitigen Respekt zollten, sondern zu Freunden wurden. Interessant an Mainwarings Schilderung des Wettkampfes ist allerdings die Genauigkeit, mit der er das ganz andersartige Spiel und Temperament der beiden beschreibt, wenn es bei ihm heißt:

> »Ob nun gleich wahr ist, daß es niemals zwo Personen zu solcher Vollkommenheit auf ihren erwehlten, beyder-

> seitigen, einerley Instrumenten gebracht haben können; so ist doch merkwürdig, daß ihre Art zu spielen einen gänzlichen Unterschied verursachte. Die eigentliche Vortreflichkeit des Scarlatti schien in einer gewissen Zierlichkeit zärtlicher Ausdrückungen zu bestehen. Dahingegen besaß Händel etwas Glänzendes und Funkelndes im Spielen, bey erstaunlicher Fertigkeit der Finger. Was ihn aber, von allen andern, die dergleichen Gaben hatten, förmlich unterschied, war die entsetzliche Vollstimmigkeit, und nachdrückliche Stärke, die er dabey bewies.«

Und Mainwaring fügt hinzu: »Diese Anmerkung kann auch, bey Betrachtung seiner Komposition, ihre Gültigkeit haben, mit eben dem Rechte, als in Ansehung des Spielens.« Allen eventuellen Idealisierungen zum Trotz und ungeachtet der Tatsache, dass auch Mainwarings Informant John Christopher Smith solche Geschichten nur kolportiert bekommen haben konnte, und sei es von Händel selbst, begegnen wir solchen Charakterisierungen immer wieder, und zwar sowohl was Händels persönliche Art als auch was seine Musik und sein Spiel anbelangt. Was Mainwaring als »entsetzliche Vollstimmigkeit« bezeichnet, ist natürlich keineswegs abwertend gemeint. Ganz im Gegenteil will es etwas von dem ebenso sprachlosen wie ein wenig befremdeten Staunen zum Ausdruck bringen, das Händels Improvisationen schon deshalb erregt haben müssen, weil die Italiener bekanntlich eine Vorliebe fürs Kantilene und luftig Virtuose besitzen, aber wenig Erfahrung mit einer Musik hatten, die in ihrer Wucht durchaus der fülligen Gestalt ihres Schöpfers entsprach. Wie groß der Erfolg dieses jungen Deutschen in Italien gewesen sein muss, erfahren wir auch, als Mainwaring auf die in drei Wochen geschriebene Oper *Agrippina* zu sprechen kommt, die in Venedig siebenundzwanzig Mal aufgeführt wurde, was als bahnbrechend gelten darf.

> »So oft eine kleine Pause vorfiel«, heißt es bei Mainwaring, »schryen die Zuschauer: Viua il caro Sassone, es lebe der liebe Sachse! Nebst andern Ausdrückungen ihres Beyfalls, die so ausschweifend waren, daß ich ihrer nicht gedenken mag. Jedermann war, durch die Grösse und Hoheit seines Stils, gleichsam vom Donner gerührt: denn man hatte nimmer vorher alle Kräfte der Harmonie und Melodie, in ihrer Anordnung, so nahe und so gewaltig miteinander verbunden gehöret. Auch scheinet es, daß die Waldhörner, und andre Windinstrumente, die den Italienern wenig bekannt waren, bey dieser Gelegenheit eingeführet worden sind. Ich glaube, man habe sie dorten nimmer vorher, zur Begleitung der Singstimme, gehöret.«

Mit den Windinstrumenten sind natürlich Holzbläser, also Oboen, Fagotte und Flöten gemeint, nur dass Mattheson das englische »windinstruments« eins zu eins eingedeutscht hat. In der Tat fällt nicht nur an Händels Instrumentalwerken, sondern auch an seinen Arien von früh an auf, dass er dabei nicht nur Blasinstrumente einsetzt, sondern sie sogar in den Vordergrund rückt. Was er später noch vielfach verfeinern wird, begegnet uns bereits unüberhörbar in seiner *Agrippina*, wenn die Oboen nicht nur immer wieder die virtuosen Gesangslinien vorwegnehmen, verdoppeln oder echoartig nachklingen lassen, sondern auch schon ansatzweise umspielen und in Zwiesprache mit ihnen treten, wie es etwa in Ottones Klagegesang »Voi che udite nel mio lamento« oder Poppeas nachfolgender Arie »Cade il mondo soggiogato« der Fall ist. Das Blech dagegen kann in solchen Jubelgesangschören wie »Di timani e trombe« (»Pauken und

Trompeten«) auftrumpfen, einer Musik, die – mit anderen Versen unterlegt – als Soloarie auch in *Aci, Galatea e Polifemo* und Händels erster Londoner Oper *Rinaldo* wiederkehrt. In gleicher Weise lässt sich an dieser frühen Oper auch schon sehen, dass Händel jenes Grazile, Pastorale, Arkadische, wie es beispielsweise in Claudios Adagio-Arietta »Vieni, oh cara« oder Ottones »Vaghe fonti« zum Ausdruck kommt, oft mit geradezu martialisch aufbrausenden Triumphliedern wie »Di timani e trombe« kontrastiert. Es müssen wahrscheinlich solche Gesänge gewesen sein, bei denen, wie Mainwaring meint, die Italiener offensichtlich wie vom Donner gerührt waren, was nur heißen kann, dass sie diese Wucht als etwas wahrlich Teutonisches empfunden haben.

Was aber den »caro Sassone« – den lieben, werten, teuren Sachsen – anbelangt, so wurde der knapp fünfzehn Jahre jüngere Johann Adolph Hasse, als er einige Jahre später ebenfalls einige Zeit in Italien verbrachte, dort genauso genannt, obwohl er aus der Nähe von Hamburg stammt. Bemerkenswert allerdings ist, dass dessen Opern sich im Gegensatz zu denjenigen Händels restlos nach dem italienischen Stil richteten, was auch seinen damaligen Erfolg ausmachte, der demjenigen Händels in nichts nachstand, zumindest nicht, als er in Dresden Hofkapellmeister war, wo im Jahre 1731 Bach die Uraufführung seiner *Cleofide* miterlebte und danach meinte, es seien »hübsche Liederchen« gewesen. Sieht man einmal von der nicht sehr gewöhnlichen Laufbahn Johann Sebastian Bachs ab, so war es damals für Kapellmeister und Komponisten, die etwas werden wollten, unumgänglich, sich durch einen Aufenthalt in Italien musikalisch zu adeln. Selbst Heinrich Schütz war Mitte des 17. Jahrhunderts dort, dessen Musik wenig südländisches Temperament ausstrahlt, wobei von seinen weltlichen Werken so gut wie nichts erhalten geblieben ist und wir deshalb auch nicht wissen, ob in ihnen ein anderer Ton als in seinen sakralen Gesängen angeschlagen wurde.

Umso ungewöhnlicher ist es, dass ausgerechnet Domenico Scarlatti, der Sohn des berühmtesten Opernkomponisten, nach Spanien aufbricht und sich dort vollkommen auf ein einziges Instrument konzentriert, und zwar auch noch auf eines, das bis dahin häufig genug nur als Begleitinstrument dient. Obwohl er in jüngeren Jahren auch ein paar Opern geschrieben hat, scheint er vor diesem Geschäft geradezu zu fliehen, was in der Regel mit dem nicht einfachen Verhältnis zu seinem in Italien allgegenwärtigen, äußerst resoluten Vater erklärt wird, der als sizilianischer Patriarch offenbar in jeder Hinsicht bestimmte, was seine Brüder, Schwestern, Schwäger und Kinder zu tun und zu lassen haben. Dass Domenico mit noch nicht einmal Mitte dreißig den höchst begehrten Chorleiterposten der vatikanischen Capella Giulia kündigt, um an den Hof nach Portugal und später nach Andalusien und Madrid zu gehen, ist angesichts der blendenden Karriere, die er in Italien bereits gemacht hatte, scheinbar ebenso wenig nachvollziehbar wie die Tatsache, dass er bald auch keine Kantaten und Opern mehr schreiben, sondern sich ganz auf das Komponieren einsätziger Cembalo-Sonaten beschränken wird, die er *Essercizi* nennt, da sie als Übungen für seine Schülerin Maria Barbara gedacht sind, die niemand anders als die portugiesische Thronfolgerin und spätere Königin von Spanien ist. Deren Gatte wiederum, Ferdinand VI., hatte von seinem Vater Philipp V. den berühmtesten Kastraten des 18. Jahrhunderts, Carlo Broschi, genannt Farinelli, gleichsam als Erbschaft übernommen, und zwar nicht nur in seiner Eigenschaft als Sänger, sondern auch als eine Art Minister, der an oberster Stelle die politischen Geschäfte lenkte. Maria Barbara und Farinelli müssen eine ganze Sammlung von Hammerklavieren und Cembali besessen haben, auf denen sie mit Scarlatti musizierten, wobei es heißt, die beiden hätten sich zudem fürsorglich um ihn gekümmert, was wegen seiner ständigen Spielschulden offensichtlich auch nötig war.

Ralph Kirkpatrick, der als Erster Scarlattis pianistisches Gesamtwerk eingespielt und 1953 eine umfassende, musikanalytisch orientierte Scarlatti-Monographie vorgelegt hat, geht in allen nur erdenklichen Details der Frage nach, auf welcher Art von Cembalo oder Hammerklavier man diese Stücke damals überhaupt spielen konnte, zumal sie sich oftmals über ganze fünf Oktaven erstrecken, wie sie gewöhnliche Instrumente zu dieser Zeit überhaupt nicht besaßen. Charles Burney wiederum weiß zu berichten, Scarlatti sei im Alter derart fett gewesen, dass er beim Klavierspielen die Hände habe nicht mehr kreuzen können, weshalb seine späten Stücke auch technisch einfacher zu spielen seien. Ralph Kirkpatrick macht zwar die gleiche Beobachtung, nur dass er sich diesen Wandel anders erklärt, wenn er meint, aus dem jungen Tastenvirtuosen sei mit den Jahren ein virtuoser Komponist geworden. »Händel pflegte oft von diesem Scarlatti mit Vergnügen zu sprechen«, lesen wir bei Mainwaring, »und hatte wahrlich gute Ursachen dazu: denn, seiner grossen Gaben zu schweigen, war er eines angenehmen Umgangs, und sein ganzes Betragen bestund in lauter Leutseligkeit. Die beyden Hautboisten, Plas, welche neulich von Madrit gekommen sind, berichten uns, daß dieser Scarlatti, so oft man daselbst sein Spielen bewunderte, nur Händel nannte, und, zum Zeichen seiner Verehrung, allemal ein Kreuz vor sich schlüge.«

In seiner 1974 erschienenen Novelle *Barockkonzert* lässt der kubanische Autor Alejo Carpentier Händel, Scarlatti und Vivaldi während der Karnevalszeit in Venedig zusammentreffen, und zwar in dem von Nonnen geleiteten Ospedale della Pietà, einem Internat für Waisenmädchen, in dem Vivaldi tatsächlich als Geigenlehrer und Kapellmeister tätig war. In Carpentiers Geschichte veranstalten die drei, schon reichlich betrunken, mitten in der Nacht mit dem Mädchen- und Nonnenorchester ein Konzert, nachdem sie zuvor schon des Langen und Breiten über Gott und die Welt und vor allem über Musik debattiert haben. Dass Händel dem roten Fratre Vivaldi ins Gesicht sagt, von Strawinsky stamme der Satz, er habe sechshundertmal das gleiche *concerto* geschrieben, tut der guten Stimmung nicht den geringsten Abbruch, auch nicht, als der Deutsche sich von Scarlatti vorhalten lassen muss, er sei, trotz voller Häuser und riesigen Beifalls, mit dem Erfolg seiner Oper *Agrippina* nicht zufrieden. »›Es nimmt doch niemand hier irgend etwas ernst!‹«, lässt Carpentier den vor Ärger und reichlich vielem Wein hochrot angelaufenen Händel schimpfen, und fährt fort:

> »Während der Sopranarie und der Arie der Kastraten war ein ständiges Kommen und Gehen der Zuschauer gewesen, die Orangen aßen und Schnupftabak schnupften, Erfrischungen schlürften und Flaschen entkorkten, wenn sie nicht überhaupt an der dramatischsten Stelle der Tragödie Karten spielten. Und das nur, um nicht von denen zu reden, die es in den Logen – viel zuviele schmiegsame Kissen in diesen Logen – trieben, so daß gerade heute nacht unter dem pathetischen Rezitativ des Nero ein Frauenbein, bar des bis zum Knöchel aufgerollten Strumpfes, auf dem granatroten Samt der Brüstung

> erschienen war und einen Schuh abwarf, der mitten ins Parkett fiel, zum großen Entzücken der Zuschauer, die sofort alles vergaßen, was auf der Bühne geschah. Und ohne sich um das schallende Gelächter des Neapolitaners zu kümmern, erging sich Georg Friedrich im Lobe der Leute seines Landes, die Musik hörten, als ob sie der Messe beiwohnten, die mit Ergriffenheit den herrlichen Aufbau einer Arie würdigten oder die meisterliche Entwicklung einer Fuge sachverständig zu schätzen wußten.«

Sieht man einmal von dem zu Lebzeiten Händels bereits toten Strawinsky ab, so ist das, was Carpentier diesen dreien in den Mund legt, nie so völlig frei erfunden, dass es abwegig oder zu viel behauptet wäre, auch wenn seine Geschichte einer überschäumenden Phantasie entsprungen zu sein scheint. Dass es in der Oper noch lange so zugehen sollte, können wir in Stendhals 1824 erschienenem Buch über Rossini nachlesen. Als obsessiver Operngänger ist Stendhal nämlich der Meinung, dass auf jede grandiose Arie schon deshalb ein paar mittelmäßige folgen müssen, damit man sich mit seinen Nachbarn über die Sängerin, ihr Timbre, ihre Aufmachung und allerlei andere Dinge unterhalten kann, bevor der nächste Hit kommt. Auch dass sich Händel und Scarlatti während des Karnevals in Venedig getroffen haben, ist durch Mainwaring überliefert, der schreibt: »In einer Maskerade daselbst entdeckte man ihn, als er, mit der Larve vor dem Gesichte, auf einem Flügel spielte. Scarlatti befand sich von ungefehr neben ihm, und sagte zu den Anwesenden, es könnte dieser Spieler kein andrer seyn, als der berühmte Sachse, oder der Teufel selbst.«

Was dagegen Händels Verhältnis zu seinem Landsmann Bach anbelangt, so sind die beiden sich nicht nur nie begegnet, vielmehr gibt es auch Stimmen, die behaupten, Händel sei ihm regelrecht aus dem Weg gegangen. Dass Bach einige von Händels Werken kannte, gilt schon deshalb als gewiss, weil er sich lobend über sie äußerte, während von Händel nicht einmal bekannt ist, ob er von Bach je eine Partitur in Händen hielt oder etwas von ihm aufgeführt hörte. Wer vermutet, dass er ihn bewusst ignorierte, blendet aus, dass Händel bereits als Einundzwanzigjähriger nach Italien ging und sich danach, sieht man von einem kurzen Zwischenaufenthalt in Hannover ab, in London niederließ. Dass man jemanden, der im kleinen thüringischen Arnstadt als Organist beginnt und über solche Stationen wie Mühlhausen und Köthen seinen Weg macht, im Ausland auch dann kaum kennen kann, wenn von ihm in Leipzig jeden Sonntag eine neue Kantate aufgeführt wird, ist nicht schwer nachzuvollziehen, zumal er weder Kontakte nach Italien und schon zweimal keinen Namen als Opernkomponist besitzt.

Dass Bach und Händel einmal wie Goethe und Schiller in einem Atemzug genannt werden würden, wäre damals wahrscheinlich niemandem in den Sinn gekommen, obwohl der Schriftsteller und Musiker Johann Adolph Scheibe im Jahre 1737 eine Kontroverse anzettelt, bei der es darum geht, wer von den beiden der zukunftsweisendere Komponist ist. Austragungsort ist die von Scheibe herausgegebene, in Hamburg erscheinende Zeitschrift *Der critische Musicus*, an die er selbst in der fingierten Rolle eines »geschickten Musikanten, der sich anitzo auf Reisen befindet« einen Brief schickt, in dem er behauptet, Bach sei ein außerordentlicher Meister auf der Orgel, doch es gebe noch einen weiteren, der es ihm gleichtue. Wen er damit meint, verschweigt er zwar, doch durch diese allgemein gehaltene Andeutung fühlt sich der mit Bach befreundete Rhetoriklehrer Johann Abraham Birnbaum zu einer äußerst ausführlichen Erwiderung herausgefordert. Er weist sie als »Unpartheyische Anmerckungen über eine bedenckliche stelle in dem Sechsten stück des Critischen Musicus« aus und widmet sie »Dem Hoch-Edlen Herrn, HERRN Joh. Sebastian Bachen, Sr. Königl. Maj. in Pohlen und Churfl. Durchl. zu Sachsen hochbestalten Hoff Compositeur und Capell-Meister, wie auch Directoren der Music und Cantoren an der Thomas Schule in Leipzig«. Wer denn wohl mit dem ebenso unübertrefflichen anderen Organisten gemeint sei, fragt Birnbaum und liefert auch gleich die Antwort. Sollte damit nämlich auf Händel angespielt worden sein, so könne er nur auf Leute verweisen, die ihn auf der Orgel gehört hätten, jedoch meinten, »es sey nur ein Bach in der welt, und ihm komme keiner gleich«.

Woraufhin wiederum Scheibe antwortet:

> »Niemand wird ... dem Herrn Hofcompositeure den Ruhm absprechen, daß er auf dem Clavier und Orgel so groß ist, daß es kaum zu glauben stehet, wenn man ihn nicht selbst gesehen und gehöret hat. Mein Briefsteller hat ihm dahero auch keinen würdigern Mann, als den berühmten Herrn Händel entgegen gesetzt. Der Beyfall, welchen dieser letztere von allen Kennern noch täglich erhält, und seine sonderbahre Annehmlichkeit zu spielen, wodurch er die Herzen seiner Zuhörer auf das zärtlichste rühret, können auch den besten Musicverständigen ungewiß machen, wer von diesen beyden grossen Männern dem andern vorzuziehen ist.«

Auch wenn Scheibes Antwort äußerst konziliant und geradezu in Form einer offenen Frage ausfällt, spickt er sie dennoch mit ein paar Stichworten, die unmissverständlich anzeigen, worauf die Kritik zielt und was in seinen Augen als musikalisches Ideal zu gelten hat. Schließlich vermisst Scheibe, wie sich entnehmen lässt, bei Bach just jene »Annehmlichkeit«, mit der Händel »die Herzen seiner Zuhörer auf das zärtlichste« zu rühren verstehe, was ganz unzweideutig in folgendem Urteil über Bach zum Ausdruck gelangt: »Dieser große Mann würde von allen Nationen bewundert, wenn er mehr Anmut hätte und seine Kompositionen nicht durch so viel Schwulst und Verworrenheit verdürbe; und wenn er nicht durch ein Übermaß an Künstlichkeit ihre Schönheit verdunkeln würde.« Scheibe, der um eine Generation jünger als Bach und Händel ist, meint bei dem einen reichlich viel verdrilltes kontrapunktisches Zeugs und endlose, in sich verschnörkelte Girlanden zu entdecken, während er die Musik des anderen für weitaus melodischer und deshalb anrührender hält, was ganz schlicht ausgedrückt heißt: Bach ist kompliziert und langweilig, Händel dagegen schlicht und ergreifend schön. So wie Scheibe es meint, könnte man auch sagen: Bach ist Vergangenheit, Händel dagegen weist mit seiner Anmut auf eine Zeit voraus, die man später als Rokoko und Wiener Klassik bezeichnen wird. Im Übrigen wirft Scheibe Bach auch noch vor, jeden einzelnen Lauf und jede einzelne Verzierung exakt vorzuschreiben und dadurch den Sängern und Musikern die Freiheit des Ausschmückens und Improvisierens zu verweigern. Der 1978 geborene, stimmlich höchst agile Countertenor Philippe Jaroussky, bei dem man sich tatsächlich vorstellen zu können meint, wie einst die Kastraten geklungen haben, erklärte kürzlich in einem

Interview: »Wenn Sie eine Bach-Partitur sehen, fühlen Sie sich bloß vom Anblick schon völlig kastriert und denken: ›Wenn ich nur singe, was da steht, wäre das schon gut.‹ Händel aber fordert vom Sänger, genau aufs Orchester zu hören: Was machen die Bläser, die Streicher? Wie entwickelt sich die Harmonik?«

Bachs Strenge, die dem Sänger keine Freiheit lässt, verhindert in Birnbaums Augen jene Beliebigkeit, die einem hohlen Virtuosentum und der Sucht nach Gefälligkeit Tür und Tor öffnet. Als nehme er Adornos vernichtendes Urteil über Leute vorweg, die in der Musik den Ohrenschmaus suchen, rechnet Birnbaum mit allem allzu Eingängigen ab, wenn er, Scheibe resümierend, kontert:

> »Er setzt anfänglich an den Bachischen stücken den mangel der annehmlichkeit, das ist einer melodie ohne dissonanzen aus, oder wie andere, so es auch nicht besser verstehn, zu reden pflegen, daß sie nicht ins gehör fallen. Allein zu ablehnung dieser beschuldigung, könnte fast allein eine merckwürdige stelle des Englischen Spectateurs hinlänglich seyn. Dieser sagt: die Music sey nicht nur bestimmt zärtlichen ohren allein zu gefallen, sondern auch allen, welche einen rauhen thon mit einem angenehmen unterscheiden, das ist, welche dissonantzen wohl anzubringen und geschickt zu resolviren wissen.«

Und er fügt noch hinzu:

> »Die verschiedenen, insonderheit traurigen leidenschafften können ohne diese abwechselung der natur gemäß nicht ausgedrückt werden. … Selbst das grundliche urtheil eines musicalischen gehörs, das nicht dem pöbelhafften geschmacke folgt, billigt dieselbe und verwirfft hingegen die

simpeln und aus lauter consonanzen bestehenden liedergen, als etwas, dessen man gar bald überdrüßig wird.«

Als habe hier tatsächlich Adorno Pate gestanden, wirft Birnbaum solchen, die es gern flott und harmonisch mögen, vor, dem Abgründigen nicht ins Angesicht blicken zu wollen. Damit kein Missverständnis bestehen bleibt, fasst er klipp und klar zusammen: »Dieser componist verschwendet eben nicht seine prächtigen zierrathen bey trinck- und wiegen liedergen, oder bey andern läppischen galanterie stückgen.« Bach, so heißt das, ist der ernsthafte Komponist, Händel dagegen das, was man heutzutage fast schon der Unterhaltungsindustrie zurechnen würde.

Im Gefolge dieser Kontroverse wurde schließlich auch das Gerücht verbreitet, Händel habe jede Gelegenheit, sich mit Bach zu treffen, vermieden, obwohl Bach ihn, als er zweimal aus England nach Halle bzw. nach Dresden reiste, offenbar zu sehen wünschte. Was wiederum Birnbaum anbelangt, der mit Bach befreundet ist, kommen allerdings auch Stimmen auf, die behaupten, dass er nur ein Sprachrohr des Meisters selbst war. Andererseits war damals längst die Anekdote im Umlauf, wonach der Pariser Organist und Komponist Louis Marchand, der 1717 am Sächsischen Hof in Dresden weilte und von August dem Starken anscheinend bereits zum Kapellmeister ernannt worden war, bei Nacht und Nebel geflohen sei, nachdem er Bach am Abend vor dem vereinbarten Wettstreit heimlich beim Orgelspiel belauscht habe.

Während Händel vom Schäferspiel über Ovids Metamorphosen, alttestamentarische und mittelalterliche Geschichten bis hin zu weltlichen Oratorien mit allegorischen Figuren alle nur erdenklichen Genres und mannigfaltige Mischformen bedient hat, ist Bachs Kosmos eindeutig christlich, um nicht zu sagen lutherisch geprägt. Gerade wegen dieser Vielfalt der Gattungen, Stoffe und Stile entdeckt Gervinus zwischen Händel und Shakespeare entscheidende Gemeinsamkeiten, wenn er schreibt: »Ob die Stoffe aus griechischer Mythe, aus römischer Geschichte, aus der Zauberwelt des Ariost oder aus der Traumwelt der Schäferromane genommen sind, alle durchzieht ein gleicher Hauch, gemischt aus den Tönen des Senecaischen Bombastes, der pastoralen Tändelei und der ritterlichen Galanterie. Die Atalantischen Äpfel solch einer Conventionspoesie haben Shakespeare in seinen Dramen nie auf Abwege verlockt, sie lenkten Händel durch vier Jahrzehnte von dem geraden Wettlaufe ab.« Und doch gibt es, bei aller vergleichbaren Mannigfaltigkeit, einen entscheidenden Unterschied zu Shakespeare, zumal uns in Händels Universum kein betrunkener Pförtner wie in *Macbeth* begegnet, der selbst in ein von Blut überquellendes Stück noch ein Moment von Witz bringt, aber auch keine solchen Narren wie in *Was ihr wollt* oder *Wie es euch gefällt*, ganz zu schweigen von einem Rosenkranz und Güldenstern oder Sir Toby und Sir Andrew Bleichenwang. Dieses Derbe und Lächerliche findet in Händels Opern- und Oratoriengesellschaft keinen Platz, selbst wenn es gelegentlich brutal zugeht, wie etwa in *Theodora*, wo die christliche Titelheldin von römischen Offizieren zur Prostitution gezwungen wird.

Was diesen Stil- und Gattungsmischmasch angeht, so war damals nicht nur in England eine Debatte darüber im Gang, ob ein Theatermann wie Shakespeare überhaupt als Dichter gelten darf oder ob er nicht vielmehr ein bloß chaotischer Stückeschreiber ist, der meint, allerlei Einfälle aneinanderreihen zu können. Während die einen darauf bestanden, dass diese Art des Schauspiels die einzige der neueren Zeit angemessene ist, beklagten die anderen dessen formlose Vermengung von Ernstem und Banalem, Brutalem und Lächerlichem. In Frankreich setzte dieser Streit 1687 in der Akademie ein und ging unter dem Namen *Querelle des Anciens et des Modernes* in die Geschichte ein, während er im deutschen Sprachraum vor allem zwischen Gottsched, der die aristotelische Regelpoetik hochhielt, und dessen Zürcher Kontrahenten Bodmer und Breitinger stattfand, die der freien Phantasieentfaltung das Wort redeten. Für Gottsched ist das, was Shakespeare zu bieten hat, nichts als Wirrwarr, und zwar ein so ungebildeter und abgeschmackter, dass jemand, der noch einen Rest von Verstand im Kopf hat, niemals Gefallen daran finden könne.

In England wurde der Streit mit ähnlichen Argumenten geführt, nur dass man bedenken muss, dass dort 1642, also ein Vierteljahrhundert nach Shakespeares Tod, das Theater auf Beschluss des Parlaments verboten wurde. Erklärt wird dieser Schritt mit der zunehmenden Macht der Puritaner, was gewiss nicht falsch ist, nur dass es unter ihnen auch welche gab, die nichts gegen Schauspiele gehabt hätten, würde es sich um Stücke in klassischer, gebundener, edel anmutender Sprache handeln. Hinzu kommt, dass man das Theater als eine vom Königshaus protegierte Unterhaltungsform und dadurch als Ausdruck eines zerstreuungssüchtigen, leicht anrüchigen Lebensstils empfand, weshalb das Verbot nicht nur gegen die Schauspielerei als solche ging, sondern in eine Zeit fiel, als Cromwell die Königlichen besiegte und Lordprotektor von England wurde. Dass die Aufhebung des Verbots im Jahre 1660 mit der Rückkehr des Königs zusammenfiel, ist deshalb kein Zufall. Wie sehr die Krone und das Theater zusammengehören, musste auch noch Händel erleben, der einerseits von der Protektion des Königs profitierte, andererseits aber auch erleben musste, wie ihn die Generationskämpfe innerhalb der Herrscherfamilie beinahe in den Ruin trieben, nachdem der Sohn von George II., Prinz Frederick, im Jahre 1733 eine Konkurrenzoper zu derjenigen Händels eröffnet hatte, was für ihn als Opernkomponist tatsächlich den Anfang vom Ende bedeutete und ihn, aus purer Not, zum Oratorium Zuflucht nehmen ließ.

John Dryden, dessen Dichtungen nicht nur vielen Werken Purcells als Vorlage dienten, sondern im Falle der *Cäcilien-Ode* oder des *Alexanderfests* auch Händel, diskutiert alle diese Punkte in einem sokratischen Streitgespräch, das er 1668 unter dem Titel *An Essay of dramatick poesie* veröffentlicht. Es setzt damit ein, dass vier Dichtungsbegeisterte aufgrund der Seeschlacht zwischen den Engländern und Niederländern aus der Stadt fliehen. Während man aus der Ferne Kanonendonner hört, lassen sie sich auf der Themse von London nach Greenwich bringen, wo sie ein Gespräch darüber anfangen, wie wohl die vielen Verse auf den Sieg aussähen, die man jetzt zu erwarten habe. Während der eine meint, es handle sich hoffentlich nicht nur um panegyrischen Pomp, und sich ein anderer wünscht, dass es keine so gedrechselten Reime sein mögen, wie sie bei den Franzosen gerade in Mode seien, behauptet ein Dritter, dass ein wirklicher Dichter sein Handwerk bei den Griechen und Römern lerne, wobei auch die Rede auf Shakespeare kommt, von dem es heißt, die Natur habe ihm eine üppige Phantasie geschenkt, doch seinen wunderbaren Ausschweifungen und dem schnellen Wechsel der Szenen fehle ebenjener Schliff, den nur ein Dichter besitzen könne, der sich an den Antiken geschult habe. Hätte Shakespeare, so ist man sich einig, eine gefeiltere Sprache besessen und nicht jeden Einfall für bühnentauglich gehalten, wäre er ein noch weit größerer Dichter gewesen.

Obwohl es inzwischen niemanden mehr zu geben scheint, der Shakespeare nicht über alles bewundert, staunen auch heutzutage Zeitgenossen gelegentlich darüber, dass eine solche Verehrung längst zum common sense gehört. Der bekannteste ist George Steiner, der 1986 einen Vortrag mit dem Titel »Shakespeare: Eine Gegendeutung« hielt, in dem er zwar hervorhebt, welch grandioser Wortschöpfer Shakespeare gewesen sei, nur dass er zu bedenken gibt, es habe ihm jedes Formbewusstsein gefehlt, weshalb sich selbst in seinen bedeutenderen Stücken ein weitschweifiger Leerlauf kaum übersehen lasse, ganz zu schweigen von deren ethischer Bedeutungslosigkeit, die sich aus Steiners Sicht nicht nur der Abwesenheit von philosophischen und religiösen Fragen, sondern auch der unentwegten Grenzüberschreitung zum Vulgären hin verdankt. Diese Diagnose entspricht ganz und gar Steiners schon früher konstatiertem Tod der Tragödie, deren geschichtlichen Verlauf er in der umfassenden, 1961 erschienenen Abhandlung *The Death of Tragedy* nachzuzeichnen versucht und dabei zu der Erkenntnis kommt, dass »the gaslights of melodrama« – die Gaslichter des Melodrams – nicht erst in den letzten zwei Jahrhunderten alles wahrhaft Dramatische zugunsten des bunten Einer- und Allerleis zerstört hätten.

Obwohl diese Auseinandersetzungen Händel scheinbar nur indirekt betreffen, spielen sie auch für seine Opern eine Rolle. Immerhin war er im Jahre 1719 Mitbegründer der ersten Londoner Operninstitution, jener Royal Academy of Music, bei der klar zu sein schien, dass dort einzig und allein Werke zur Aufführung gelangen können, die dem Muster der italienischen opera seria gehorchen, obwohl es in England ja bereits einen Henry Purcell gab, dessen Bühnenwerken nicht nur englische Libretti zugrunde liegen, sondern die auch eine ganz eigene, unverwechselbare, von jedem Italianisieren freie musikalische Sprache besitzen. Obwohl oder gerade weil die bessere Londoner Gesellschaft Kopf stand, wenn wieder einmal ein neuer Gesangsstar aus Neapel oder Rom auf der Bühne zu sehen war, wurden nicht erst bei der Gründung der Royal Academy, sondern auch schon früher Stimmen laut, die nicht einsehen wollten, warum man im eigenen Land Gesängen lauschen sollte, deren Text man nicht versteht, und die sich zum andern fragten, warum es eigentlich nur Italiener oder italienisch orientierte Komponisten wie Händel sind, denen man in London die besten Posten anträgt. Im Übrigen waren die Debatten um die Schließung des Theaters noch längst nicht zur Ruhe gekommen, wozu natürlich auch die Oper gehörte, zumal dort nicht nur in den Augen von Kirchenleuten ein affiges, widerliches Treiben herrschte. Dass der Karikarurist William Hogarth ausgerechnet Händel mit seinem Spott verschonte, liegt vermutlich daran, dass er um dessen Engagement für das Waisenhaus wusste, dem Händel auch tatsächlich einen nicht geringen Teil seines beträchtlichen Erbes vermachen sollte. Wie aber zahlreiche seiner Karikaturen zeigen, galt Hogarth das, was sich in der Oper und um sie herum abspielte, als höchst lächerlich, wenn nicht gar verwerflich.

Wie nicht nur die Scheibe-Birnbaum-Debatte und der allgegenwärtige Streit ums richtige Theater, sondern die eklatanten Unterschiede zwischen Komponisten wie Händel, Scarlatti und Bach belegen, kann man nur äußerst generalistisch von *der* Barockzeit sprechen. Allein die Tatsache, dass Händel nach zwanzig äußerst erfolgreichen Londoner Opernjahren auf einmal wie ein Ewiggestriger dasteht, von dem man nichts mehr wissen will, er daraufhin jedoch Oratorien schreibt, die bis heute das Musikleben nicht nur in England prägen, erzählt zur Genüge, wie sehr damals alles im Fluss und so gut wie nichts in eine Ordnung eingebettet war, deren vorgegebene Muster man, wie etwa Adorno meint, lediglich reproduzieren musste. Als Händel 1710 nach England kam, hatte er nicht nur keine Ahnung davon, dass er in London etwas aufbauen würde, was es dort noch überhaupt nicht gab, nämlich eine italienisch geprägte Opernkompanie, er konnte ebenso wenig ahnen, wie sehr ihn die zermürbenden Erfahrungen mit den männlichen und weiblichen Primadonnen auf der einen und einem heiklen Publikum auf der anderen Seite zu einem Komponisten werden lassen würden, der die seit zwanzig, dreißig Jahren in Italien übliche Rezitativ-Arien-Mechanik nahezu vollkommen abzustreifen beginnt.

Hätte Bach tatsächlich Händel begegnen wollen, so darf man vermuten, dass es ihm weniger um einen musikalischen Wettstreit als darum gegangen wäre, zu erfahren, wie man aus der thüringisch-sächsischen Enge herauskommen könnte. Schließlich hatte schon ein Jahrhundert vor ihm Heinrich Schütz das gleiche Bedürfnis, zumal er gerne länger in Italien geblieben wäre, als ihm vom sächsischen Kurfürsten erlaubt wurde. Auch Bach hatte sich wahrscheinlich einmal etwas anderes vorgestellt, als seinen Radius auf die Welt zwischen

Eisenach und Leipzig zu beschränken, obwohl wir ihm im Nachhinein andichten, er habe immer nur zur höheren Ehre Gottes wirken wollen und deshalb nicht nach irdischem Ruhm gestrebt. Dass ihm diese scheinbare Bescheidenheit oft weit mehr Ärger als Anerkennung einbrachte, belegen allein die Klagen, mit denen ihm bereits als jungem Kantor in Arnstadt vorgeworfen wird, derart verworren und unmelodisch draufloszuspielen, dass kein Mensch dabei mitkomme. Jahre später wird es ihm in Leipzig genauso wenig gedankt, dass er jene *Matthäus-Passion* geschrieben hat, die in den Augen der Nachwelt zum Staunenswertesten gehört, was die Musikgeschichte je hervorgebracht hat. Dabei empörten sich nicht nur einfache Kirchgänger wie einst in Arnstadt, sondern vor allem so manche Eminenzen darüber, dass er es sich ausgerechnet als Lutheraner erlaubte, in der Karwoche einen musikalischen Prunk zu entfalten, der nichts mehr mit Frömmigkeit und Insichgehen zu tun hat, sondern von einer selbstverliebten, opernhaften Lust an virtuosen Verzückungen zeugt.

Unterschiedlicher kann man sich ein Leben kaum vorstellen, als es Bach und Händel geführt haben, zumal wenn man bedenkt, dass der eine vor allem in der Kirche zu Hause war, während der andere über Jahrzehnte hinweg im Theater ein und aus ging, wo er sich zu manchen Zeiten tagtäglich mit ehrsüchtigen Kastraten und Diven herumschlagen und ihnen ständig neue Arien auf den Leib schreiben musste, ganz zu schweigen davon, dass volle Häuser nötig waren, um den Betrieb am Laufen halten und die Starsänger aus Italien bezahlen zu können. Andererseits darf man vermuten, dass es Bach schon deshalb nicht allzu sehr zur Oper hinzog, weil er spürte, dass ihm dafür die Leichtigkeit fehlte. Während

Händels musikalischer Kosmos lange Zeit fast ausschließlich aus Liebegeschichten und Intrigen besteht, die Ovids *Metamorphosen* oder sonstigen antiken oder auch mittelalterlichen Stoffen entstammen, bewegt sich Bach von Anfang an in der Welt der Bibel. Auch wenn Händel sich später ganz dem Oratorium zuwendet, besitzt das weniger religiöse als ganz praktische Gründe, zumal in London das Geschäft mit der Oper immer schlechter läuft. Im Übrigen könnte man sich schwer vorstellen, dass Bach sich an einen Stoff wie Salomon und die Königin von Saba gemacht hätte, zumal dabei das Amouröse auch dann noch eine Hauptrolle spielt, wenn es nur unterschwellig anwesend ist. Ebenfalls kann man sich kaum vorstellen, dass Bach einen Stoff gewählt hätte, bei dem eine Christin im alten Rom zum Hurendienst im Venus-Tempel gezwungen wird, wie es in *Theodora* der Fall ist. Wenn Händel die Chöre der Christen dabei so trüb und trist gestaltet, dass man ständig auf die viel sinnlicheren und mitreißenderen der Heiden wartet, darf man das durchaus als musikalischen Kommentar werten. Die Gesänge der tugendhaften Christen vermitteln dabei den gleichen Eindruck wie die Darstellung der Temperantia auf den Wandtafeln im Palazzo Schifanoia in Ferrara, auf denen uns die Allegorie der Mäßigung als derart verhärmtes Weib begegnet, dass man von dieser Art Tugend nur abraten kann.

Überhaupt spielen die irdische Schönheit, das Licht, die blühenden Wiesen und der sichtbare Himmel bei Händel eine weitaus größere Rolle als bei Bach, und zwar so offenkundig, dass man in Bach jederzeit den Lutheraner erkennen kann, der die Welt als Jammertal empfindet und auf Erlösung hofft, während wir nicht nur in Händels Opern, sondern mehr noch in seinen Oratorien einem Preisen und Rühmen begegnen, das nicht aufs Jenseits, sondern auf die irdische Schönheit gerichtet ist. Schließlich ist ein so sorglos-beseligter Andante-Gesang wie der zwischen den Verliebten Achsah und Othniel in dem Duett »Our limpid streams with freedom flow, / And feel no icy chains« aus dem Oratorium *Joshua* bei Händel keine Seltenheit. Bereits in dem vorhergehenden Accompagnato-Rezitativ »In these blest scenes, where constant pleasure reigns, / And herds and bleating flocks adorn the plains« ersteht vor uns ein Frühlingsbild mit Hain, Quelle und Flur wie in einem Eichendorff-Gedicht, eine arkadische Landschaft, die man mit Augen zu sehen meint, zumal das Rezitativ auch noch in eine Sopran-Arie mündet, bei der Flöte und Geige echoartig das Flattern einer Lerche imitieren, während die Triller der Stimme einen wahren Vogelgesang herbeizitieren und dabei die Welt im Morgenlicht erstrahlt: »Hark! 'tis the linnet and the thrush; / in dulcet notes / They pour their throats, / And wake the morn on ev'ry brush«, was in der Übersetzung Chrysanders lautet: »Horch, 's ist die Lerche, horch, der Drossel Schlag! / In froher Lust schwillt ihre Brust / und weckt den Tag auf jedem Busch«, wobei man diese Verse nicht einmal verstehen muss, um das Gefühl zu gewinnen, dass sich vor einem eine Welt entfaltet, die aus beseligender Schönheit besteht. Wenn Othniel die melodieselige Zunge seiner Geliebten rühmt: »How sweet the music of thy tuneful tongue!«, antwortet sie ihm: »These praises to the feather'd choir belong!«, was man mit »Das Rühmen gebühre dem flaumenleichten Chor!« übersetzen könnte, womit all das gemeint ist, was in der Natur trällert und tiriliert.

Während wir bei Bach nur selten einer solchen geradezu pantheistischen Weltfreudigkeit begegnen, kennzeichnet sie Händels Musik wie kaum etwas anderes. So sehr sie auf der einen Seite etwas Triumphales kennt, so sehr strahlt sie auch eine Anmut aus, deren musikalisches Idiom tatsächlich auf jene Zeit nach Bach verweist, welche Johann Adolph Scheibe im Auge hat. Auch wenn man solche geschichtsphilosophischen Muster heikel findet, die ständig mit den Kategorien des Noch-Nicht und Bereits hantieren und nur Vorläufer und Vollender kennen, kommt man kaum umhin, in einem Duett wie demjenigen zwischen Iphis und Hamor aus *Jephtha*, das mit dem Vers beginnt »These labours past, how happy we!«, solche seligen Mozart-Seufzer zu entdecken, wie sie für die Barockmusik keineswegs charakteristisch sind. Und weil das Oratorium *Solomon* im Grunde nichts anderes als ein Lobpreis der kreatürlichen Welt ist, kann man gar nicht anders, als dabei, auch was den heiteren Gestus der Musik anbelangt, an Haydns *Schöpfung* denken.

»Music, spread the voice around, / Sweetly flow the lulling sound«, stimmt Salomon einen ruhig bewegten Chorgesang an, gleich einer Berceuse, während uns im Oratorium *Theodora* in Irenes an Gott gewandtem Gesang »As with rosy steps the morn advancing« das Bild der rosenfingrigen Eos begegnet, wie man sie aus Homers Epen kennt, wobei es sich um ein Gebet handelt, das durch nichts von einem Liebeslied zu unterscheiden ist. Allein dass die antike Göttin der Morgenröte hier mit der christlichen Idee einer neuen Welt in Verbindung gebracht wird, möchte man als Zeichen dafür werten, dass in Händels Kosmos die heidnische Naturbeseeltheit und jene Religion, in die er hineingeboren wurde, alles andere als Gegensätze bilden.

Wenn Nietzsche, das Kind eines protestantischen Pastors, den Katholiken bestätigt, mit ihren Riten und liturgischen Gesängen wenigstens ein Ahnung dessen, was man das Dionysische nennt, aus der Antike herübergerettet zu haben, ist das als Vernichtungsurteil gegen das Luthertum zu verstehen, auch wenn er es für die größte Katastrophe hält, dass das Christentum sich überhaupt ausbreiten und die griechische Welt ablösen konnte. Wie durch kaum etwas anderes wurde Händel in seinen frühen Jahren durch die italienische Musik der Gegenreformation geprägt, zu der nicht nur die jubilierenden Kantaten und Oratorien eines Giacomo Carissimi, sondern nicht minder die Erfindung der Oper selbst gehörte. Die anglikanische Kirche wiederum, für die Händel fast fünf Jahrzehnte lang geistliche Werke schuf, entfaltet trotz ihrer Abspaltung von Rom bis heute eine liturgische Pracht, an der gemessen diejenige des Vatikan geradezu trist wirkt.

Andererseits begegnet uns in der lutherisch geprägten Barockdichtung nicht nur ein Andreas Gryphius, für den die Welt vor allem ein Jammertal ist, sondern auch ein Protestant wie der Hamburger Ratsherr Barthold Heinrich Brockes, der nicht bloß unter dem Titel *Irdisches Vergnügen in Gott* die anmutigsten Preisgesänge auf die Schönheit der Schöpfung verfasst, sondern auf seinem Anwesen tatsächlich auch einen paradiesischen Garten angelegt hat, in dem man sich, wie es damals hieß, verlustieren konnte und in dem üppige Sommerfeste stattfanden, bei denen unter anderem Georg Philipp Telemann mit seiner Kapelle aufspielte. Im Jahre 1719 vertonte Händel, der zu dieser Zeit längst in London war, von Brockes eine Passionsgeschichte, die in ihrer Bildlichkeit viel weltlicher und drastischer und dadurch opernhafter als jene biblische ist, an der Bachs Librettist Picander sich orientierte. Es ist Händels einziges Oratorium, dem ein deutscher Text zugrundeliegt, nur dass dieser Text gleichzeitig vier Mal vertont wurde und alle Fassungen hintereinander während der Karwoche in Hamburg aufgeführt worden sind. Die anderen stammen von Johann Mattheson, Reinhard Keiser und Georg Philipp Telemann, wobei für weitere Aufführungen aus allen das angeblich Beste herausgenommen und daraus nochmals eine eigene Passion zusammengestückelt wurde, was damals kein Mensch für etwas Frevelhaftes oder gar Kunstbanausisches hielt, zumal es für Händel in London noch üblich war, ganze neue Opern aus bereits existierenden zusammenzufügen.

Dass Händels *Brockes-Passion* zu den selten aufgeführten Werken gehört, erklärt der Händel-Biograph Paul Henry Lang damit, dass sie ein wenig steif klingt. Händel habe sich dabei, wie Lang meint, einer deutschen Tradition verpflichtet gefühlt, die etwas Hemmendes besessen habe, weshalb er sich offensichtlich nicht so frei entfalten konnte wie bei den kirchlichen Werken, die in England entstanden. Händel hatte Brockes vermutlich nicht erst in Hamburg, sondern bereits in Halle kennengelernt, wo die beiden im Jahre 1702 eingeschrieben waren, und zwar, wie man von Brockes weiß und von Händel nur vermuten kann, in Jura, was dort kein anderer als jener Christian Thomasius lehrte, der kurz zuvor die Leipziger Universität im Streit verlassen musste und dann in Halle als erster Professor die Vorlesungen nicht mehr auf Latein, sondern auf Deutsch hielt, was damals als skandalös galt. Jura war zu dieser Zeit noch kein so eingegrenztes Fach wie heute, zumal es im weitesten Sinne als Rechtsphilosophie verstanden wurde und deshalb so gut wie alles, was mit Gott und der Welt zu tun hat, hineinpasste. Wenn Romain Rolland in seinem Händel-Buch bemerkt, Thomasius habe auf Händel – ganz anders, als es bei einem Beethoven der Fall gewesen wäre – offensichtlich keinen großen Eindruck gemacht, übersieht er, dass der eine zur Zeit der Französischen

Revolution lebte und die europaweiten napoleonischen Umwälzungen miterlebte, während der andere in einer Zeit geboren wurde, als die meisten sich noch an den Dreißigjährigen Krieg erinnern konnten und man froh war, dass nicht schon wieder neue weltanschauliche Turbulenzen die Gemüter erhitzen. Ganz abgesehen davon trieb es den jungen Händel schlichtweg weniger zu Büchern als zu all dem hin, was Tasten besitzt. Immerhin ließ er sich wenige Wochen nach Studienbeginn als Organist an der Schloss- und Domkirche anstellen, was heißt, dass er dort nicht nur beim Gottesdienst gespielt, sondern vermutlich ganze Tage in der Kirche geübt hat. Schließlich konnte es nicht von nichts kommen, dass ihm bald darauf zwischen Madrid, Rom und London der Ruf vorausging, der bedeutendste Organist seiner Zeit zu sein. Wer Bach gegen ihn ins Feld führt, muss bedenken, dass man nicht nur in Spanien, Italien und England, sondern auch im Habsburgerreich, das sich von Böhmen über Ungarn bis an den Hoch- und Oberrhein im deutschen Südwesten erstreckte, dessen Namen zu seinen Lebzeiten so gut wie nicht kannte.

Während Händel, wie Rolland betont, ein Kosmopolit war, bewegte Bach sich sein Lebtag lang in einer übersichtlichen Welt. Ganz im Sinne Luthers, der in seinen Tischreden nicht müde wird, die Welt als »Gauckelwerck«, »des Teufels Konterfei« und »Scheißhaus« abzutun, begegnen wir in Bachs Kantaten einem unentwegten memento mori. Wenn Walter Benjamin in seinem *Ursprung des deutschen Trauerspiels* von Shakespeare sagt, er habe seinen Hamlet nicht zufällig in Wittenberg studieren lassen, meint er damit, dass in der Lutherstadt jene Depressiven sitzen, denen die Welt als das Fürchterlichste, was einem passieren kann, erscheint. Bei Brockes dagegen, der – anders als Gryphius – den Dreißigjährigen Krieg nicht mehr erlebte und wie Händel in jungen Jahren nach Italien reiste, begegnen wir bereits wieder einer Dichtung, die das Rühmen kennt und die Teilhabe an der Schöpfung trotz des Sündenfalls als ein unermessliches Glück preist. Jene neun Gedichte, die Händel aus seinem *Irdischen Vergnügen in Gott* vertonte, zeigen allein schon, wie sehr es Händel neben allem Triumphalen zum Pastoralen hinzieht. Wenn die Verse »Das zitternde Gläntzen der spielenden Wellen/Versilbert das Ufer, beperlet den Strand« von einer Oboe mit schalmeienhaft auf und ab gleitenden, sanft dahinwogenden Lautmalereien eingeleitet werden, könnten wir uns zwar auch an Bach erinnert fühlen, doch die Fülle dieser irdischen Lobpreisungen lässt es schließlich als unwahrscheinlich erscheinen, dass sie von ihm vertont worden sein könnten. Selbst in der berühmten Arie »Er weidet seine Herde« aus dem *Messias* begegnen wir einer solchen arkadischen Freude, ganz zu schweigen von dem Duett »Oh lovely peace with plenty crowd« aus *Judas Maccabaeus* oder dem wahrhaft seligen »Yet, can I hear that dulcet lay« aus dem späten Oratorium *The Choice of Hercules*, in dem von wilden, unfassbaren Entzückungen der Freude die Rede ist, was Händel jedoch nicht als exaltiertes Außersichsein in Szene setzt, sondern mit so inniger Ruhe, dass es zum Ergreifendsten gehört, was er je komponiert hat.

»Während sich Bach zufrieden mit seiner patriarchalischen Wirksamkeit in den beschränkten heimischen Verhältnissen begnügte«, heißt es in Gervinus' 1868 erschienener Abhandlung *Händel und Shakespeare*, »warf Er sich in das Gewühl der Menschen und suchte seine Heimat auf der Bühne, und auf der Weltbühne noch mehr als auf der Theaterbühne.

In Deutschland hatte das Unglück, die schweren Nachwehen des 30jährigen Krieges die Menschen so eingesessen gemacht, das Volk und die Einzelnen in sich selbst zurückgeschreckt: aus diesen gedrückten Verhältnissen sich und die deutsche Bildung zu erlösen, dazu gehörten so universell angelegte Geister wie Händel und Leibniz, die Beide nur durch ihre kosmopolitische Verbindung mit der Literatur und Kunst aller Welt, was sie waren, werden konnten.«

Tatsächlich klingen Bachs weltliche Kantaten selbst dann, wenn sie sogar ein wenig frivol sein wollen, äußerst keusch und züchtig, wie etwa jene *Kaffeekantate*, in der Herr Schlendrian seiner Tochter Liesgen, weil sie täglich eine Tasse Kaffee trinken will und deshalb in seinen Augen als verkommen gilt, so lange den Empfang von Besuch, das Spazierengehen und Zum-Fenster-hinaus-Schauen verbietet, bis sie ihr Laster überwunden hat. Da alles nichts nützt, verbietet er ihr auch noch das Heiraten, was sie dann doch ein wenig in Panik versetzt, weshalb sie das Laster zu lassen gedenkt, sich jedoch nur mit einem Mann vermählen lassen will, der ihr das Kaffeetrinken erlaubt. Demonstriert wird damit die hintertriebene Sturheit der Weibsbilder, schließlich lautet am Ende die Moral von der Geschicht: »Die Katze lässt das Mausen nicht!«

Trotz eklatanter Unterschiede werden Bach und Händel genauso wie Goethe und Schiller ständig nebeneinandergestellt. Die Crux besteht allerdings darin, dass Bach den Blick auf Händel verstellt und dessen Werk dann ständig an in sich höchst kunstvoll verdrillten Fugen gemessen wird, obwohl das für einen Theatermann wie Händel überhaupt kein Maßstab sein kann. Dass wir bei Bach kaum einmal einem Werk begegnen, dem wir Mittelmaß bescheinigen möchten, ist die eine Sache, die andere, dass Händel jahrzehntelang umjubelte Starsänger mit Arien bei Laune halten musste, die ihnen auf den Leib geschrieben wurden, womit er zu verhindern versuchte, dass sie an ein anderes Opernhaus wechselten, was sie am Ende dann doch taten. Wenn Alfred Einstein in seiner 1947 erschienenen Mozart-Biographie behauptet, »man möge nicht glauben, daß in der Oper des 18. Jahrhunderts die Komponisten die berühmten gewesen seien, sondern, weit gefehlt, die Kastraten!«, erinnert er daran, dass unsere Fixierung auf diejenigen, denen wir die Musik verdanken, keineswegs der Wahrnehmung damaliger Zeitgenossen entspricht. Der in kirchlichen Diensten stehende Bach war, so paradox es klingen mag, bei der musikalischen Gestaltung seiner Kantaten weit unabhängiger als ein komponierender Kapellmeister, der in London eine Opernkompanie ins Leben gerufen hatte und auf den geldbringenden Applaus des Publikums angewiesen war.

Ähnlich wie wir es in Alejo Carpentiers romanesker Schilderung der Opernzustände in Italien lesen, muss es auch in London zugegangen sein. Schließlich traf man sich in der Oper nicht nur der musikalischen Unterhaltung wegen, sondern auch um sich zu unterhalten. Die einen kamen früher, die andern später, je nachdem, wie es einem passte, wobei es zuhinterst und ganz oben auch noch die freien Plätze für die Dienerschaft gab, jene Footmen's Gallery, auf der es zuweilen so laut und derb zugegangen sein muss, dass man sogar überlegte, sie zu schließen. Wer für ein solches Publikum komponiert, versucht nicht aus jeder Arie einen Höhepunkt zu machen, zumal die Leute eh nur auf den Auftritt ihrer Stars warteten und sich nach deren Hits wieder eine Weile entspannen wollten, um dabei die nächsten Virtuosenstücke von Senesino oder der Primadonna Cuzzoni abzuwarten. In der Kirche saßen die Leute wenigstens still da, weshalb Bach eine ideale Zuhörerschaft besaß, ob es ihr gefallen hat oder nicht. Auch das ist ein Grund, warum uns, anders als beim Thomaskantor, in Händels Opern eine Unmenge reichlich routinierter Arien begegnet. Sie lassen einen zu jenem »atomistischen Hörer« werden, der Adorno ein Gräuel war, da er sich am liebsten die Hits herauspickt und den Rest überspringt. Dieses Bedürfnis überkommt einen jedoch keineswegs bei allen Opern und noch weniger bei Händels Oratorien. Angesichts eines Werkes wie *Serse*, in dem die Rezitative zuweilen einen symphonisch-pastoralen Charakter besitzen und die Grenzen zwischen Rezitativ und Arie, Duett, Solo und Chor sich immer wieder aufzulösen beginnen, kann man nur staunen, wie in sich geschlossen und durchkomponiert dieses Werk wirkt und wie entschieden Händel dabei von der Nummernoper und dem da-capo-Geratter Abschied genommen hat. Zwar kennen wir schon vom jungen Händel höchst ariose anrührende Arien, doch in solchen Opern und dann vor allem in den Oratorien begegnen wir über weite Strecken hinweg einer derart innigen Musik, dass jeglicher Vergleich mit Bach schon deshalb etwas Absurdes bekommt, weil ihr ruhiger, beseligender, sanft fließender Atem allenfalls an Haydn und Mozart, aber kaum noch an überladene Fiorituren erinnert.

Wenn Adorno, wie es viele tun, den »homophonen Händel« dem »polyphonen Bach« entgegensetzt und damit zum Ausdruck bringt, dass die Musik des einen schlicht und die des anderen komplex ist, mag das auf den ersten Blick zwar etwas Einleuchtendes besitzen, doch wird dabei zum einen ausgeblendet, wie kontrapunktisch bei Händel oftmals die bis zu achtstimmigen Chöre gesetzt sind, und zum anderen ganz selbstverständlich vorausgesetzt, das Kontrapunktische sei per se das Wertvollere. Dabei hat auch Bach zuweilen alles Gedrechselte beiseite gelassen, wie am eindrücklichsten sein *Notenbüchlein für Anna Magdalena* zeigt. Wenn Adorno jedoch meint: »Hinter der offiziellen, pharisäisch beteuerten Bewunderung für Händels Ausdrucksgewalt, Einfalt und Objektivität verbirgt sich Ressentiment und Unvermögen, Musik kompositionell zu beurteilen«, heißt das, dass jeder, der auf eine solche Musik hereinfällt, ein Banause ist. Indem Händel das Triumphale stets mit dem Grazilen konfrontiert, verwirklicht er jedoch jenen »Wechsel der Töne«, den Hölderlin zum poetologischen Prinzip kürt, in geradezu idealtypischer Weise, was sich an einem Oratorium wie *Saul*, das sich durch ständige Stimmungsumbrüche auszeichnet, am allerbesten studieren lässt.

In seinen autobiographischen Aufzeichnungen berichtet Telemann aus dem Jahre 1701, in dem er als Jurastudent nach Leipzig kam und dort bald zum Kantor ernannt wurde: »Die Feder des vortreflichen Hn. Johann Kuhnau diente mir hier zur Nachfolge in Fugen und Contrapuncten; in melodischen Sätzen aber, und deren Untersuchung, hatten Händel und ich, bey öfftern Besuchen auf beiden Seiten, wie auch schrifftlich, eine stete Beschäfftigung.« Entsprechend gewinnt man bei Händel, was die vielgerühmte Fugentechnik anbelangt, meist den Eindruck, als spiele er bloß mit ihr, während Bach sie mit geradezu mathematischer Konsequenz zu seinem ureigensten Ausdrucksmittel kürt. So gehorcht bei ihm ein Werk wie *Die Kunst der Fuge* nichts anderem als jenen autopoetischen Gesetzen, die sich vollkommen selbst genügen und nach keinerlei Dramatik schielen. Diese Art von ästhetischer Autonomie war dem auf Wirkung bedachten Theatermann Händel völlig fremd, zumal Bachs Musik in einem Werk wie der *Kunst der Fuge* einen Abstraktionsgrad erreicht, wie man ihm in den früher entstandenen, viel sinnlicheren *Goldberg-Variationen* auch noch nicht begegnet. Wenn Christian Friedrich David Schubart in seinen 1806 erschienenen *Ideen zu einer Ästhetik der Tonkunst* bemerkt: »Händel war ein vortrefflicher Contrapunctist, doch opferte er niemahls das Genie der *Kunst* auf, wie man einigen seiner Landsleute mit Recht vorwirft«, so nennt er zwar nicht den Namen Bach, doch es kann damit kaum ein anderer gemeint sein. Was Schubart an Händel rühmt, das kanzeln andere allerdings als eine Effekthascherei ab, die vor allem gröbere Ohren beeindrucken soll. Ohne Bach den Sinn fürs Melodiöse auch nur im Geringsten absprechen zu wollen, lässt sich kaum bestreiten, dass Händels Musik uns zuweilen gerade deshalb, weil sie weniger verzwirbelt klingt, unmittelbarer anspricht, während diejenige von Bach mitunter eine Bewunderung hervorrufen kann, die ohne Rührung bleibt.

Wenn Goethes Weimarer Freund Friedrich Rochlitz, der 1789 die *Allgemeine Musikalische Zeitung* gegründet hatte, meint, Bach erinnere an Albrecht Dürer, Händel dagegen an Rubens, möchte einem das zwar auf Anhieb einleuchten, zumal Bachs filigranes Gewusel tatsächlich etwas von Dürers Holzschnitttechnik besitzt, während allerdings das Rubenshafte bei Händel eher einer Aufführungspraxis geschuldet ist, die es gerne pastos hat und deshalb auf die Tube drückt. Andererseits müssen seine Werke aber auch so spröde aufgeführt worden sein, dass ihnen alles Sinnliche abhandenzukommen schien. Wie fürchterlich sich das dann anhörte, davon erfahren wir etwas in den *Betrachtungen der Mannheimer Tonschule* des Abbé Vogler, in denen von einer *Messias*-Aufführung, die am 1. November 1777 stattfand, berichtet wird. »Was anders, als die unerträgliche Trockenheit, nicht edele Simplicität der Musik hat also uns in diese tödliche Apathie versenket!«, heißt es da, und Abbé Vogler fährt fort: »Wie auffallend war der Kontrast, als ein Psalm-Magnificat, das unser zweiter Kapellmeister gesetzt, und jener unvollendeten Aufführung unmittelbar nach gefolget, nicht nur uns wieder zum Leben geführet, sondern ein Wonnegefühl in uns erreget hat, das ich nicht zu schildern vermag.«

Sieht man einmal von der Situation in England und von Ausnahmen wie dem Baron van Swieten ab, bei dessen Wiener Sonntagsgesellschaften Händel-Partituren studiert wurden, wobei auch Haydn, Mozart und Beethoven zu Gast waren, so konnte in der zweiten Hälfte des 18. Jahrhunderts die sogenannte Barockmusik keinen toten Hund mehr hinter dem Ofen hervorlocken. Bachs *Matthäus-Passion* gelangte bekanntlich erst 1829 durch Mendelssohn in der Berliner Singakademie, dem heutigen Gorki-Theater, zu einer Art zweiten Uraufführung, und als Brahms 1872 die Leitung der Wiener Gesellschaftskonzerte übernahm, war das Publikum offenbar nicht allzu sehr davon angetan, wenn Händel und Bach auf dem Programm standen. Obwohl wir in Brahms' eigenen symphonischen Werken einem äußerst dichten, schweren und dunklen Ton begegnen, darf er geradezu als ein Vorläufer der historischen Musizierpraxis gelten. Als er Händels *Dettinger Te Deum* aufführte, hieß es in der Kritik: »Er ist aufgrund richtiger musikgeschichtlicher Einsicht viel zu sehr durchdrungen von der Wahrheit der Chrysanderschen, d.h. der echt künstlerischen Grundsätze, um sich dazu verirren zu können, Kunstwerke von allererstem Range durch allerlei Aufputz und ›Verschönerungen‹ der großen Masse mundgerecht – will sagen ohrengerecht machen zu wollen.« Wer damals aber am liebsten in orchestralen Klangwogen ertrinken und versinken und sich am romantischen Wogen, Wallen und Schwallen berauschen wollte, konnte für eine solche transparente, geradezu karg wirkende Musik nicht viel übrighaben. Allenfalls wurde sie wie aus weiter Ferne als etwas Fremdgewordenes empfunden, dem man nur reichlich unterkühlt seinen Respekt zu bezeugen vermag. So lesen wir in Eduard Hanslicks 1894 veröffentlichter Autobiographie *Aus meinem Leben*: »Mit Bach, Händel und dem ungleich dürftigeren Gluck ergeht es mir ungefähr wie mit den drei großen griechischen Tragikern: Aischylos, Sophokles und Euripides. Ich bewundere sie in Demut – aber ich vermag sie nicht zu lieben wie Shakespeare, Schiller und Goethe. Sie sind nicht Fleisch von unserem Fleische, nicht Blut von unserem Blut. Große, in ihrer Art unerreichbare Künstler, die aber einem längst zersprungenen Ideenkreise angehören. Der Abfluß der Zeit strömt aber in keiner Kunst so schnell, so verheerend wie in der Musik.« Ähnlich bemerkt Sartre in seinem autobiographischen Werk *Die Wörter* über seinen Großvater, den Bruder von Albert Schweitzer: »Er liebte Beethoven und seinen vollen Orchesterklang; er mochte auch Bach, aber ohne große Leidenschaft.«

Dass das, was wir als barock bezeichnen, alles andere als etwas Einheitliches meint, zeigt sich nicht nur an Scarlattis Sonaten, die zum Teil aus einer ganz anderen Welt zu kommen scheinen, es wird auch deutlich an einem der leuchtendsten Werke, die Händel je geschrieben hat, nämlich dem 1740 entstandenen, auf Versen von Milton basierenden weltlichen Oratorium *L'Allegro, il Penseroso ed il Moderato*. Wüsste man nicht, dass es von Händel ist, käme man bei manchen seiner Gesänge kaum auf die Idee, dass es von einem Zeitgenossen Bachs stammt, so wenig schnörkelhaft, wie diese Musik klingt. Es ist eine zum Teil beinahe englisch-folkloristisch angehauchte, klassisch klar anmutende, sommerlich wirkende, tänzerisch beschwingte, bukolisch heitere Musik, bei der neben den Sängern vor allem Waldhörner die Hauptrolle spielen. Manche Arien sind dabei von betörender Schönheit, andere wiederum voller Witz, so etwa der Bassgesang »Haste thee, nymph, and bring with thee, jest, and youthful jollity«, in dem mit dem Solisten zusammen der ganze Chor in ein durchkomponiertes Ho-ho-ho-Freudengelächter ausbricht. Geradezu programmatisch und selbstironisch zugleich ist in einer Tenorarie die Rede von »sweetest Shakespeare, Fancy's child, warble his native woodnotes wild«, also von der süßesten, kindlichen Phantasie Shakespeares, die wild ihre Waldlieder daherträllert.

Dass der Epochenbegriff »Barock«, wie fast jeder andere auch, mehr Schwierigkeiten mit sich führt, als er für Klarheit sorgt, lässt sich auch daran erahnen, dass etwa Voltaire, Rousseau und Diderot nicht einmal eine ganze Generation jünger als Händel, Bach und Scarlatti sind. Auch wenn man sie als die geistigen Helden der Aufklärung verehrt, haben sie gemäß einer musikalischen Epocheneinteilung eher in der Barockzeit gelebt. Voltaire ist gerade einmal neun Jahre jünger als diese drei Komponisten, und weder er noch Rousseau und auch nicht Diderot haben etwas von der Französischen Revolution mitbekommen. Ob Voltaire überhaupt Gefallen an ihr gehabt hätte, darf man eh in Frage stellen, zumal es ihm vor allem darauf ankam, dass man überall ungestraft seine Meinung äußern kann, wogegen sich ihm kaum nachsagen lässt, dass er als Prediger des urchristlichen paulinischen Prinzips der Gleichheit aller Menschen hervorgetreten wäre. Immerhin fühlte er sich nirgends wohler als in Schlössern und legte zeitlebens Wert darauf, der uneheliche Sohn des Chevalier de Rochebrune zu sein, da ihm ein Vater, der nicht nur Gebühreneintreiber, sondern auch noch ein jansenistisch orientierter Frömmler war, nicht zu genügen schien. Im Übrigen würde so mancher Artikel der von Diderot und d'Alembert herausgegebenen Enzyklopädie kaum so schnell geschrieben worden sein, hätten die Autoren dabei nicht auf das von den Jesuiten besorgte »Dictionnaire de Trévoux« zurückgreifen können, ein Nachschlagewerk, das sich der wissenschaftlichen Arbeit just jenes Ordens verdankt, der den Aufklärern wie kein anderer als gegenreformatorischer Kampfverein des Vatikan verhasst war.

In Halle wurde 1975 anlässlich der 24. Händel-Festspiele der DDR ein Kolloquium abgehalten, das den Titel trug: »Johann Sebastian Bach und Georg Friedrich Händel – zwei führende musikalische Repräsentanten der Aufklärungsepoche«. Die Beiträge zeichneten sich vor allem dadurch aus, dass die obligaten, mit Marx- und Engels-Zitaten gespickten geschichtsphilosophischen Wahrheiten abgespult wurden und in jedem zweiten Satz vom humanistischen Erbe die Rede sein musste, das per se aufklärerisch zu sein hatte, womit lediglich ein Glaubensbekenntnis repetiert und nicht im Geringsten erklärt wurde, wodurch Händel und Bach sich als sogenannte Aufklärer hervorgetan hätten, außer dass sie in einer Zeit lebten, in der die mittelalterliche Scholastik schon lange keine Rolle mehr spielte und es bereits solche Atheisten wie Spinoza gab. Wie man das, was mit Aufklärung gemeint ist, klipp und klar gegen das Nicht-Aufklärerische abgrenzen will, muss eh ein Rätsel bleiben, zumal längst offenkundig ist, welchen Selbsttäuschungen eine Aufklärung unterliegt, die das Vernünftige vom Unvernünftigen, das Licht von der Finsternis, die Wahrheit vom Illusionären eindeutig trennen zu können meint. Insofern Kant behauptet, Aufklärung sei der Ausgang des Menschen aus seiner selbstverschuldeten Unmündigkeit, setzt er voraus, dass die Menschheit bis vor kurzem, wie es bei ihm heißt, in »dogmatischem Schlummer« verharrte. Dass eine solche Geschichtskonstruktion auch von Glaubensartikeln lebt, ist offensichtlich, zumal sie vor allem die Aufgabe besitzt, sich der eigenen Überlegenheit gegenüber jenen, die vor einem gelebt haben, zu versichern.

Was wiederum die Malerei betrifft, so empfindet man den Stil eines Rubens, der 1577 geboren wurde, wegen seiner üppigen Figuren als Inbegriff des Barocken, während man den Gemälden des nicht viel jüngeren Claude Lorrain weit eher den Stempel eines romantisch angehauchten Klassizismus aufdrücken würde. Gestorben ist Claude Lorrain allerdings zweiundachtzigjährig in einem Alter, in dem Händel, Bach und Scarlatti noch gar nicht auf der Welt waren, was zeigt, dass es äußerst heikel ist, sorglos vom Barock zu sprechen. Wenn Günter Grass wiederum in seiner Erzählung *Das Treffen in Telgte* ein Jahr vor dem Ende des Dreißigjährigen Krieges, also im Jahre 1647, Andreas Gryphius, Paul Gerhard, Friedrich von Logau, Johann Michael Moscherosch, Hofmann von Hoffmanswaldau, Simon Dach, Friedrich Spee,

Martin Opitz, Weckherlin, Grimmelshausen und weitere Dichter sich zu einer Art barocken Gruppe 47 versammeln lässt, markiert diese Zeit tatsächlich eine Art Höhepunkt der Barockdichtung, während das, was dichterisch ein Jahrhundert später stattfindet, kaum noch unter diesen Begriff zu rubrizieren ist. Wenn Gottsched in seiner 1730 erschienenen *Critischen Dichtkunst* den barocken Firnis und Flitter für ein Zeichen von schlechtem Geschmack hält und ihm die rationale Klarheit der antiken Dichtung entgegenhält, offenbart sich darin ein Überdruss an einer Rhetorik, der alles Konzise fremd zu sein scheint. Denkt man an Rabelais, dessen sprachliche Wucht und literarische Gestalten man ebenfalls gern als barock bezeichnet, muss man, von 1730 aus gesehen, geschichtlich bereits ein gutes Stück zurückgehen, zumal Rabelais – ungesicherten Angaben zufolge – 1483 geboren wurde, zu einer Zeit also, da der nicht weniger deftig formulierende François Villon bereits zwanzig Jahre tot war. Cervantes, der mit seinem *Don Quijote* den ersten berühmt gewordenen neuzeitlichen Roman vorlegt, stirbt wiederum 1616 in Madrid, als Calderón, dessen Dramen wie nichts anderes für das barocke Welttheater stehen, sechzehn Jahre alt ist.

Auch in der Musik dieser Jahrhunderte begegnen wir allem anderen als einem eindeutig identifizierbaren barocken Stil, zumal Monteverdis deklamatorisch-expressive Affektsprache mit dem virtuosen Belcanto eines Alessandro Scarlatti schon deshalb reichlich wenig zu tun hat, weil Ersterer das Wort und seine Bedeutung in den Mittelpunkt rückt, während beim anderen das Gesangsrädchen wie am Schnürchen laufen soll und es deshalb nicht so genau darauf ankommt, welche Verse der Melodie und den Fiorituren zugrundeliegen. Die Werke von Johann David Heinichen, der

Kapellmeister am Dresdner Hof war und 1730 gestorben ist, besitzen wiederum in ihrer Schnörkellosigkeit etwas derart Galantes, dass man meinen könnte, dieser Komponist könne nicht vor Bach, sondern müsse nach ihm geboren sein. Wenn wiederum Mozart in der *Zauberflöte* die Königin der Nacht mit zwei virtuosen Koloraturarien ausstaffiert, verleiht er ihr damit eindeutig Züge einer musikalischen Vergangenheit, deren Sprache aus jenen sogenannten Affektarien bestand, die wie nichts anderes das barocke Opernvokabular kennzeichnen. Allein dadurch repräsentiert die Königin der Nacht eine Zeit, die als überwunden zu gelten hat, was zu ihrer Rolle ja auch bestens passt. Dass Mozart selbst sich damit vom Barock lossagen wollte, wäre allerdings eine falsche Schlussfolgerung, schließlich würde er sonst nicht seine *Große Messe in c-Moll* geschrieben haben, in der wir über weite Strecken hinweg einem barocken Idiom begegnen.

Weil bei solchen Komponisten wie Mozart, Verdi und Wagner unser Innenleben in seinen Schwankungen zur Darstellung kommen will, ist es üblich geworden, die barocken Affektarien als etwas allzu Simples, Mechanisches, Uniformes abzutun. Bedenkt man jedoch, dass Spinoza den dritten und ausführlichsten Teil seiner 1677 erschienenen *Ethik* nichts anderem als der Definition unserer Affekte widmet und versucht, sie in ihrer pursten Gestalt zu erfassen, zeigt das, welchen Stellenwert diese Art der Seelenkunde damals besaß. »Liebe ist Lust, verbunden mit der Idee einer äußeren Ursache«, heißt es da etwa, oder »Verzweiflung ist Unlust, entsprungen aus der Idee eines zukünftigen oder vergangenen Dinges, bei dem die Ursache des Zweifelns geschwunden ist«, was zwar reichlich steif klingt, nur dass Spinoza genauso hervorhebt, dass diese Gefühle Schwankungen unterliegen.

Mit dem Unsteten kommen aber auch jene Ambivalenzen ins Spiel, die man der barocken Affektenlehre abspricht und die man in musikalischer Hinsicht erst bei Mozart und dann vor allem in der Romantik zum Ausdruck gebracht sehen will. Ausgeblendet wird dabei, dass die da-capo-Arie immerhin einen kontrastiven Mittelteil besitzt, der zwar durchaus etwas Schematisches hat, jedoch immerhin die Stimmung umkippen und den wiederholten A-Teil in einem anderen Licht erscheinen lässt.

Entscheidender aber ist, dass es kein anderer als Händel war, der die da-capo-Mechanik immer wieder ausgehebelt und stattdessen in szenischen Sequenzen gedacht hat. Sie zeichnen sich – wie etwa zu Beginn des zweiten Akts der Oper *Teseo* – dadurch aus, dass die Rezitative zum Teil wie Arien klingen und die Übergänge fließend werden. Wie wenig das Orchester dabei bloß die Rolle des Begleiters übernimmt, sondern sich vielmehr in einen lautmalerischen Akteur verwandelt, kann man vor allem zu Beginn der Oper *Riccardo Primo* erleben, die – wie Verdis *Otello* – mit einer Sturmmusik beginnt, in die gegen Ende die Stimmen zweier Schiffbrüchiger einfallen. Noch weit diffiziler durchkomponiert ist Bajazets Selbsttötungszene in der Oper *Tamerlano*, die meilenweit vom Klapparatismus des A-B-A'-Schemas entfernt ist. In *Rinaldo* wiederum veranstaltet Händel mit einer Piccolo- und zwei weiteren Flöten ein ganzes Vogelkonzert, das eine Zeit lang den Eindruck erweckt, als handle es sich um ein pastorales Zwischenspiel, bis schließlich Almirenas Sopran mit einstimmt und eine Arie (»Augelletti«) singt, die schon deshalb in nichts einer herkömmlichen Arie entspricht, da die Stimme sich wie ein zusätzliches Instrument mit einzelnen Einwürfen an diesem ländlichen Spiel beteiligt. Doch auch Arien, die herkömmlicher gestaltet sind, entsprechen bei Händel oft schon darum nicht mehr der einfachen da-capo-Struktur, weil den orchestralen Einleitungen und Zwischenspielen ein weit größerer Raum zukommt, als es in der damaligen opera seria üblich ist.

Mattheson stellt in seiner 1713 erschienenen Schrift *Das neu=eröffnete Orchestre* fest:

> »Die Frantzosen geben ihren Opern einen grossen Eclat, durch die Majestätischen und wol besetzten Chöre, die fast durchgehends in denselben vorkommen und sich sehr wol hören lassen mögen; dahingegen die Italiäner nichts oder wenig davon halten, so gar, daß auch ihre meiste Dramata nicht einmahl ein Schluß=Chor zum Ende, sondern an statt dessen etwan ein Gavotchen, oder anderes Air de Mouvement, zum höchsten mit 2. à 3. Stimmen, haben. Die Engelländer folgen nunmehro, wie in allen andern Stücken, auch hierin den Italiänern; die Teutschen aber machen mehr Wesens von den Chören, und halten, so zu sagen, die Mittel=Strasse darinn, welches auch nicht übel gethan zu seyn scheint.«

Nicht nur weil Händel in seinen Oratorien dem Chor eine zentrale Rolle verleiht, sondern auch aus obengenannten Gründen lässt sich von keinem anderen damaligen Komponisten so sehr behaupten, dass er der Oper ein Gepräge gibt, in dem sich all jene Eigenschaften vereinen, die Mattheson den verschiedenen Nationen zuweist. Wenn Gervinus berichtet, Gluck habe Händels Bildnis über seinem Bett hängen gehabt, um – wie er formuliert – »beim Öffnen der Augen … sein Vorbild zu verehren«, will einem diese Verehrung allein deshalb einleuchten, weil Gluck nur auf Händel aufbauen konnte, als es ihm darum ging, die Oper von jenem virtuosen Geträller zu befreien, das den Kastraten und Primadonnen und auch dem Publikumsgeschmack zuliebe beigesteuert werden musste. Gluck forderte stattdessen, ein Werk müsse seiner eigenen Notwendigkeit gehorchen, was heißt, dass eine Arie nur dann ihren gerechtfertigten Platz an einer bestimmten Stelle besitzt, wenn er auch dramaturgisch begründet ist. Solange Händel bis ungefähr zum Jahr 1740 mit zunehmender Mühe seinen Opernbetrieb am Laufen halten muss, kann er die von Gluck zwanzig Jahre später formulierten Ideale zwar nicht umsetzen, doch mit seiner Hinwendung zum Oratorium kommt er ihnen sehr nahe. Bis dahin allerdings vergeht noch eine lange Zeit, in der Notwendigkeiten das Geschäft prägen, die reichlich schlichter Natur sind.

Händels Hunger und das Duell in Hamburg

Vom Privatmann Händel können wir uns so gut wie kein Bild machen, auch wenn Mainwarings Biographie oder Charles Burneys Aufzeichnungen allerlei Ereignisse aufzählen und wir beim Lesen der äußerst ausführlichen Lebens- und Werkdarstellung von Friedrich Chrysander, dem wir die erste deutsche Händel-Ausgabe verdanken, durchaus den Eindruck gewinnen, dass wir über diesen Komponisten eine ganze Menge wissen. Von Affären und Liebesgeschichten ist nichts überliefert, und wir wissen auch nicht, womit er die wenige Zeit zubrachte, die ihm neben dem unablässigen Komponieren, Operneinstudieren und Dirigieren blieb.

Was sein Verhältnis zu Frauen betrifft, so begegnet man in jüngster Zeit immer häufiger der Vermutung, Händel sei schwul gewesen. Hinweise gibt es darauf zwar keine, was aber natürlich nicht ausschließt, dass es so gewesen sein könnte. Wer dabei allerdings in erster Linie auf die allgemeinen Verhältnisse am Theater verweist, argumentiert trotz gegenteiliger Absicht nicht anders als jene Puritaner, die es nach Shakespeares Tod wegen dessen Lasterhaftigkeit meinten verbieten zu müssen. Auch der Verweis auf seine italienischen Mäzene, deren wichtigster, Kardinal Ottoboni, eine schillernde Figur gewesen sein soll, sagt ebenso wenig über Händels sexuelle Neigungen aus wie die Tatsache, dass er bis Mitte fünfzig von Kastraten umgeben war, die – wie wir aus dem Film *Farinelli* wissen – als Projektionsfiguren für allerlei frivole Phantasien herhalten müssen. Für die Beschäftigung mit Händels Musik kann es jedenfalls kaum von weitreichender Bedeutung sein, ob er mit Männern oder Frauen oder mit beiden seine Lüste auslebte. Offenkundig ist allerdings, dass in seinem Œuvre die irdische Liebe, oder anders gesagt: alles Sinnliche einen unendlich viel größeren Raum als bei Bach einnimmt, und zwar nicht nur, was ihre Themen und Stoffe, sondern ihre musikalische Sprache als solche anbelangt. Von der frühen Oper *Aci, Galatea e Polifemo* bis hin zum Oratorium *Solomon* begegnen wir ganz diesseitigen Begierden und einem Flirren und Leuchten, das durch und durch von dieser Welt ist.

Fest steht wiederum, dass Händel nicht verheiratet und vor allem gerne mit Essen beschäftigt war, worüber eine Anekdote Auskunft gibt, die davon berichtet, wie er einmal in ein Wirtshaus ging und sich drei Gerichte bestellte, die ihm jedoch nicht aufgetischt wurden. Auf seine ungehaltene Frage, wo denn das Essen bleibe, soll der Kellner sich entschuldigt haben: »Wir wollten auf die anderen Gäste warten«, was der Entrüstete scheinbar mit der Antwort quittierte: »Die anderen Gäste, das bin ich!« Ansonsten wissen wir über den privaten Händel nicht viel mehr als über Shakespeare, nur dass es bei Händel nicht den geringsten Grund gibt, an seiner Identität zu zweifeln und zu mutmaßen, es könnten hinter seinem Werk sich andere Urheber verbergen. Ein entscheidender Unterschied zu Shakespeare besteht jedoch darin, dass wir von Händel zahlreiche Porträts besitzen, durch die wir uns immerhin ein Bild von seiner Erscheinung machen können.

Mainwarings Lebensbeschreibung gleitet vom einen zum anderen Ereignis, ohne sich um eine wirkliche Chronologie oder auch nur halbwegs genaue Zeit- und Altersangaben zu kümmern. Bemerkenswert an ihr ist, dass sie als die allererste Musikerbiographie überhaupt gilt, was einiges über das damals erst aufkommende Bedürfnis aussagt, das Leben von Komponisten oder Dichtern überhaupt ausleuchten und sie als Ausnahmemenschen zeichnen zu wollen. Dass das damalige Publikum ganz aus dem Häuschen war, wenn es um die Auftritte und Allüren jener Kastraten und Primadonnen ging, die den Status heutiger Popstars besaßen, bedeutete mitnichten, dass auch das Leben eines Tonsetzers, wie es zu dieser Zeit noch in nüchternem Handwerksdeutsch hieß, kultischer Verehrung würdig schien. Nicht zufällig wurde erst Mitte des 19. Jahrhunderts die erste großangelegte Händel-Biographie verfasst, und zwar von jenem Friedrich Chrysander, der 1856 mit Georg Gottfried Gervinus die Deutsche Händel-Gesellschaft gründete, was auch damit zu tun hatte, dass die beiden im sogenannten Zeitalter der Nationalstaaten den großen Sohn aus Halle repatriieren und als deutschen Tonkünstler heimholen wollten. Mit Deutschtümelei hatte das reichlich wenig zu tun, zumal Gervinus – wie auch die Brüder Grimm – jenen Göttinger Sieben angehörte, welche gegen die durch König Ernst August von Hannover verfügte Aufhebung der liberalen Verfassung protestierten und deshalb nicht nur ihre Professorenposten verloren, sondern auch noch des Landes verwiesen wurden.

So wie Chrysander als einer der Begründer der Musikwissenschaft gilt, so gilt Gervinus als Urgroßvater der Germanistik, da er, wie noch keiner vor ihm, ein *Handbuch der Geschichte der poetischen National=Literatur der Deutschen* vorlegte, das zu Zeiten von Tacitus' *Germania* einsetzt und über das Hildebrand- und Nibelungenlied, den lutherischen Kirchengesang und die Barockdichter bis zu Lessing, Schiller, Goethe, Voß und Tieck reicht. Er versucht dabei Entwicklungslinien aufzuzeichnen und damit eine Art Kanon der im weitesten Sinne als deutschsprachig zu bezeichnenden Dichtung vorzustellen. Dass im 19. Jahrhundert überhaupt erst das nachdrückliche Interesse aufkam, sich Geschichte im Sinne einer identitätsstiftenden Größe anzueignen, erklärt unter anderem, warum jene geisteswissenschaftlichen Disziplinen wie die Alterums- oder Geschichtswissenschaft, die wir längst als etwas Selbstverständliches, ja fast schon Naturgegebenes empfinden, damals überhaupt erst entstanden sind. Ihr Umsichgreifen ließ den Altphilologen Nietzsche bald schon gegen einen Historismus wüten, in dem er bloß noch eine tote Gelehrsamkeit und die Abkehr von der Gegenwart erkennen wollte. Andererseits verdanken wir dieser Orientierung auf unser geschichtliches Gewordensein die Entstehung dessen, was wir seither als Geisteswissenschaften bezeichnen, wozu in erster Linie auch die Arbeit an Werkausgaben gehört, für die man – wie im Falle von Chrysanders Händel-Edition – erstmals all das zusammenzutragen versucht, was an Kompositionen vorliegt, und zwar in systematischer Absicht, wozu das Chronologische, die Überprüfung der Echtheit und der Vergleich mit alternativen Druckversionen oder Abschriften gehört. Auch wenn das damals noch nicht dem Anspruch dessen genügen konnte, was wir heute als historisch-kritisch bezeichnen, haben wir es solchen Ausgaben zu verdanken, dass wir ein Text- bzw. Notenkorpus besitzen, mit dem sich arbeiten lässt, ohne dass man sich, auf die Gefahr hin, überhaupt nichts zu finden, zuerst einmal jahrelang auf die Suche nach Überresten machen muss, die in der ganzen Welt verstreut sind.

Welchen immensen Schwierigkeiten Chrysander damals begegnete, erklärt Gervinus in seiner Abhandlung *Händel und Shakespeare*, in der es heißt:

> »Zu Zeiten Händels war der Puritanismus längst ausgestorben, der religiöse Eifer aber, mit Scheinheiligkeit versetzt, war zurückgeblieben; er leitete an, die weltlichen unter Händels Oratorien und seine sämmtlichen Opern zu ignorieren, von welchen in Arnolds Ausgabe nicht mehr als fünf Eingang fanden; man sagt uns, daß eine Gesamtausgabe der Händel'schen Werke in England auch neuerdings auf Schwierigkeiten stoße, weil man an diese seine profane Musik nicht erinnert sein wolle, und daß mit aus dieser Ursache die begonnene Edition der englischen *Handel Society* stecken geblieben sei.«

Dass Gervinus' Behauptung, Händel sei im England des 19. Jahrhunderts fast ausschließlich als Oratorienkomponist wahrgenommen worden, nicht unzutreffend ist, belegen auch die Schilderungen des im 19. Jahrhunderts berühmtesten Musikschriftstellers, Eduard Hanslick, in dessen 1870 erschienenen Reiseberichten wir lesen:

> »Während in England die Oper als künstlich gezogenes Gewächs ein gleißendes Scheinleben führt, der Nation fremd und gleichgiltig, ein Zeitvertreib den Reichen und den Fremden, blüht dort das Oratorium seit Händel's Zeiten in gesunder, zweigtreibender Kraft. Von allen größeren Kunstformen in der Musik ist das Oratorium

die einzig populäre in England, die einzige, welche, mit Anschauungen und Gefühlen des Volkes tief verwachsen, eine ethische Macht über dasselbe ausübt.«

In gleicher Weise berichtet Wagner in *Mein Leben* von einer *Messias*-Aufführung im Jahre 1855, die in der dreitausend Leute fassenden Exeter Hall stattfand:

»Die Oratorien-Aufführungen, welche dort fast allwöchentlich stattfinden, haben wirklich den Vorzug einer großen Sicherheit, wie sie durch sehr häufige Wiederholungen gewonnen wird. Außerdem konnte ich dem 700 Köpfe zählenden Chore meine Anerkennung seiner sehr präzisen Leistungen nicht versagen, welche besonders im *Händel*schen ›*Messias*‹ einige Male zu respektabler Bedeutung sich erhoben. Ich lernte hier überhaupt den eigentlichen Geist des englischen Musikkultus kennen. Dieser hängt wirklich mit dem Geiste des englischen Protestantismus zusammen, daher denn auch eine solche Oratorien-Aufführung viel mehr als die Oper das Publikum anzieht; wobei sich noch der Vorteil herausstellt, daß ein solcher Oratorienabend zugleich als eine Art von Kirchenbesuch zu gottesdienstlichen Zwecken vom Publikum sich angerechnet wird. Wie man in der Kirche mit dem Gebetbuch dasitzt, trifft man dort in den Händen aller Zuhörer den Händelschen Klavierauszug, welcher in populären Schillingausgaben an der Kasse verkauft und in welchem eifrigst nachgelesen wird, das letztere, wie es mich dünkte, auch um gewisse allgemein gefeierte Nuancen nicht zu versäumen, wie z. B. den Eintritt des ›*Halleluja*‹, wo es für schicklich gefunden wird, daß alles sich von den Sitzen erhebt, welcher ursprünglich wahrscheinlich vorgekommene Akt des Enthusiasmus mit peinlicher Präzision jetzt bei jeder Aufführung des ›*Messias*‹ ausgeführt wird.«

In ähnlicher Weise bemerkt Robert Schumann in einem 1837 erschienenen Aufsatz über den Komponisten William Sterndale Bennett: »Mit Händel, an dem die Engländer nichts verdrießt als sein deutscher Name, soll keine andere Nation so vertraut sein als die englische. Man hört ihn mit Andacht in den Kirchen, singt ihn mit Begeisterung bei den Gastmahlen; ja, Lipinski erzählte, er habe einen Postillon Händelsche Arien blasen hören.«

Gervinus' Abhandlung *Händel und Shakespeare* wiederum ist auch deshalb nicht uninteressant, weil er darin die zunehmende Verselbständigung der Instrumentalmusik in Frage stellt und sie wieder als Dienerin des Gesangs sehen will, und zwar gemäß ihrer Entstehungsgeschichte, die noch nichts davon zu berichten weiß, dass eine Lyra oder eine Flöte etwas anderes als ein Begleitinstrument für den Sänger ist. Damit stellt Gervinus sich gegen Eduard Hanslicks gut zehn Jahre zuvor in der Schrift *Vom Musikalisch-Schönen* geäußerte Ansicht, allein die Instrumentalmusik verkörpere das Ideal einer reinen, von Texten oder sonstwie thematischen Bürden freien Musik. Wenn Gervinus dagegen die der menschlichen Stimme verpflichtete Tonkunst als das Nonplusultra einer jeden Musik anpreist, bringt er damit auch nolens volens zum Ausdruck, dass nicht Händels orchestrale Werke, sondern seine Opern und Oratorien als dessen eigentliches Werk gelten dürfen. Immerhin hat er für die Händel-Ausgabe zusammen mit Chrysander – zuweilen reichlich frei – die Oratorientexte ins Deutsche übertragen. Die Tatsache, dass Gervinus mitten im 19. Jahrhundert, als die Orchesterapparate immer größer werden, zurücksteuern will und mit Bezug auf die barocke Spielpraxis zu einer Korrektur aufruft, lässt ihn geradezu als Vorläufer einer historischen Aufführungspraxis erscheinen.

Als die Händel-Gesellschaft anno 1860, also bereits nach vier Jahren, wieder aufgelöst wird, führt Chrysander das gigantische Unternehmen nicht nur in eigener Regie weiter, sondern legt überdies noch eine höchst ausführliche dreibändige Händel-Biographie vor, die allerdings nicht weiter als bis zum Ende seines Opernschaffens um das Jahr 1740 reicht. Was er, die damalige Auftragslage und die Aufführungsbedingungen betreffend, alles zusammengetragen und rekonstruiert hat, ist angesichts der Tatsache, dass von Händel selbst nur wenige Briefe erhalten sind und es kaum Dokumente gibt, die über sein Leben aus erster Hand Auskunft geben, selbst dann mehr als nur erstaunlich, wenn sich dabei Dutzende falscher Details nachweisen lassen. Da Chrysander und Gervinus – nicht nur notgedrungen – das künstlerische Werk in den Mittelpunkt rücken, lässt sich ihnen eine solche schwallende romantische Schwärmerei schwerlich nachsagen, wie sie um 1800 herum einsetzt und aus Dichtern, Malern und Komponisten völlig entrückte Wesen macht, die zwischen manischen Schaffensexzessen und tiefster Verzweiflung hin- und herschwanken und deren Leben von Einsamkeit und Nervenkrisen, euphorischen und elendigen, rauschhaften und selbstzerstörerischen Phasen geprägt ist. Mit Beethoven, Schubert, Schumann und manch anderem lassen sich dafür auch genügend Beispiele finden, nur dass man dabei allzu oft ausblendet, wie sehr deren riesiges Werkverzeichnis auf ein Arbeitspensum verweist, bei dem für ständige alkoholische Abstürze oder ein sonstiges Chaos nicht mehr allzu viel

Raum blieb, zumal man auch noch bedenken muss, dass einer wie Schubert recht jung gestorben ist.

Nicht zufällig begegnen wir von Wackenroders *Herzensergießungen eines kunstliebenden Klosterbruders* bis zu E.T.A. Hoffmanns vom Wahnsinn gekennzeichnetem Kapellmeister Kreisler zahllosen Gestalten, die – wie man heute so sagt – am Rand der Gesellschaft stehen und dabei in ihrem Denken und Fühlen als die tieferen und sensibleren Wesen gelten. In dem meist äthylisch aufgepumpten Berserker Christian Friedrich Grabbe gewinnt das Bild vom äußerst fragilen, ständig gefährdeten, sich im Exzess verzehrenden Künstler jene etwas rüdere Ausprägung, wie sie vor allem im 20. Jahrhundert und bis heute das Klischee des vielfach zerrissenen, sich in Alkohol verzehrenden, jede Konvention missachtenden, gleichsam ständig im Platzen begriffenen Rundumprovokateurs prägt. An dieser merklichen Verschiebung des Künstlerbildes zum Bürgerschreck hin lässt sich leicht ablesen, wie sich die romantische Idee vom aus sich selbst schöpfenden, keinen Regeln unterworfenen, nur seiner eigenen Originalität verpflichteten Genie so sehr in die Vorstellung vom berserkerhaften, rücksichtslosen, reichlich exhibitionistisch veranlagten Nonkonformisten verkehrte, dass der sogenannte Tabubruch längst zum Ödesten gehört, was sich denken lässt, und das Ideal von der gezielten Nichtanpassung einen Konformismus offenbart, der sich für das Gegenteil hält.

Nichts, aber auch gar nichts davon begegnen wir zu Händels Zeiten, sieht man einmal davon ab, dass jene durch Europa tourenden, in Neapel und Rom, Florenz und Venedig, Wien und Paris, London und Dresden bejubelten Diven und Kastraten heutigen Pop-Ikonen vergleichbar waren, was aber nichts mit jenem Geniekult zu tun hatte, der aus Dichtern, Malern und Komponisten abgrundtief leidende und zugleich himmlisch beseelte Halbgötter macht. Wie sehr diese romantischen Schöpfungsidolatrien auch Stefan Zweigs berühmt gewordene *Sternstunden der Menschheit* prägen, belegt wie nichts anderes das Kapitel über Händel. In ihm schildert er, wie der an Leib und Seele gebrochene, verzweifelt kraftlos gewordene Koloss Händel eines Nachts äußerst missmutig das ihm zugeschickte Libretto für ein Oratorium mit dem Titel *Messias* zur Hand nimmt, es aber aus lauter Wut über seinen heillos geschwächten Zustand am liebsten zerreißen würde. Unruhig, zerrüttet, von Schlaflosigkeit geplagt, beginnt er dennoch die ersten Verse zu lesen, die ihn – o Wunder! – mit einem Schlag beleben. Als kenne er sich selbst nicht wieder, fängt in ihm dabei die herrlichste Musik an zu tönen, und zwar so rauschhaft wie noch nie, sodass es ihn mitten in der Nacht an den seit langem verwaisten Schreibtisch treibt, den er von da an drei Wochen lang nicht mehr verlassen wird, um der Welt schließlich sein größtes Werk zu schenken. Bei Stefan Zweig liest sich das folgendermaßen:

> »Tränen dunkelten Händel das Auge, so ungeheuer drängte die Inbrunst in ihm. Noch waren Blätter zu lesen, der dritte Teil des Oratoriums. Aber nach diesem ›Halleluja, Halleluja‹ vermochte er nicht mehr weiter. Vokalisch füllte ihn dieses Jauchzen innen an, es dehnte und spannte, es schmerzte schon wie flüssiges Feuer, das strömen wollte, entströmen. Oh, wie es engte und drängte, denn es wollte aus ihm, wollte auf und in den Himmel zurück. Hastig griff Händel zur Feder und zeichnete Noten auf, mit magischer Eile formte sich Zeichen auf Zeichen. Er konnte

> nicht innehalten, wie ein Schiff, die Segel vom Sturm gefaßt, riß es ihn fort und fort. Rings schwieg die Nacht, stumm lag das feuchte Dunkel über der großen Stadt. Aber in ihm strömte das Licht, und unhörbar dröhnte das Zimmer von der Musik des Alls.«

Dass hier mit Stefan Zweig nichts anderes als dessen eigene Phantasie durchgeht, ist offenkundig, zumal von niemandem überliefert wurde, wie Händel sich fühlte, als er das Halleluja in Noten setzte. Wenn Chrysander wiederum über Mainwarings Händel-Biographie urteilt, sie sei keineswegs als ein »Erzeugniß besonderer Pietät«, sondern als »ein reines Buchhändlerunternehmen« anzusehen, so ist das weit weniger kritisch gemeint, als es sich anhören mag. Von pathetischer Emphase genauso weit entfernt wie von Anekdotensucht, versucht auch Chrysander Händels Leben als ein von unentwegter Arbeit geprägtes zu zeichnen, wozu bei weitem nicht nur das Komponieren, sondern vor allem auch tausend Organisationsfragen und Auseinandersetzungen mit Theaterdirektoren, Sängern und allen möglichen Leuten gehören, die man als Unterstützer brauchte. Während Mozarts Leben für viele erst durch den scheinbar mysteriösen Auftraggeber des Requiems und die Spekulation darüber, ob sein Rivale Salieri ihn vergiftet haben könnte, aber auch durch die traurige Geschichte vom Massengrab, in dem er verscharrt worden sein soll, interessant zu werden beginnt, lässt sich über Händels Leben nichts Derartiges berichten. Auch gibt es von ihm nicht wie im Falle Beethovens einen Brief, in dem er mit Selbstmordgedanken spielt, noch kann man aus ihm einen liebenswerten Trinker machen, wie es Schubert angetan wird, und es lässt sich von ihm ebensowenig berichten, dass er in seinem Kopf manisch Zahlenreihen durchgehen musste wie Bruckner.

Dennoch entkommt auch Chrysander nicht der Versuchung, Dinge auszuschmücken, von denen wir nichts wissen können. So etwa, wenn er über Händels Kindheit schreibt:

> »Er lebte und webte von Kindesbeinen an in den Tönen, horchte darauf, lief ihnen nach, und fing selber an zu musiciren, als er kaum seiner Gliedmaßen mächtig war. Tuthorn, Trompete, Pommer und Flöte, Trommel und Maultrommel und was der Weihnachtsmann Alles zu bescheren pflegt, bildete anfänglich sein Orchester. Zuerst war es der Sippschaft nur eine Merkwürdigkeit mehr an dem merkwürdigen Kinde; als aber die Musik immer ärger und besonders immer ernster betrieben wurde, gerieth man in Unruhe.«

So lesen sich Künstlerbiographien, wie wir sie seit dem 19. Jahrhundert kennen, zu denen auch gehört, dass sie vorführen wollen, wie bereits im Kind jener genialische Trieb durchbricht, den die Erwachsenen halb mit Befremden, halb mit Bewunderung an ihm entdecken. Da aber bei Mainwaring in dieser Hinsicht nicht viel zu holen ist, obwohl auch er in seiner reichlich spröden Art bereits zu entsprechenden Ausschmückungen neigt, müssen wir uns auf das beschränken, was von Händel überliefert ist, was so gut wie nichts anderes als seine Musik oder, genauer gesagt, seine Noten sind, von denen wir oftmals nur Ausgaben besitzen, die von den zum Teil verschollenen Handschriften durchaus abweichen können.

Genauso wie dem jungen Bach sagt man auch dem jungen Händel nach, er habe den Degen reichlich locker sitzen gehabt. So wird von dem ungefähr zwanzig Jahre alten Bach aus seiner Arnstädter Zeit berichtet, er sei mit seinem Degen auf ein paar Schüler losgegangen, die ihm nachts aufgelauert hätten, weil er einen von ihnen als Zippelfagottisten verspottet habe. Entsprechend steht seit ein paar Jahren in Arnstadt unweit der Kirche, in der er seine erste Organistenstelle antrat, ein Denkmal, das ihn als lümmelhaften Draufgänger zeigt, an dem man jene Würde, die seine späteren Porträts ausstrahlen, nicht einmal in Ansätzen zu entdecken vermag. Von Händel wiederum ist ein Duell überliefert, das er sich auf dem Hamburger Gänsemarkt mit niemand anders als dem damals viel berühmteren Sänger und Komponisten Johann Mattheson geliefert haben soll.

Ihm vorausgegangen war die Aufführung von Matthesons Oper *Cleopatra*, in der der Komponist nicht nur die Rolle des Antonius gesungen haben soll, sondern nach dessen Bühnentod sofort über die Rampe in den Orchestergraben hinabgeeilt sei, um dem Publikum zu zeigen, dass er ab jetzt auch noch die musikalische Leitung zu übernehmen gedenke, um sich am Ende in dreifacher Hinsicht bejubeln lassen zu können, nämlich als Schöpfer des Werks, als Sänger und zudem als Kapellmeister. Vom Cembalo aus hatte bis zu dieser Stelle allerdings der drei Jahre jüngere Händel den Abend geleitet, was er sich für den verbleibenden Rest auch nicht mehr nehmen lassen wollte, weshalb es im Orchestergraben noch während der Aufführung zu einer Schlägerei gekommen sein soll, die mit dem Duell auf dem nächtlichen Gänsemarkt offenbar ihre Fortsetzung fand. Wobei die einen behaupten, Händel sei beinahe lebensgefährlich verletzt worden, während andere lediglich davon zu berichten wissen, dass Matthesons Klinge ihm einen Knopf an der Brust zerstört habe. Mainwaring schildert den Vorfall folgendermaßen:

> »Sie hatten also beyde nicht so bald das Orchester verlassen, als der Beleidigte von Leder zog, und Händeln mit dem Degen auf die Brust stieß, wodurch dieser auf ewig von dem angemaaßten Amte, weil der Stoß recht aufs Herz gerichtet war, entsetzet worden wäre, wenn nicht eben eine freundliche Partitur, die Händel im Busen trug, solches verhindert hätte, durch welche auch selbst die Stärke eines Ajax hindurch zu dringen nicht vermögend gewesen seyn würde.
>
> Wäre dieser Zufall in alten Zeiten vorgegangen, würde sich kein Sterblicher haben überreden lassen, daß nicht der grosse Apollo, zu Händels Erhaltung, in der Gestalt eines Notenbuchs, den Stoß aufgefangen hätte.
>
> Aus den berichteten Umständen steht die Sache einem Meuchelmorde ähnlicher, als einer ungefehren Begegnung. Sähen wir sie als eine Renconter an, so mögte das Ding wol einem solchen jungen Menschen, wie Händel war, für einen Mangel an Herzhaftigkeit, oder auch für eine Unerfahrenheit, wie er sich etwa zu vertheidigen hätte, ausgeleget werden; sollte aber das erste gültig seyn, und er hätte sich allenfalls wohl zu beschützen gewust, so wäre er freylich überrumpelt worden, ohne daß er Zeit gehahbt, sich zur Gegenwehr zu stellen.
>
> Es stehe nun das Recht oder Unrecht auf welcher Seite es wolle.«

Pikant an dieser Geschichte ist vielleicht nicht einmal sie selbst als vielmehr der Umstand, dass kein anderer als Mattheson es war, der Mainwarings Händel-Biographie ins

Deutsche übertragen und dabei an Dutzenden von Stellen nicht nur korrigierend, sondern geradezu entrüstet eingegriffen hat. So kommentiert er äußerst ausführlich Mainwarings Bemerkung: »Mathyson war kein grosser Sänger, und ließ sich nur gelegentlich hören: aber er war ein guter Acteur, ein guter Komponist in Handsachen, und ein guter Klavierist.« Matthesons aufgebrachte Bemerkungen erstrecken sich über nahezu drei Seiten, wo es unter anderem heißt: »Niemand hieß zu derselben Zeit ein großer Sänger, der kein Kastrat war, deren wir damals noch keinen hatten«, und er fährt fort:

> »Daß er nur gelegentlich gesungen haben sollte, ist lächerlich von einem zu sagen der in 15 Jahren nicht vom Theater gekommen, und fast allemal die Hauptperson vorgestellet, auch sowol durch ein ungekünsteltes Singen, als durch seine Geberdenkunst oder Action, welche in allen Singspielen das Wesentliche ist, bey den Zuschauern bald Furcht und Schrecken, bald Thränen, bald Freude und Vergnügen erwecket hat … Hätte der Verfasser dieser Lebensbeschreibung die matthesonischen Bücher … hiebey zu Rathe gezogen, … so hätte es ihm an richtigern Materialien nicht fehlen können. In solcher guten Lage verfertigte doch der nicht große, doch vornehmst gewesene Sänger und Hauptacteur (principal Singer and Actor) bey allen Staatsgeschäfften und dringenden Ausfertigungen im ganzen niedersächsischen Kreise, nicht nur eine grosse Menge von Kirchenstücken, Oratorien, Opern, nebst Klavir- und andern Instrumentalsachen, die auch in England nicht unbekannt seyn können, theils als Kapellmeister des Herzogs von Holstein, theils als Canonicus & Cantor cathedralis Hamburgensis, theils als Director verschiedener grosser Concerte; sondern auch bisher, nicht

> etwa nur Eines, vielmehr bey 86 Bücher, die mehrentheils auf das gründlichste von der Ton- und Singekunst handeln; vermachte darauf endlich der abgebrannten Michaeliskirche etliche vierzig tausend Mark zu einem Orgelwerk, zahlte auch noch Gelder baar vorher aus, und denket noch ein mehres ... auf verschiedene Art zu thun. Sein in Gottesfurcht geführtes Leben, als Legationsrath des Großfürsten, erstreckt sich nunmehro ins achtzigste Jahr, bey aller Munterkeit und nützlicher Arbeit. Der Wahrheit zu Steuer ist dieses hier eingerückt!«

Zwischen all diesen Zurechtrückungen erzählt Mattheson in wenigen Zeilen, wie sie beide sich kennengelernt haben, und zwar am 9. Juni 1703 beim Orgelspielen. Händel sei damals, so bemerkt er mit frappierender Exaktheit, 19¼, er selbst 21¾ gewesen. »Sie reiseten«, erzählt er, »mit einander nach Lübeck den 17 Aug. desselben Jahres, spielten wowol dort, als in Hamburg, Orgeln und Klavicimbel gleichsam um die Wette, welche Händel auf jener gewann, auf diesem aber, eignem Geständniß nach, einbüsste; so daß sie Abrede nahmen, einander nie ins Gehege zu kommen.« Was er nicht erwähnt, ist der fluchtartige Aufbruch, mit dem die beiden verhindern wollten, dass einer von ihnen diese Kantorenstelle tatsächlich bekommt. Buxtehude hatte nämlich zur Bedingung gemacht, dass derjenige, der sie antritt, auch seine Tochter zur Frau nehmen muss, die zum einen nicht mehr die Allerjüngste und zum andern offenbar so wenig anziehend war, dass nicht nur diese zwei Reißaus nahmen, sondern es Johann Sebastian Bach, der wenig später ebenfalls nach Lübeck pilgerte, nicht viel anders ergehen sollte, auch wenn er deutlich mehr Zeit, als ihm seine Arnstädter Vorgesetzten zugestanden hatten, bei Buxtehude verbrachte.

Was aber Mattheson anbetrifft, so drückt bei ihm stets der Wille durch, sich Händel gleichrangig zur Seite zu stellen, ja sich, was die Oper angeht, zu seinem Lehrmeister zu stilisieren, so etwa wenn er in seiner 1740 erschienenen Sammlung von Musikerbiographien, der er den Titel *Grundlage einer Ehren-Pforte* gab, erklärt: »Die meiste Zeit ging er damals bey meinem seligen Vater zu freyem Tische, und eröfnete mir dafür einige besondre Contrapunktgriffe. Da ich ihm hergegen im dramatischen Styl keine geringen Dienste that, und eine Hand die andre wusch.« Damit weist er sich als derjenige aus, dem Händel das Wichtigste zu verdanken hat, zumal er ja nicht wie Bach als grandioser Fugenkomponist in die Geschichte eingegangen ist. Was aber das Handgemenge im Orchestergraben und das anschließende Duell angeht, so erläutert Mainwaring reichlich umständlich, der noch jüngere Händel habe sich dabei als Nachfolger des Kapellmeisters und Hauskomponisten Reinhard Keiser profilieren wollen, womit er seinem älteren, damals deutlich verdienstvolleren Kameraden Mattheson in den Rücken gefallen sei. Obwohl Mainwaring Händel geradezu vorwirft, sich tatsächlich ein wenig vorgedrängt zu haben, zumal es offensichtlich um mehr als nur um dieses eine Dirigat ging, kann Mattheson sich eines Kommentars nicht enthalten und fügt hinzu:

> »Hier muß ich diesem Vernünftler wieder in die Rede fallen, um ihm seinen Unfug zu zeigen, der noch grösser und gröber ist, als der vorige, worinn schon mehr, als ein Dutzend Falschheiten, vorhanden waren, die hier völlig verdoppelt werden: denn es verhält sich mit diesem Zwiespalt im Grunde und in den Umständen ganz anders, wie bereits vorlängst in der Ehrenpforte, S. 94 und 193, mit möglichster Bescheidenheit, angezeiget worden; nur

daß damals noch keine Ursache, wie itzt, vorhanden war, den Leser zu erinnern, daß eine truckene Ohrfeige kein Meuchelmord sey, sondern vielmehr eine nothwendige Warnung, sich zur Gegenwehr zu schicken … Die Schlägerey eräugte sich den 5 Dec. 1704. Da Händel, welchen der Lebensbeschreiber, mit aller Gewalt je länger, je jünger, machen will, bey nahe 21 Jahre alt, groß, stark, breit und kräftig vom Leibe, folglich Mannes genug war, sich zu wehren, und des an seiner Seite hängenden Degens eingedenk zu sein. Das ist der vierte und ein starker Artikel, den sich ein sehr feiner Reputaionsschreiber, vor andern, merken sollte, wenn er, Statt wahre Begebenheiten, lauter erhabne Lobreden vorbringt, und dem Übersetzer viele unnöthige Mühe macht.«

Charles Burney wiederum bemerkt dazu in seinem *Tagebuch einer musikalischen Reise*:

»Im Jahre 1761 gab er eine Uebersetzung aus dem Englischen von Händels Leben heraus, wozu er Noten und Zusätze gemacht hatte, die weder aufrichtig noch großmüthig waren. Aber wie konnte der Verfasser einer Schrift, worin gesagt wurde: ›Mattheson war kein grosser Sänger, und bekam nur gelegentlich eine Rolle‹, eine bessere Begegnung erwarten!«

Der Titel des 1785 erschienenen Romans *Anton Reiser* von Karl Philipp Moritz spielt wiederum vermutlich auf einen Pastor gleichen Namens an, der hundert Jahre zuvor die Streitschrift *Theatromania, oder Die Wercke der Finsterniß in denen öffentlichen Schau-spielen* veröffentlicht hat. Ihr 1686 in Hamburg gestorbener Verfasser war so sehr durch den Dreißigjährigen Krieg geprägt, dass er meinte, alles, was in seinen Augen als

Ausgeburt des Katholizismus zu gelten hat, mit Stumpf und Stiel ausrotten zu müssen. Weil dazu vor allem das Theater gehört, hätte es, wäre es nach ihm gegangen, sofort überall abgeschafft werden müssen. Dass aber ausgerechnet in einer reformierten Stadt wie Hamburg die Ratsherren auf die Idee kommen, eines zu gründen, muss für ihn der reine Schock gewesen sein. Weil die Oper für ihn nichts als Satanswerk war, konnte er schon zweimal nicht begreifen, dass es nicht irgendein Lumpenhund von Kurfürst, sondern ausgerechnet die Hamburger Bürgerschaft selbst ist, die am Gänsemarkt ein Opernhaus errichten will und meint, sich damit auch noch ein Geschenk zu machen. Schließlich wurde diese Kunstform vor allem mit dem Adel in Verbindung gebracht, weshalb es tatsächlich umso bemerkenswerter war, dass ausgerechnet in einer protestantischen Metropole ein solcher heidnischer Tempel errichtet werden sollte. Der Widerstand der Kirche muss derart vehement gewesen sein, dass der Geistlichkeit im Jahre 1677 per Senatsbeschluss verboten wurde, die Predigten weiterhin als Feldzüge gegen ein solches Unternehmen zu missbrauchen, was aber nicht im Geringsten beachtet worden sein soll, die Oper jedoch 1678 dennoch eingeweiht wurde.

Da Hamburg vom Dreißigjährigen Krieg verschont geblieben war und die Leute sich, während woanders alles niedergebrannt und niedergemetzelt wurde, auf ihre Handelsgeschäfte hatten konzentrieren können, war auch genügend Geld in der Stadt, um sich mit zweitausend Plätzen das größte Opernhaus in ganz Europa zu leisten. Um den Enragierten von der pietistischen Fraktion entgegenzukommen, erklärte der Senat sich damit einverstanden, die Oper an den Wochenenden und Feiertagen geschlossen zu lassen. Und als Beleg dafür, dass Opern durchaus auch erbaulich sein können, wurde bei dem Schütz-Schüler Johann Theile, der wiederum der Lehrer von Buxtehude war, ein Werk mit dem Titel *Adam und Eva* in Auftrag gegeben, mit dem man das Haus eröffnete, was allerdings nicht verhindern konnte, dass sich regelrechte theologische Debatten darüber zu entspannen anfingen, ob man Theaterleuten überhaupt das Abendmahl erteilen dürfe oder nicht.

Das alles mag in unseren Ohren absurd klingen, doch immerhin wollte noch ein dreiviertel Jahrhundert später derselbe Rousseau, den man neben Diderot und Voltaire wie keinen anderen zu den Aufklärern zählt und der selbst sogar eine Oper geschrieben hat, im calvinistischen Genf auch ein Theaterverbot durchsetzen, und zwar ebenso aus moralischen Gründen. Hinter Rousseaus Natürlichkeitsideologie verbirgt sich allerdings ein weit fatalerer Fanatismus als hinter so manchen kirchlichen Borniertheiten, zumal es keine anderen als seine Ideen sind, die jene Gewalt hervorriefen, wie wir sie den menschheitsbeglückenden Utopien des 20. Jahrhunderts verdanken. In seinem *Brief an d'Alembert über die Schauspiele* kommt kaum ein anderes Wort so häufig vor wie das der *honnêteté*, also der Ehrenhaftigkeit und Ehrlichkeit, des Anstands und der Sitte, der Reinheit und Tugend, der Scham und Bescheidenheit und was immer in diesem Begriff noch an Bedeutungen mitschwingen mag. Nicht anders als bei dem Kirchenlehrer Tertullian, der in seiner um das Jahr 200 verfassten Schrift *De spectaculis* (»Über die Spiele«) das Theater als Inbegriff aller nur erdenklichen Schamlosigkeiten und Sünden verdammt, begegnet man derartigen Teufelsbeschwörungen von Savonarola über Rousseau bis zu den Taliban in immer anderen Gestalten, zuweilen auch in solchen, die im Namen der Aufklärung auftreten.

Deshalb muss es einen nicht wundern, wenn damals in Hamburg Stimmen wie diejenige des Pastors Anton Reiser laut wurden, zumal nach Shakespeares Tod auch die englischen Theater geschlossen wurden und selbst im gesangsvernarrten katholischen Italien zu gewissen Zeiten die Oper verboten war. Dass Karl Philipp Moritz seinem vom Leben gebeutelten Protagonisten den Namen eines fanatischen Theaterfeindes verleiht, mag seine besondere Bewandtnis darin haben, dass jener junge Anton Reiser, dem wir im Roman begegnen, seinen Vorsatz, Pfarrer zu werden, just deshalb aufgibt, weil es ihn wie besessen auf die Bühne drängt. Wie sehr beides miteinander zusammenhängt, das eine aber trotzdem spannender als das andere ist, kommt in einem entscheidenden Satz zum Ausdruck, in dem es heißt, der Dialog auf dem Theater besitze mehr Reize als der immerwährende Monolog auf der Kanzel.

Bemerkenswert ist, dass Mattheson noch in seiner 1713 veröffentlichten Schrift *Das neu=eröffnete Orchestre* indirekt auf den Hamburger Opernstreit zu sprechen kommt, wenn er die Musik in die drei Gattungen der Kirchen-, Theater- und Kammermusik einteilt und dabei Ersterer eindeutig das Primat einräumt.

> »Gleichwie in Stylos Musicos«, heißt es da, »nemlich Ecclesiae, Theatri & Camerae, der erste den Platz und Rang hat, so stehet auch unter den vielfältigen Arten der Composition der Choral … wol billig oben an … Man siehet es genugsam aus denen in der christlichen Kirchen eingeführten schönen Hymnis, Psalmen und andern Gesängen, was für eine Krafft ihre Componisten von oben herab gehabt haben, daß solche geistliche Melodien, wider alle

Veränderung, so lange Zeit schon bewahret und erhalten worden sind; dadurch es geschiehet, daß dieselben eine beständige Approbation bey uns finden; Jederzeit Trost, Freude und Vergnügen erwecken; und ein jeder, der niemahls Music gelernet, solche Chorale leicht fassen, und behalten; von Natur fast genau unterscheiden, und auch der einfältigste Mensch bey ihrer Absingung eine gar sonderliche heilige Andacht bey sich verspühret.«

Als er dann auf die weltliche Musik zu sprechen kommt und an ihre erste Stelle die Oper setzt, hebt er unzweideutig hervor:

»Unter den weltlichen Sachen behalten ja nun wol die Theatralischen, und unter diesen die geehrten Opern ohnstreitig den Vorzug, weil man in selbigen gleichsam einen Confluxum aller musicalischen Schönheiten antreffen kan. Da hat ein Componist rechte Gelegenheit seinen Inventionibus den Zügel schießen zu lassen! da kan er auf unzehlige Art Liebe, Eifersucht, Haß, Sanfftmuth, Ungedult, Begierde, Gleichgültigkeit, Furcht, ja Himmel, Erde, Meer, Hölle, und alle darinn vorkommende Verrichtungen (wenn anders das Gesicht den Ohren nur ein wenig Verstand leisten will) mit tausenderley Veränderungen und Anmuth sehr natürlich abbilden … Uber dem weiß ja ein jeder, daß Opern und dergleichen nur Schertz = und Lust = aber keine ernst = Spiele, und kan dannenhero nicht böse werden, daß man zu der Zuschauer Vergnügen, auch alles was Menschen schönes und künstliches haben, hervor suche.«

Bedenkt man, dass Händel gerade einmal fünfundzwanzig Jahre nach der höchst umstrittenen Eröffnung der Hamburger Oper dort als Geiger und Cembalist angefangen und für dieses Haus bald seine erste Oper geschrieben hat, so erscheint der Beginn seiner Laufbahn in einem anderen Licht, als wenn heutzutage jemand mit achtzehn an die Bühne geht. Wäre Händel anno 1705 bereits ein paar Jahre älter gewesen, könnte er sogar als Nachfolger jenes bis heute nicht ganz unbekannten Komponisten Reinhard Keiser in Frage gekommen sein, der dort ab 1697 Kapellmeister und von 1703 an auch Operndirektor war. Wie anders Händels Stil, wäre er in Hamburg geblieben, sich entwickelt hätte, bleibt der Spekulation überlassen. Sollte man allerdings mit dem Händel-Biographen Paul Henry Lang der Meinung sein, dass sein einziges deutsches Oratorium, die *Brockes-Passion*, jene Freiheit und Pracht vermissen lässt, die seine englischen Kirchenwerke auszeichnen, bedeutete das nichts allzu Gutes. Am Ende hätten wir es dann doch noch Mattheson zu verdanken, dass Händel das geworden ist, was er geworden ist, und zwar deshalb, weil ihm durch Vorfälle wie diesem Duell die Lust verging, sich mit solchen Leuten um Pöstchen zanken zu müssen. Mattheson wiederum, den an Umtriebigkeit vermutlich keiner überbieten konnte, fing, als es mit seiner Karriere bergab ging, 1728 zu klagen an: »Dem Aufnehmen der Opern steht das Naturell der Einwohner entgegen; denn kurtz zu sagen: Opern sind mehr für Könige und Fürsten, als für Kauff- und Handels-Leute.« Was ihm bis dahin mehr als gut und recht war, scheint er in dem Moment, da er nicht mehr gefragt ist, mit geradezu klassenkämpferischen Argumenten in Frage stellen zu wollen. Von heute auf morgen will ihm der maßlose Aufwand, den eine Oper erfordert, nicht mehr einleuchten, als müsse man einen derartigen Luxus allein aus ökonomischen Erwägungen ablehnen. Schließlich will ihn von jetzt auf gleich nicht mehr überzeugen, wovon er jahrelang lebte, nämlich: »Die hohe Pachtungen und starcke Besoldungen. Die Unbeständigkeit der Directorii. Gewisse Eigenschaften des Acteurs. Die Länge der meisten Opern. Die fremde Sprache. Das ewige Fiddeln und Arbeiten im Orchester. Die Menge der Täntzer und Neben-Personen.«

Im Übrigen versuchte Mattheson, mit Händel wieder in Kontakt zu kommen. Mit der Bitte, ihm für seine Musikerbiographien einen Lebenslauf von sich anzufertigen, schickt er ihm nach London ein paar Briefe, die jedoch unbeantwortet bleiben. Um Händel zu beweisen, wie ernst ihm die Sache ist, widmet er ihm seine 1717 erschienene Schrift *Das beschützte Orchestre*, wobei man sagen muss, dass der »Herr Georg Friderich Hendel, Königl. Groß=Britannischer und Chur-Braunschweig=Lüneburgischer Capellmeister« bei weitem nicht als Einziger in der Dedikation auftaucht, sondern neben Georg Philipp Telemann, Reinhard Keiser, Johann Kuhnau, Johann David Heinichen und noch neun anderen einer unter vielen ist. Was Händels lange Titulierung anbelangt, so bezieht sie sich auch auf jene kurze Zeit seiner Anstellung am Hof zu Hannover, die seinem endgültigen Aufbruch nach England vorausging. Händel jedenfalls schreibt Mattheson nach Erhalt des Buches am 24. Februar 1719 zurück und erklärt ihm, dass für eine Lebensbeschreibung »viel Sammelns erfordert werde, wozu ich jetzt, bei Vorhaben dringender Geschäfte, unmöglich Rat zu schaffen weiss. Sobald ich mich aber ein wenig heraus gewickelt habe, will ich mich auf die merkwürdigsten Zeiten und Vorfälle, so ich in meiner Profession erlebt habe, wiederum besinnen, um Ihnen dadurch zu zeigen, daß ich die Ehre habe mit sonderbarer Hochachtung zu sein Meines Hochgeehrten Herrn gehorsamst-ergebener Diener Georg Friedrich Händel.«

Mattheson veröffentlicht den Brief in der von ihm herausgegebenen Zeitschrift *Critica musica*, doch da nach weiteren fünfzehn Jahren immer noch keine einzige Zeile von Händel eingetroffen ist, versucht Mattheson es diesmal mit der Widmung von zwölf Fugen, die den Titel *Wol-klingende Fingersprache* tragen. Mattheson, der inzwischen Sekretär der britischen Gesandtschaft in Hamburg ist, erhält daraufhin einen von Händel in Französisch abgefassten Brief mit dem julianischen und gregorianischen Doppeldatum »A Londres, se 29./18. De juillet 1735«, in dem er beteuert: »Was die Sammlung meiner Lebens-Vorfälle betrifft, so ist mir unmöglich dieselbe zu bewerkstelligen, wegen der beständigen im Dienst des Hofes und des Adels zu leistenden Arbeit, die mich von allem anderen abhält.« Damit ist für Händel die Sache erledigt, nur dass Mattheson es nicht lassen kann, ihn weiterhin zu bedrängen, was aber nichts nützt. Als Revanche bleibt ihm nur, dem Toten im Vorwort zu seiner Mainwaring-Übersetzung nachzurufen: »Wenn einer auch aller Welt Opern, Oratorien, Serenaten etc. zum Dienste des Adels machte, ist doch damit der Dienst des Allerhöchsten noch lange nicht versehen, wie sichs gebühret.«

Dass man inzwischen eher an die Beatles als an den Komponisten des »Hallelujah« denkt, wenn es um Hamburger Musiklegenden geht, ist insofern nachvollziehbar, als Händel an der Alster kaum Spuren hinterlassen hat. Schließlich wird seine allererste, im Duelljahr 1705 entstandene Oper *Almira*, in der Mattheson die Hauptrolle sang, so gut wie nie aufgeführt, und seine zweite mit dem Titel *Nero* ist verschollen. Weil damals noch niemand auf den Gedanken gekommen wäre, dass eine Oper anders als in italienischer Sprache gesungen werden könnte, das Publikum aber trotzdem mitbekommen wollte, worum es ungefähr geht, wurden die Rezitative gewöhnlich auf Deutsch deklamiert, während man die Arien im Original beibehielt. So wurde es auch in England gehandhabt, nur dass die Hauptrollen eh so gut wie immer von Italienern gesungen wurden, ihr Englisch jedoch meist derart miserabel gewesen sein soll, dass sie auch die Rezitative hätten vollends in ihrer Muttersprache belassen können.

Im Übrigen hatte der Verfasser des *Anton Reiser*, Karl Philipp Moritz, im Jahre 1782 eine Reise nach England unternommen, über die er in einer Art literarischem Tagebuch berichtet, in dessen Abschnitt mit dem Titel »Vauxhall« es heißt:

> »Hin und wieder, besonders in einem der künstlichen Wälder in diesem Garten, wird man durch den plötzlichen Anblick der Bildsäulen von berühmten Englischen Dichtern und Philosophen, als z. B. Miltons, Thomsons und anderer angenehm überrascht. Was mich am meisten freute, war die Statue des deutschen Tonkünstlers Händel, welche vorn beim Eingange in den Garten nicht weit vom Orchester befindlich ist. Dies Orchester ist unter einer Menge Bäume, wie in einem Wäldchen, sehr schön errichtet, und gleich beim Eintritt in den Garten schallt einem die Vokal- und Instrumentalmusik entgegen. Es lassen sich hier beständig weibliche Sängerinnen hören.«

Sieht man einmal von Anekdoten wie dem Wettspiel mit Scarlatti oder dem Duell mit Mattheson ab, so wissen wir über Händels Leben, wie es nach seinem Aufbruch aus Hamburg in Italien und später in London weiterging, im Einzelnen sehr wenig. Jene »merkwürdigsten Zeiten und Vorfälle, so er in seiner Profession erlebte«, bleiben uns weitgehend verschlossen, zumindest was solche Vorfälle angeht, von denen wir auch von keiner anderen Seite wissen und die er aus seiner Sicht hätte darstellen können. Was wir allerdings von ihm besitzen, sind eine ganze Reihe von Porträts und solcher Büsten, wie Karl Philipp Moritz einer von ihnen im Park von Vauxhall begegnet. Händels erstes erhaltenes Porträt stammt von Balthasar Denner, einem Maler aus Altona, das damals noch nicht zu Hamburg gehörte, sondern die zweitgrößte dänische Stadt neben Kopenhagen war. Das Bild zeigt Händel im Halbprofil mit der üblichen Allongeperücke und langem, bis zum hervorstehenden Bauch hinabfallendem Halstuch, einem Gesicht mit mächtigem Doppelkinn, das in seiner Fülle und mit der weit hervortretenden Nase etwas höchst Entschiedenes besitzt, mit wachen, abschätzenden, ein wenig von oben herab schauenden Augen und einer Miene, die bei allem Herrscherlichen und cholerisch Veranlagten durchaus einen Anflug von Witz vermuten lässt. Die Perücke einmal weggedacht, könnte es sich auch um einen energischen Bauern handeln, dessen Befehlen seine Knechte ohne jede Widerrede nachzukommen gewohnt sind. Was Karl Philipp Moritz dagegen in Vauxhall Gardens zu sehen bekam, ist eine Terrakotta-Figur, die ihn als einen Lyraspieler zeigt, zu dessen Füßen ein Knabe sitzt, der etwas Puttenhaftes an sich hat. Solche Statuen und Gemälde geben uns zwar einen Eindruck von seiner äußeren Statur, doch wir wissen deshalb noch nicht, ob er Defoes *Robinson Crusoe* oder Swifts *Gulliver* gelesen, den Philosophen David Hume wahrgenommen oder gegen Ende seines Lebens, als er längst blind war, vielleicht sogar etwas über Edmund Burkes Schrift über das Schöne und Erhabene erzählt bekommen hat.

»Händel war ein Mann von ungewöhnlicher Leibeskraft; einer der stärksten Esser in London und nie in seinem Leben krank«, behauptet der Dichter Christian Friedrich David Schubart, der selbst auch Organist, Kapellmeister, Theaterdirektor und Komponist war und wegen Verunglimpfung des Klerus zehn Jahre lang auf dem Hohenasperg einsaß. Selbstverständlich war Schubart nie in London, obwohl er als Jugendlicher hätte Händel noch durchaus begegnet sein können. Dass dieser nie krank war, stimmt jedenfalls nachweislich nicht, zumal ihm nicht nur die nervlich zermürbenden, sondern auch in finanzieller Hinsicht ruinösen Konkurrenzkämpfe mit seinen Gegnern, die in London noch eine zweite Oper gegründet hatten, derart zusetzten, dass er im Herbst 1737 nach Aachen zur Kur musste, was für manchen sogar nach Flucht aussah. Was aber seine »ungewöhnliche Leibeskraft« anbetrifft, so kann man ihn, nach den Gemälden zu schließen, die wir von ihm besitzen, schwerlich als fürchterlich dick bezeichnen, nur dass zum Wesen solcher Porträts stets auch etwas Idealisierendes gehört. Aus dem Jahre 1754 gibt es allerdings auch eine Händel-Karikatur mit dem Titel *The Charming Brute* (»Die bezaubernde Bestie«), auf der er, mit einem Schweinsrüssel im Gesicht, beim Orgelspielen kaum seine Hände über den fetten Wanst kriegt, während auf seiner Perücke ein Käuzchen sitzt, die Orgelbank sich als Weinfass entpuppt, an der Pfeifenwand ein roher Schinken und totes Geflügel herabbaumeln und zwischen Pauken, Trompeten, einem Kochkessel und weiteren Weinfässern ein toter Tierkopf hervorlugt, der beinahe lächelt, als freue er sich darauf, bald mit Haut und Haar verzehrt zu werden, derweil eine Art Lama, gleichsam als dessen Widerpart, Händel während des Spielens entgegenblökt. Als dürften solche Bilder nicht die Erinnerung an ihn prägen, glaubt Mainwaring, Händel gegen derartige Infamien in Schutz nehmen zu müssen, und zwar auf den letzten Seiten seiner Lebensbeschreibung, was natürlich das Gegenteil dessen bewirkt, was er damit beabsichtigt, zumal einem solche Bemerkungen weit eher im Gedächtnis haften bleiben, wenn sie den krönenden Schluss bilden und nicht beiläufig eingestreut werden. Nachdem er anlässlich einer kurzen Schilderung von Händels Kuraufenthalt in Aix la Chapelle, was nichts anderes als Aachen ist, ungeniert davon spricht, wie sehr die dort tätigen Nonnen sich, wenn er Schwitzbäder nahm, über seine »wunderseltsame Leibesbeschaffenheit« und den Schweiß wunderten, der »übermäßiger, als sichs jemand einbilden kann«, an ihm herabgelaufen sein soll, fühlt er sich ganz zum Schluss noch einmal bemüßigt, diesbezüglich ein paar Dinge ins rechte Licht rücken zu müssen.

> »Seine Gesundheit«, lesen wir da, »gerieth einige Monate vor seinem Absterben nachgerade in Abnehmen. Er merkte gar wohl, daß sich die letzten Tage herannaheten, und wollte sich mit der Hoffnung einiger Besserung gar nicht schmeicheln lassen. Ein gewissern Umstand deutete, sonderlich nichts Gutes an, nehmlich der gänzliche Verlust seines Appetits, der ihn auf einmal überfiel, und desto verderblichere Wirkung hatte, bey einem Menschen, der so, wie er, gewohnt war, eine ungemeine Portion an Speisen und Nahrungssäften zu sich zu nehmen. Diejenigen, welche ihn deswegen getadelt haben, daß er diesen niedrigen Trieben so übermäßig nachgehänget, hätten billig erwegen sollen, daß die Seltsamkeiten seiner Leibesnothdurft eben so groß waren, als die Gaben seines Geistes. Schwelgerey und Üppigkeit sind Begriffe, die sich auf was an-

ders beziehen, nehmlich relativisch auf andre Umstände; ausser der blossen Quantität und Qualität. Es würde eben so unbillig seyn, Händeln auf gemeiner Leute Essen und Trinken einzuschränken, als einem Kaufmann in London zuzumuthen, daß er seine Tafel, wie ein schweizerischer Handwerksmann, besetzen sollte. Ich will ihn gar nicht von allen Vorwürfen dieser Art lossprechen: denn so viel ist gewiß, er wandte mehr Sorge darauf, als sonsten jemand anstehet, er sey auch wer er wolle: es dienet aber zu seiner Entschuldigung, daß er von Natur mit einer solchen weitlichen Leibesbeschaffenheit versehen; mit einem solchen auserlesenen Geschmack; und mit einem solchen begierigen Hunger begabet; daß auch sein Vermögen hinreichend war, solchen Heischungen zu gehorchen, und der Natur ein Genüge zu leisten. So befand sichs in der That. Denn, ausser den bisher angeführten Umständen, ist noch ein andrer zu seinem Behuf vorhanden: zu wissen, sein unaufhörlicher und stetiger Fleiß in den Werken der Tonkunst. Diese Arbeit erforderte beständige und reichliche Versorgung mit Lebensmitteln, um die erschöpften Geister, nach Nothdurft, zu ersetzen. Hätte er, durch Übermasse von dieser Art, seiner Gesundheit oder seinen Gütern etwas abgebrochen, so wäre es ein Laster gewesen: weil sichs aber anders verhielt, war es höchstens nur für Unanständig zu halten.«

Und Mainwaring fügt noch hinzu: »Es würde einer Affectation ähnlich gewesen seyn, wenn man alles dieses mit Stillschweigen hätte übergehen wollen; weil so viel davon in Gesprächen und Scherzreden vorgefallen ist.«

Die verbotene Oper

Über Händels Aufbruch nach Italien ist nicht viel bekannt, schließlich wissen wir nur, dass er dort als Einundzwanzigjähriger im Herbst oder auch erst Ende 1706 ankommt und dieses Land knapp vier Jahre später, im Sommer 1710, in Richtung Hannover, wo er nicht lange bleiben wird, wieder verlässt. Auch von seiner dortigen Reiseroute wissen wir reichlich wenig, außer dass er vermutlich zuerst in Florenz war, was zumindest John Mainwaring behauptet, der auch kolportiert, dass er bei einem »Prinzen von Toskanien« eingekehrt sei, der an anderer Stelle als Johann Gaston de Medicis ausgewiesen wird, welcher Händel in Hamburg kennengelernt und ihn zu sich eingeladen habe.

> »Dieser Prinz«, heißt es bei Mainwaring, »war ein grosser Liebhaber derjenigen Kunst, welcherwegen sein Vaterland so berühmt ist. Händels Geschicklichkeit in dieser Kunst brachte ihm nicht nur einen Zutritt bey Ihro Durchl. Zuwege, sondern auch eine Art der Vertraulichkeit: sie beredeten sich sehr oft miteinander, nicht nur wegen des musikalischen Zustandes überhaupt, sondern auch in Ansehung der Komponisten, der Sänger und Spieler, als verdienstlicher Personen an und für sich selbst. Dabey beklagte der Prinz vielmal, daß Händel mit den italienischen Tonkünstlern nicht bekannt wäre; zeigt ihm eine

weitläuffige Sammlung ihrer besten Musikalien, und gab ein grosses Verlangen zu erkennen, ihn mit sich nach Florenz zu nehmen. Händel gestund offenherzig, daß er in den vorgezeigten Stücken nichts finden könnte, welches mit demjenigen hohen Werth übereinstimmte, den Se. Durchl. Ihnen beygelegt hatten; er sähe dieselben Sachen vielmehr für so was Mittelmäßiges an, daß die Sänger und Sängerinnen, solche angenehm zu machen, nothwendig Engel seyn müssten. Der Prinz lächelte über diesen strengen Ausspruch, und fügte hinzu, daß es nur eine Reise nach Italien kosten würde, um sich zu dem daselbst regierenden Stil und Geschmack zu bequemen. Er versicherte, daß kein Land in der Welt einem jungen anfänger, zur Anwendung seiner Zeit, vortheilhafter seyn könnte, oder in welchem ein jeder theil seiner Profession mit mehrer Sorgfalt getrieben würde, als eben in Welschland. Händel erwiederte, wenn dem so wäre, so müste er sich wundern, daß ein so grosses Bestreben nur solche kleine Früchte hervorbrächte.«

Einen Nachweis, dass Gian Gastone de' Medici je in Hamburg war, gibt es nicht, wobei der Händel-Forscher Paul Henry Lang auch noch bestreitet, dass das schwarze Schaf des damaligen Medici-Clans überhaupt die Macht und Möglichkeit besessen haben könnte, einen unbekannten deutschen Musiker an den Hof nach Florenz einzuladen. Allenfalls bemerkenswert an dieser Geschichte ist, dass Händel sich offenbar keineswegs deshalb in »diesen vorzüglichsten Theil der Welt« – wie Mainwaring bemerkt – aufmachte, weil er die dortige Musik über alles bewunderte. Ebenso hält Mainwaring es für der Erwähnung wert, dass Händel sich auf keinen Fall habe einladen lassen wollen, sondern entschlossen gewesen sei, »auf eigne Kosten nach Italien zu gehen, so bald er nur zu dem Ende einen Vorrath gesammlet haben würde«. Sollte Händel, falls überhaupt etwas an dieser Geschichte wahr ist, die italienische Musik tatsächlich für ziemlich schlicht gehalten haben, hätte es für ihn trotzdem Gründe genug gegeben, in den Süden zu reisen. Immerhin pilgerten schon seit geraumer Zeit so gut wie alle Musiker, die sich einen Namen machen wollten, nach Italien. Neben dem Flamen Josquin des Prez waren dort auch der Wallone Orlando di Lasso, der aus Thüringen stammende Heinrich Schütz, der Stuttgarter Johann Jakob Froberger und die beiden späteren Dresdner Kapellmeister und Hofkomponisten Johann David Heinichen und Johann Adolph Hasse, aber auch jener in Savoyen geborene Georg Muffat, der wiederum ein Schüler Lullys war, dessen Geburtsort Florenz und dessen eigentlicher Name Lulli ist. Wäre es nach dem Willen von Heinrich Schütz gegangen, hätte er seine beiden Italien-Aufenthalte liebend gern verlängert, was ihm aber vom sächsischen Kurfürsten nicht erlaubt wurde, an dessen Hof infolge des Dreißigjährigen Krieges die Schwierigkeiten, das musikalische Leben aufrechtzuerhalten, alles andere als gering waren, zumal das Orchester im Laufe der Jahre zunehmend ausgedünnt wurde und immer weniger Mittel zur Verfügung standen, sodass Schütz seinen Musikern gelegentlich aus eigener Tasche Vorschüsse bezahlte, um sie überhaupt noch halten zu können, wofür er auch noch den Vorwurf einstecken musste, zu viele italienische, sprich katholische Musiker angestellt zu haben. Leider sind Schütz' weltliche Werke fast alle verschollen, was schon deshalb höchst bedauerlich ist, weil er die erste deutsche Oper geschrieben und in Italien Monteverdi kennengelernt hatte. Ob seine säkularen

Gesänge südlicher, leichter, heiterer als seine sakralen geklungen haben, wissen wir jedoch nicht, nur dass erstaunlich ist, wie sehr es ihn nach Venedig zog, obwohl seine geistlichen Werke ganz und gar nichts von der Pracht der damaligen italienischen Kirchenmusik besitzen.

Was den Dresdner Hof anbelangt, so waren dort unter Heinichen und Hasse zumindest für die großen Rollen ausschließlich italienische Sänger engagiert, wie es auch bei Händel in London der Fall sein sollte, der Sängerinnen wie die Durastanti und Kastraten wie Senesino aus Dresden abwarb. Von Reinhard Keiser wiederum wird berichtet, er habe sich in der Saison 1719/20 in Stuttgart aufgehalten und um eine Stelle als Kapellmeister beworben, sei jedoch, obwohl er deutschlandweit einer der bedeutendsten Opernkomponisten war, vor allem deshalb abgelehnt worden, weil man italienische Musiker bevorzugte. Insofern war es auf keinen Fall von Schaden, sich als Sachse, Schwabe oder Savoyarde nach Italien zu begeben, wo es jemandem wie Händel allerdings wenig nützte, wenn man sich rühmen konnte, Telemann ganz gut zu kennen und sogar mit einem gewissen Herrn Mattheson bereits einschlägige Erfahrungen gemacht zu haben, zumal in Florenz kein Mensch auf einen einundzwanzigjährigen Cembalisten und Organisten aus Halle bzw. Hamburg wartete, nachdem es dort unten Musiker wie Sand am Meer gab.

Zwar wissen wir über Händels Zeit in Florenz so gut wie nichts, doch Christopher Hogwood vermutet in seiner Händel-Biographie, er habe sich dort bei Ferdinando de' Medici aufgehalten, einem hervorragenden Musiker des Fürstenhauses, der selbst schwierige Cembalo-Sonaten habe vom Blatt spielen und sie danach sofort auswendig wiederholen können. Da er auch noch eine fast vierhundert Musikbände umfassende Bibliothek besessen habe, sei Händel, so mutmaßt Hogwood, dort vermutlich die ganze Zeit über Aberdutzenden von Partituren gesessen. Wie sehr dieser Medici-Spross für die Musik gelebt hat, beweist auch die Tatsache, dass für ihn im Jahre 1709 das allererste Pianoforte gebaut wurde, nur dass Hogwoods Spekulation, Händel sei dessen Gast gewesen, insofern einen Haken besitzt, als er den von Mainwaring erwähnten Gastone schlichtweg gegen jenen Fernando austauscht, der der Thronanwärter war und zum schwarzen Schaf der Familie offenbar alles andere als ein gutes Verhältnis hatte.

Spärliche schriftliche Nachweise darüber, was sich auf Händels Italienreise ereignet, besitzen wir erst seit seiner Ankunft in Rom, zumal im *Diario di Roma* eines gewissen Francesco Valesio unter den Einträgen vom Januar 1707 von einem exzellenten Cembalospieler und Komponisten zu lesen ist (»un eccellente sonatore di cembalo e compositore di muscia«), der – wie es heißt – zum Erstaunen aller sein überragendes Können auf der Orgel von San Giovanni in Laterano unter Beweis gestellt habe. Da Heinichen erst kurz darauf in Rom eintrifft und Hasse schon deshalb nicht gemeint sein kann, weil er damals gerade einmal elf Jahre alt ist, kommt nur Händel in Betracht, schließlich würde ein solcher Auftritt auch erklären, warum gleich mehrere Kardinäle dem jungen Deutschen finanzielle Unterstützung anbieten. Der reichste von ihnen ist der bereits erwähnte Pietro Ottoboni, der als Mäzen und Librettist einiger Opern von Alessandro Scarlatti weniger für seine religiöse Inbrunst denn als Veranstalter prächtiger Konzerte und Oratorienaufführungen bekannt war, wobei auf sein Betreiben hin und in seinem

Palast auch das legendäre Wettspiel zwischen Domenico Scarlatti und Händel stattgefunden haben soll.

Das Dumme ist nur, dass just zu der Zeit, da Händel sich in Rom aufhält, vom Papst die Aufführung von Opern verboten ist. Man kann das umso erstaunlicher finden, als es niemand anders als Papst Urban VIII. war, der in der ersten Hälfte des 17. Jahrhunderts in dem nach seinem Familiennamen benannten Palazzo Barberini regelmäßig Opern aufführen ließ, zu denen kein anderer als der Bildhauer und Architekt Bernini die Bühnenbilder entworfen haben soll. Dass sich in Urbans Bibliothek zahlreiche Opernpartituren befinden, die ihm zum Teil gewidmet sind, ist kein Wunder, schließlich stand unter anderem der Komponist Stefano Landi in seinen Diensten, dessen Oper *Il Sant'Alessio* zum allerersten Mal eine historische Figur zugrunde gelegen haben soll. Als sie 1632 in Urbans Palast uraufgeführt wurde, soll der technische Aufwand schon deshalb immens gewesen sein, weil Himmel und Hölle dargestellt werden mussten, wozu es natürlich der schönsten Wolken und zugleich eines lodernden Flammenmeeres bedurfte. Dass dabei jede Art von irdischer Lust und gleichermaßen alle Qualen nicht minder als in einer weltlichen Oper ihren Ausdruck finden durften, versteht sich von selbst, was sich auch vom ersten Ton an vernehmen lässt. In ihrer Vitalität und Wärme, ihrer chorischen Freude und tänzerischen Verspieltheit, ihrem folkloristischen Witz und ihrer leuchtenden Fülle kann Musik erregender kaum sein.

Sechzig, siebzig Jahre später sind es dann solche kirchlichen Palastbesitzer wie Ottoboni, die als Mäzene zahllose Kompositionsaufträge vergeben und damit für ein reges musikalisches Leben sorgen, und zwar keineswegs nur in liturgischer Hinsicht, ganz im Gegenteil. Als Ottoboni, der aus einem venezianischen Adelsgeschlecht stammt, von seinem Großonkel Papst Alexander VIII. mit zweiundzwanzig Jahren zum Kardinal und Vizekanzler des Heiligen Stuhls ernannt wird, interessiert ihn nichts weniger als die Theologie, zumal für ihn kaum etwas anderes wichtiger ist als seine Gemäldesammlungen und die allwöchentlichen Konzerte in seinem Palazzo della Cancelleria, in dem sich auch ein Theater für die Opern- und Oratorienaufführungen befindet. Aus all diesen Gründen ist es gerade in Rom alles andere als üblich, dass man der Oper skeptisch gegenübersteht, schon zweimal nicht in kirchlichen Kreisen.

Andererseits steht die Musik immer schon in dem Verdacht, Gefühle in uns aufzuwühlen, die als bedenklich gelten. In seinem 1650 veröffentlichten Traktat *Musurgia universalis* bemerkt der jesuitische Universalgelehrte Athanasius Kircher, in der Musik gebe es dämonische Kräfte, welche »die *humores* deß Menschlichen Leibs«, also unsere Körpersäfte, derart »mächtig conturbieren und beunruhigen, daß Tollheit, Unsinnigkeit, Wüterey und andere dergleichen *impetus* entstehen müssen«. So wie Orpheus die wilden Tiere befrieden und David mit seinem Gesang den unberechenbaren Saul beruhigen kann, so ist Musik auf der anderen Seite auch zu ganz anderem in der Lage, was sich ja in unterschiedlichster Weise, vom marschmäßigen Marschieren über jede Art von Agitprop über den Tanz der Derwische bis hin zum psychedelischen Taumel mühelos beobachten lässt, ganz abgesehen davon, dass Sex & Drugs & Rock'n'Roll längst als Dreieinigkeit gelten. Während Athanasius Kircher jedoch alles andere als ein Gegner der Musik ist, steht sie nicht nur bei den Kirchenlehrern Augustinus und Tertullian oder dem Asketen Savonarola, sondern bereits bei Platon in dem Ruf, unsere Sinne in einer Weise zu reizen, die ans Obszöne grenzt. So will Platon aus seinem idealen Staat all jene Tonarten verbannt wissen, die etwas Weichliches und Weibisches – wie es bei ihm heißt – besitzen, während jene anderen, die zu Männlichkeit und Tapferkeit anspornen, eine wichtige Rolle spielen sollen. Weil zum Verzärtelnden auch solche Instrumente wie die Harfe gehören, sollen sie gleich mit verboten werden, ebenso wie die Flöte, zumal sie wie nichts anderes für die Triebhaftigkeit jenes Satyrs Marsyas steht, der mit seinem animalischen Aussehen und seiner phallischen Panflöte ständig etwas aus dem Gebüsch hervorlocken zu können hofft.

In Augustinus' *Confessiones* wiederum geht es genau an der Stelle, wo von der Sinnenlust die Rede ist, auch um das »wollüstige Ohr« und »die krankhafte Sucht nach Schauspielen«, um zwei Dinge also, denen Augustinus nach eigener Aussage in seiner Jugend verfallen war, zu einer Zeit, als er noch nicht wusste, dass einem solche Dinge nicht nur keinerlei Halt verschaffen, sondern einen immer von neuem in eine Unruhe versetzen, von der aus es keinerlei Weg zu einem befriedeten Seelenleben gibt. Für Tertullian steht in seiner um 200 n. Chr. geschriebenen Kampfschrift *De spectaculis* eh fest, dass alles rund um das Theater, die Musik und alle Arten von öffentlichen Vergnügungen nichts als »die Funken lüsterner Leidenschaften anfachen« und deshalb als reine Fest- und Prunkumzüge des Teufels (»pompa diaboli«) gelten müssen.

Savonarola wiederum vertrieb Ende des 15. Jahrhunderts die in Luxus schwimmenden Medici mit dem Furor eines

Wüstenpredigers aus Florenz und verfluchte seine kirchlichen Mitbrüder, die Bischöfe und Kardinäle, als Höllenhunde, wenn er sie bei Musik und Tanz in den Palästen antraf. Dass er jede Art von Musik, die nicht kirchlichen Zwecken diente, verbieten ließ, wollte allerdings demselben Volk, das ihn für seine Wut auf die Mächtigen und Reichen durchaus schätzte, dann doch nicht passen. Antonio Francesco Grazzini, genannt Il Lasca – »Die Plötze« –, beschreibt in seiner um 1540 erschienenen Novellensammlung *Le cene* (»Die Nachtmähler«) Szenen aus dem Florentiner Leben zur Karnevalszeit. »In dieser Zeit«, so heißt es da, »ist es den Ordensleuten erlaubt, sich zu vergnügen: die Mönche schlagen unter sich Ball, führen Schauspiele auf und musizieren, tanzen und singen in allerlei Verkleidungen, und den Nonnen ist es ebenfalls nicht untersagt, bei den Festspielen in diesen Tagen sich als Männer zu verkleiden, mit den Samtbaretts auf dem Kopf, den engen Hosen an den Beinen und dem Degen an der Seite.« Von den Medici und ihrer Entourage wiederum heißt es: »Es war bei ihnen üblich, nach dem Abendessen auf die Straße zu gehen, oft drei bis fünf Stunden lang bis tief in die Nacht hinein, mit zahlreichen Maskierten, die ihnen hoch zu Pferde folgten, reich geschmückt, manchmal weit über dreihundert Leute, und genauso viele zu Fuß mit leuchtenden Lampions. So durchstreiften sie die Stadt und sangen, begleitet von verschiedenen Instrumenten, vier-, acht-, zwölf- oder sogar fünfzehnstimmige Lieder.«

In den Augen von Savonarola, den es von Kindheit an nirgendwo anders hin als in die Kirche gelockt haben soll, war dieses Treiben wie für Tertullian nichts als Teufelswerk. Nachdem er von den Medici selbst zum Prior des Klosters San Marco ernannt worden war, fing er – mit durchaus klassenkämpferischen Tönen – an, jede Art von Luxus anzuprangern, womit er so viel Volk auf seine Seite lockte, dass es ihm gelang, die Medici mit Hilfe des nach Italien einmarschierenden französischen Kaisers Karl VIII. aus der Stadt zu vertreiben. In der Folge bedeutete das, dass jede Art von weltlicher Musik und sonstigen Vergnügungen verboten war, was in einer Stadt wie Florenz, in der wie in keiner anderen die Wissenschaften und Künste das Leben prägten, besonders makaber gewirkt haben muss. An die Stelle karnevalesker Maskenzüge traten während Savonarolas knapp vierjähriger Herrschaft Prozessionen, die durch monotones Gebetsgemurmel geprägt waren, und anstelle fünfzehnstimmiger Gesänge wurden dem Volk lodernde Scheiterhaufen geboten, in denen neben allerlei Schmuck, Gemälden, Brettspielen und Musikinstrumenten vor allem heidnische Bücher in Flammen aufgingen, wozu natürlich in erster Linie die antiken Dichter und Philosophen gehörten. Bis heute erinnert in Florenz eine Statue an Savonarola, auf der zu lesen ist, er habe in korrupten und lasterhaften Zeiten gelebt (»tempi corrotti e servili di vizi«), was sich so anhört, als möge uns seine Raserei nach wie vor zum Vorbild dienen.

Dass in England unter Cromwell das Theater verboten war und selbst ein sogenannter Aufklärer wie Rousseau ihm im Namen der Tugendhaftigkeit und Menschheitsverbesserung keinen Raum gewähren wollte, das alles zusammengenommen zeigt zur Genüge, wie mühelos weltanschauliche und religiöse Überzeugungen, die auf den ersten Blick ganz unterschiedlich anmuten, gemeinsame Feinde ausmachen können. Umso mehr muss es einen wundern, dass ausgerechnet die Kirche zu den gleichen Mitteln wie ihre Kritiker greift, die ihre Prachtentfaltung bekämpfen, wenn sie meint, die Oper verbieten zu müssen. Und dennoch ist Verbot nicht gleich Verbot, zumal das vatikanische bei weitem nicht so fundamentalistisch gemeint war und bald schon wieder aufgehoben wurde. Da ein Kardinal wie Ottoboni für seine allwöchentlichen Konzerte nach wie vor die besten Sänger und Musiker um sich versammeln wollte, wäre es auch undenkbar gewesen, jene Gattung, die man seit Monteverdi Oper nennt, grundsätzlich zu verbieten. Dass man weiterhin die gleiche Art von Arien wie bisher komponieren konnte, war vollkommen selbstverständlich, nur musste man dem Kind einen anderen Namen geben und eben statt des heidnischen Sängers Orpheus den biblischen David auftreten lassen. Ob ein Alessandro Scarlatti oder ein Händel Arien für die Oper oder für Oratorien schrieben, machte nicht den geringsten Unterschied, was auch auf Anhieb zu hören ist. Schließlich toben auch dort die Leidenschaften, wo die Geschichten nicht aus Ovids *Metamorphosen*, sondern aus dem Alten Testament stammen.

Im Übrigen galt das Opernverbot eh nicht außerhalb des Kirchenstaats, der sich damals allerdings keineswegs nur auf den Bereich um den Petersdom herum, sondern über halb Italien erstreckte. Was nicht zu ihm gehörte, waren jedoch solche Städte wie Neapel, Florenz und Venedig, weshalb dort weiterhin Opern aufgeführt wurden. Anders als Eiferern wie Cromwell, Rousseau und Savonarola ging es Clemens XI. auch nicht um ein moralisches Prinzip, zumal er die Oper nur für eine gewisse Zeit verbieten ließ, und zwar als Dank für die Gnade, dass Rom im Jahre 1703 von einem Erdbeben verschont blieb, das um die Stadt herum schlimmste Schäden angerichtet hatte, weshalb alle Karnevalsaktivitäten, wozu an zentraler Stelle eben auch die Aufführung von Opern gehörte, für fünf Jahre ausgesetzt werden sollten. Damit die Leute jedoch nicht leer ausgingen, ließ der Papst verlauten, es sollten stattdessen in den Kirchen die schönsten Oratorien erklingen, was einer Aufforderung an die Opernkomponisten gleichkam, weiterhin solche Werke wie bisher zu schreiben, ihnen jedoch Themen zugrundezulegen, die im weitesten Sinne mit der Religion zu tun haben.

Die *Lettres d'Italie* des aus Dijon stammenden französischen Akademiemitglieds Charles de Brosses vermitteln uns auf mehreren hundert Seiten einen Eindruck vom Leben in Rom, wie es sich in den damaligen dreißiger Jahren darstellte. Zwar war Händel zu dieser Zeit längst in England, doch im Grundsätzlichen wird sich seit seinem Italienaufenthalt nicht viel geändert haben. So heißt es in diesen Briefen:

> »Um es in einem Wort zu sagen, was ich über Rom denke: Es ist, was ihr Aussehen anbelangt, nicht nur die schönste Stadt der Welt, vielmehr lässt sie sich mit überhaupt keiner anderen Stadt vergleichen, nicht einmal mit Paris … Stellen Sie sich vor, dass ein Drittel der Bevölkerung Priester sind und damit ein Drittel aller Leute kaum etwas arbeitet; wo es weder Landwirtschaft noch Handel und auch keine Fabriken gibt, und das inmitten einer fruchtbaren Landschaft und an einem schiffbaren Fluss … Und deshalb kann ich Ihnen versichern, dass es hier äußerst angenehm für Fremde ist, nicht nur der ganzen Sehenswürdigkeiten wegen, sondern auch aufgrund der außerordentlichen Freiheit, die hier herrscht, und durch die Freundlichkeit der Leute, die hier wohnen, und die, wenn nicht gar herzlich, so doch in jedem Fall äußerst zuvorkommend sind, sodass man leichter als an jedem anderen Ort in Italien Zugang zu allem findet. Für einen Fremden

> ist es ganz leicht, sich in jeder Art von Gesellschaft zu bewegen, da man überall willkommen ist, zumal die Römer, so wie es auch in Frankreich der Fall ist, sich in jedem Fall auf ganz familiäre Weise beeilen, dass man sich gemeinsam zum Mahl trifft.«

Wie frei es in Rom zugeht, hebt de Brosses immer wieder hervor, vor allem auch in Bezug auf das kirchliche Leben, so wenn er schreibt: »Die Gedankenfreiheit in religiösen Dingen … blüht in Rom mindestens wie in irgendeiner anderen Stadt, die ich kenne. Man braucht nicht meinen, der Inquisitionsgerichtshof sei so satanisch, wie er schwarz ist.«

Wenn die Kirche in Rom dennoch zuweilen skeptisch auf die Oper blickt, so verbirgt sich dahinter auch ein Neid, den man schon deshalb nicht unterschätzen darf, weil er ebenso schlichte wie folgenreiche Ursachen besitzt. Schließlich ist der Kirche durch die Oper eine immense Konkurrenz entstanden, zumal gefragte Sänger am liebsten dort auftreten, wo sie besser bezahlt werden. Als in Venedig 1637 das erste Opernhaus eröffnet wurde, begannen die bis dahin als berühmt geltenden Kirchenkonzerte in San Marco aus diesem Grund an Bedeutung zu verlieren, so wie es auch bald an allen anderen Orten sein sollte, was sich für die Kirche zum Teil katastrophal auswirkte. So kann man in Charles Burneys 1770 erschienenen Reiseberichten lesen:

> »So neugierig ich war, die vaticanische Bibliothek zu sehen, so war ich es wegen der päpstlichen Kapelle nicht weniger. Die Kirchenmusik scheint in diesem berühmten Heiligthume wo nicht ihr erstes Daseyn, doch wenigstens ihre erste Ausbildung erhalten zu haben … In der päpstli-

chen oder sixtinischen Kapelle braucht man weder Orgel noch ein ander Instrument die Singstimmen zu begleiten. Dieser sind zwey und dreyßig, nämlich: acht Bässe, acht Tenore, acht Alte und acht Diskante, diese sind alle ordentlich angenommen: ausserdem sind noch verschiedene Ueberzählige, welche die Stelle derjenigen ersetzen, die etwa zufälliger Weise abwesend sind, so daß allemal die Zahl der zwey und dreyßig Sänger an den gewöhnlichen Feyertagen vollständig ist; an hohen Festtagen wird sie fast verdoppelt. Ausser den überzähligen Exspectanten bey dieser Kapelle werden in der Charwoche viele der besten Opernsänger aus andern Orten Italiens hier gebraucht.

Die Kleidung der ordentlichen Sänger besteht in einer Art von purpurfarbner Uniform; ihre Besoldung ist nicht groß, und itzt werden Sänger von ausserordentlichen Verdiensten nur wenig bemerkt und aufgemuntert, so daß die Musik hier, wie es scheint, sehr abnimmt und zu verfallen anfängt, wozu die hohen Besoldungen, welche schöne Stimmen und Sänger von großen Geschicklichkeiten in den vielen italiänischen Opern erhalten, nicht wenig beytragen. Allmählig werden sowohl die Auszierungen und die feine Ausfürhung der alten Musik, als auch die elegante Simplicität, weswegen diese Kapelle so berühmt ist, ganz verlohren gehen. Ehemals war hieselbst der Canto fermo seiner Reinigkeit und der ausdrucksvollen Art wegen, womit er gesungen ward, unendlich besser, als an allen übrigen Orten.

Ein Freund, der neunzehn Jahr in Rom gewesen war, versicherte mir, ehe ich dahin reisete, daß ich nicht erwarten müßte, die Musik in der päbstlichen Kapelle so vorzüglich vor aller übrigen italiänischen Musik zu finden, als sie ehedem gewesen wäre, ehe die Opern aufgekommen,

> und man den vornehmsten Sängern so große Salarien gab; denn weil damals die päbstlichen Sänger besser bezahlt wurden, so konnte man hier auch leichter geschicktere Leute haben, als anderwärts. Jetzt ist das der Fall nicht mehr, und die Folge davon fällt in die Augen.«

Den Verlust an großartigen Stimmen versuchte der Vatikan zum Teil damit aufzufangen, dass er es Sängerinnen, die an den damals höchst angesehenen, von Nonnen geleiteten Waisenhäusern ausgebildet wurden, nicht erlaubte, später einmal an Theatern oder auf sonstigen weltlichen Bühnen aufzutreten. Hinter diesem Verbot steckten keineswegs nur moralische, sondern ganz pragmatische Gründe. Immerhin gehörten zu den musikalischen Leitern dieser *ospedali*, von denen es allein in Venedig vier an der Zahl gab, so berühmte Komponisten wie Vivaldi, der dort nicht nur Geige unterrichtete, sondern für den täglichen Gebrauch zahllose Arien und Konzerte schrieb, ganz zu schweigen von solchen liturgischen Werken, die an den Sonn- und Feiertagen in den prächtigen Kirchen Venedigs mit den Waisenhausorchestern und -chören zur Aufführung kamen.

Wenn Alejo Carpentier sein *Barockkonzert*, bei dem Händel, Scarlatti und Vivaldi in Venedig zur Karnevalszeit zusammentreffen, in einem solchen Internat spielen lässt, mag daran zwar alles erfunden sein, nur die Idee selbst ist keineswegs abwegig, zumal man weiß, dass dort auch Hasse und später Domenico Cimarosa ein- und ausgegangen sind, während Händels Londoner Rivale Nicola Porpora, ein aus Neapel stammender, damals berühmter Opernkomponist, abgelehnt wurde, als er sich um die begehrte Stelle des Chorleiters bewarb. Da es sogenannte Aufbewahranstalten waren, wurden sie mit dem entsprechenden lateinisch-italienischen

Ausdruck auch als Konservatorien bezeichnet, was erklärt, wo der heutige Begriff der Musikhochschule herkommt. Da sie für Mädchen als die denkbar besten musikalischen Ausbildungsstätten galten, steckten zuweilen auch reiche Leute ihre Töchter in diese Findelhäuser, wofür sie ordentlich bezahlen mussten. Entfernt vergleichbar ist damit, was seit drei Jahrzehnten jenes Simón Bolívar National Youth Orchestra of Venezuela leistet, das einzig und allein zu dem Zweck gegründet wurde, Kindern aus den Slums die Möglichkeit zu eröffnen, nicht mehr auf der Straße leben zu müssen, sondern ihre Tage in Musikschulen verbringen zu können, die unter dem Namen El Sistema eine Vereinigung bilden, wobei die Besten unter den Studenten in diesem Jugendorchester spielen, das inzwischen in der ganzen Welt auftritt und dabei keineswegs bloß vom Bonus einer musikalischen Sozialeinrichtung profitiert.

Wie sehr einen die Aufführungen dieser *ospedali* überwältigen konnten, schildert Rousseau, wenn er in den *Bekenntnissen* von seiner Zeit in Venedig erzählt, wo er vom Sommer 1743 an ein Jahr lang Sekretär des französischen Botschafters war.

> »Die ›Scuole‹«, lesen wir da, »sind Armenhäuser, gegründet, um junge mittellose Mädchen zu erziehen, die die Republik später für die Ehe oder das Kloster aussteuert. Unter den Talenten, die man bei diesen jungen Mädchen pflegt, steht die Musik an erster Stelle. Alle Sonntage werden in der Kirche jede dieser vier ›Scuole‹ während der Vesper Motetten mit großem Chor und großem Orchester aufgeführt, komponiert und dirigiert von den größten italienischen Meistern und auf vergitterten Tribünen

ausschließlich von Mädchen vorgetragen, deren älteste jünger als zwanzig ist. Ich kann mir nichts so Wollüstiges, so Rührendes denken wie diese Musik. Die reiche Kunst, die treffliche Auswahl der Gesänge, die Schönheit der Stimmen, die Sicherheit der Ausführung, alles wirkt in diesen köstlichen Konzerten zusammen, um einen Eindruck hervorzubringen, der gewiß nicht der Würde des Ortes entspricht, dem sich aber wohl kein menschliches Herz entziehen kann … Die Kirche war stets voller Musikfreunde; sogar die Opernsänger kamen, um sich an diesen trefflichen Vorbildern im wahren Gesangsvortrag zu formen. Was mich aber ärgerte, waren die verwünschten Gitter, die nur Töne durchließen und mir die Engel an Schönheit verbargen, deren sie würdig waren. Ich sprach von nichts anderem mehr. Eines Tages, als ich zu Herrn Le Blond davon sprach, sagte er zu mir: ›Wenn Sie so neugierig sind, diese kleinen Mädchen zu sehen, ist es leicht, Sie zufriedenzustellen. Ich bin der Verwalter des Hauses. Ich will Ihnen Gelegenheit geben, mit ihnen ein Vesper einzunehmen.‹ Ich ließ ihn nicht eher in Ruhe, als bis er mir Wort gehalten hatte. Als ich den Saal betrat, der diese so begehrten Schönheiten umschloß, fühlte ich einen Liebesschauer, wie ich ihn noch nie empfunden hatte. Herr Le Blond stellte mir eine nach der andern diese berühmten Sängerinnen vor, deren Stimmen und Namen allein mir bekannt waren. ›Kommen Sie, Sophie!‹ – Sie war abschreckend. ›Kommen Sie, Catina!‹ – Sie war einäugig. ›Kommen Sie, Bettina!‹ – Die Blattern hatten sie entstellt. Kaum eine war ohne ein auffallendes Gebrechen. Der Henker lachte über meine grausame Überraschung. Zwei oder drei erschienen mir ansehnlich: Sie sangen nur im Chor. Ich war untröstlich. Während des Essens neck-

> te man sie. Sie wurden ausgelassen. Häßlichkeit schließt Anmut nicht aus. Ich fand sie bei ihnen. Ich sagte mir: Man singt nicht so ohne Seele, sie haben eine. Schließlich veränderte sich meine Sehweise so, daß ich beim Fortgehen in all diese jungen Häßlichkeiten fast verliebt war. Ich wagte kaum noch zu ihren Vespern zurückzukehren. Ich wußte mich aber zu beruhigen. Ich fand auch weiter ihre Gesänge köstlich, und ihre Stimmen überschminkten so sehr ihre Gesichter, daß ich, solange sie sangen, trotz meiner Augen hartnäckig an ihrer Schönheit festhielt.«

Anders, als es die Kirche anordnete, sind von den dort ausgebildeten Sängerinnen natürlich trotzdem welche zur Oper gegangen, so etwa Anna Girò, die Vivaldi am *ospedale* kennen gelernt hatte und die in seinen späteren Opern die Rolle der Primadonna einnehmen sollte, ganz zu schweigen von den Gerüchten, der »rote Pfarrer« Vivaldi lebe mit ihr heimlich zusammen, was wiederum zur Folge hatte, dass es ihm als Kirchenmann sogar verboten wurde, weiterhin Opern zu schreiben, weshalb er gegen Ende seines Lebens mit Anna Girò nach Wien zog.

Weil Vivaldi bereits zu der Zeit, als Händel sich in Venedig aufhält, am Ospedale della Pietà angestellt ist, haben sich die beiden vermutlich dort kennengelernt. Allein die Tatsache, dass Händel viele Jahre später den nicht unbeträchtlichen Erlös der alljährlichen Londoner *Messias*-Aufführungen dem Heim für Findelkinder zukommen ließ, dem er auch eine Orgel gespendet hatte und in dem er Benefizkonzerte gab, könnte darauf hindeuten, wie sehr ihn die Existenz solcher Einrichtungen beeindruckt hatte. Dem Uraufführungsdatum der *Agrippina* nach zu schließen, war Venedig Händels letzte italienische Station, was auch erklären würde, weshalb man ihn dort nicht mehr als einen vollkommen Unbekannten wahrnahm. Wer in Rom von Ottoboni bereits dadurch geadelt wurde, dass seine Werke im Palazzo della Cancelleria durch den dort angestellten Corelli höchstpersönlich zur Aufführung gebracht wurden, hatte es als ein Anfänger, der aus dem protestantischen Norden kommt und bei seiner Ankunft gerade einmal einundzwanzig Jahre alt ist, weit gebracht. Händels bekanntestes Werk, das in Rom entstand, ist das Oratorium *Il Trionfo del Tempo e del Disinganno,* »Der Triumph der Zeit und der Nicht-Täuschung«. Dreißig Jahre später bringt Händel es in revidierter Gestalt unter dem vereinfachten, um nicht zu sagen entheideggerianisierten Titel *Il Trionfo del Tempo e della Veritá* nochmals heraus, wobei es kurz vor seinem Tod eine erneute Veränderung erfährt und in englischer Sprache aufgeführt wird. Erst in London fügt Händel dem Werk Chöre hinzu, während in der römischen Urfassung allein die vier allegorischen Figuren Bellezza (die Schönheit), Piacere (das Vergnügen), Disinganno (die Nicht-Täuschung) und Tempo (die Zeit) auftreten. Der Text stammt von einem weiteren als Librettist tätigen Kardinal mit Namen Benedetto Pamphili, weshalb es auch sein könnte, dass dieses Oratorium nicht in Ottobonis, sondern in Pamphilis Palast zur halbszenischen Uraufführung kam. Aufschlussreich jedenfalls ist, was Mainwaring über eine Probe erzählt, bei der Corelli die musikalische Leitung innehat und mit Händels willensstark formulierten Wünschen reichlich überfordert ist.

> »Corelli selbst beklagte sich darüber«, lesen wir bei ihm, »daß er in den händelschen Ouvertüren sehr viel Schweres antreffen müste. In allen Zügen seiner Erfindungen,

absonderlich im Eintritt, war ein solcher Grad von Feuer und Kraft, der sich nimmer von der sanften Anmuth und gefälligen Zierlichkeit eines so ungleichen Geistes vereinigen konnte. Händel hatte einmal auf verschiedene, doch fruchtlose Vorstellungen an Corelli versucht, denselben zu unterrichten, wie man seine erhabene Gedanken am besten herausbringen könne; allein da ihn die Kaltsinnigkeit und das gelinde Wesen, womit Corelli immer zu spielen fortfuhr, heftig verdroß. Riß er ihm einstens die Violine aus der Hand, und spielte die berührte Stellen selbst her, um zu zeigen, wie wenig jener mit Nachdruck ein Genügen thät. Corelli aber, als ein sehr bescheidener und sanftmüthiger Mann, bedurfte keiner solchen Überzeugung: denn er gestund offenherzig, daß er keinen Verstand davon hätte, d.i. er wisse die Sachen nicht eigentlich herauszubringen, und ihnen die gehörige Stärke des Ausdrucks zu geben. Wie nun Händel darüber seine Ungeduld spüren ließ, sagte Corelli: Ma, caro Sassone, questa Musica è nel Stylo Francese, di ch'io non m'intendo. Aber, mein lieber Sachse, diese eure Musik ist nach dem französischen Stil eingerichtet, darauf ich mich gar nicht verstehe. Die Ouvertüre vor der Opera, Il Trionfo del Tempo, war es, welche dem Corelli die meiste Schwierigkeit verursachte. Auf sein Verlangen machte also Händel, an deren Statt, eine Symphonie, die mehr nach dem italienischen Stil schmeckte.«

Mit »absonderlich im Eintritt« ist natürlich eine Ouvertüre gemeint, die nicht nur vor sich hin plätschert, sondern mit allerlei Bläsern auffährt und sofort mit einigem Tumult auftrumpfen will, was für das damalige italienische Gehör offensichtlich reichlich heftig geklungen haben muss. Wer mit Pauken, Trompeten und Posaunen aufzufahren gedachte, galt als Franzose, nur dass es diesmal ein Deutscher war, der solche Mittel einsetzte. Wenn der in musikalischer Hinsicht entschieden italophile Rousseau in seinen *Confessions* bemerkt: »Les opéras de Rameau commençaient à faire du bruit«, so bringt er damit nicht nur zum Ausdruck, dass sie anfingen, Aufsehen zu erregen, sondern auch aus Krach bestanden. Zwar gab es anno 1707, als in Rom *Il Trionfo* entstand, von Rameau noch keine Oper, doch später soll Händel ihn wie keinen anderen komponierenden Zeitgenossen geschätzt haben. Dass Corelli, der vor allem geschmeidige Kammermusik schrieb, mit einer solchen Wucht überfordert war, kann man sich unschwer vorstellen. Wie von seinen eigenen Werken gewohnt, versuchte er vermutlich die Ouvertüre reichlich unaufgeregt vor sich hin gleiten zu lassen, während Händel in jedem Takt Akzente erwartete, die Corelli, wenn wir Mainwaring glauben dürfen, selbst nach massiver Intervention nicht gelingen wollten. Dabei besitzt *Il Trionfo* überhaupt nichts gravitätisch Schweres, vielmehr hat man das Gefühl, dass Händel, was das Ariose, Beschwingte, im schönsten Sinne Aufgekratzte angeht, innerhalb kürzester Zeit zum Italiener geworden ist.

Mainwarings Anekdote erzählt aber auch davon, wie entschieden, um nicht zu sagen herrisch der junge Händel gegenüber dem über dreißig Jahre älteren, im Gegensatz zu ihm allseits berühmten Corelli aufgetreten sein muss, was etwas von seinem Charakter verrät, bei dem, wie des Öfteren beschrieben, Sturheit und Witz keine Gegensätze gewesen sein sollen. Von jenen Londoner Jahren, in denen er mit solchen Star-Kastraten wie Senesino zusammenarbeitete, was später nicht mehr gutgehen sollte, behauptet Mainwaring an anderer Stelle: »Das gültige Ansehen, welches Händel bey den Sängern und der ganzen Bande zu behaupten wuste, oder vielmehr die Unterwürfigkeit, worinn er sie hielt, hatte mehr zu bedeuten, als man sich einbildet. Es waren die vornehmsten Mittel, Ordnung und Wohlstand zu beobachten, Einigkeit und Ruhe zu verschaffen, die selten in solchen Gesellschaften lange zu dauern pflegt.« Was den Italienern vermutlich als teutonische Härte erscheinen musste, kann man, von anderer Warte aus gesehen, auch als eine Entschiedenheit empfinden, der es in künstlerischen Belangen auf nichts weniger ankam als eine Stimmung, bei der sich alle wohlfühlen sollten.

Allein wenn man aus *Il Trionfo* das Quartett »Voglio tempo« hört, weiß man, dass ein Oratorium rauschhafter als jede Oper klingen kann, was auch eine solch höchst vitale und virtuose Arie wie »Come nembo che fugge col vento« beweist, die von der allegorischen Figur der Lust gesungen wird und eine erotische Kraft ausstrahlt, wie sie in einem weltlichen Werk nicht exzessiver sein könnte. Dass es trotz der thematischen Restriktionen, die das Opernverbot mit sich brachte, nicht den geringsten Grund gab, sich musikalisch eingeengt zu fühlen, zeigt bereits Alessandro Scarlattis 1695 entstandenes Oratorium *Giuditta*, das jene alttestamentarische Geschichte von Judith und Holofernes musikalisch in Szene setzt, bei der es ausschließlich um Wollust und Grausamkeit, Gier und Gewalt geht, und zwar in einer Weise, die ein nicht-biblischer Stoff niemals überbieten könnte. Im Übrigen stammte das Libretto ebenfalls von Kardinal Ottoboni, in dessen Palast das Werk auch uraufgeführt wurde. Da eh fast nur Leidens- und Verzückungsszenen die Kirchenwände schmücken, ist es auch nicht abwegig, wenn Oratorien allerlei Horrorvisionen und Hingabegesten ins Zentrum rücken. Was im Vergleich zu Judith und Holofernes ein Orpheus erlebt, ist auf jeden Fall kindertauglich, zumal Monteverdi die Geschichte jener Furien, die Orpheus bei lebendigem Leib zerfleischt haben sollen, überhaupt nicht erzählt, sondern ihn in den Himmel auffahren lässt.

Als der Geiger André Maugar im Jahre 1639 als einer der Sekretäre von Kardinal Richelieu in Rom weilt, staunt er über die ihm ganz unbekannte Pracht und Freizügigkeit der italienischen Kirchenmusik, wenn er berichtet:

> »Zuerst einmal finde ich, dass die Kirchenmusikkomponisten hierzulande mehr Kunstfertigkeit, mehr Können und eine weit größere Vielfalt als die unseren besitzen; doch sie besitzen auch mehr Freiheit. Ich selbst vermag an dieser Freiheit nichts auszusetzen, solange sie unaufdringlich und mit Geschick angewandt wird … wogegen ich die Borniertheit unserer eigenen Komponisten, die sich pedantisch an religiös eng begrenzte Kategorien halten, nicht gutheißen kann … Zweifellos liegt in diesen äußerst wohltuenden Abweichungen die wirkliche Kunst, insofern Musik sich an Redefiguren orientiert, wie sie für die Rhetorik gelten, und gerade dadurch den Zuhörer zu bezaubern vermögen. Um die Wahrheit zu sagen, kann es nicht darum gehen, unsere Zeit mit der Anwendung von Regeln zu vertreiben, die so rigoros gehandhabt werden, dass wir dabei von dem Stimmenverlauf einer Fuge oder der Schönheit eines Liedes gar nichts mehr mitbekommen, zumal wir bedenken müssen, dass diese Regeln nur dazu erfunden wurden, um kleine Schuljungen unter Kontrolle zu halten und sie davor zu bewahren, sich ihrer zu entledigen, bevor sie überhaupt das Alter

erreicht haben, in dem sie von dieser Freiheit erst etwas ermessen können.«

Maugar markiert hier den Unterschied zwischen einer öde gewordenen, stets ein wenig gleichförmig und mönchisch klingenden Kontrapunktik und der erfrischend neuen Musik, wie sie Ende des 16. Jahrhunderts von der Florentiner Camerata vorbereitet wird, deren Neuerungen sich auch Monteverdi zu eigen macht, wenn er mit der als »seconda prattica« bezeichneten, noch ungewohnten Kompositionsweise das Expressive, Affektive, Ausdrucksorientierte in den Mittelpunkt rückt und damit einen Stil kreiert, den wir schlichtweg auch opernhaft nennen könnten. Wie wenig dieses Opernhafte vor der Kirche haltmacht, darüber berichtet André Maugar ebenfalls, wenn er erzählt, wie hinreißend in der Fastenzeit die Motetten sind, bei denen die Sänger von vortrefflichen Instrumentalisten begleitet werden, während sie Figuren wie Lazarus, Jesus, Susanna, Judith, David und Goliath nicht nur stimmlich, sondern auch schauspielerisch zu charakterisieren versuchen.

Was, könnte man sich fragen, kann schon theatralischer als die Passionsgeschichte sein, mit ihren scharfen Kontrasten zwischen dem Hosianna und einem ihm unmittelbar folgenden »Kreuziget ihn!«, dem Jubel am einen Tag und dem Zeter und Mordio am andern, mit römischen Legionären und einem Volk, das unter ihrer Knute lebt, mit einer Schar von Aposteln, in deren Mitte es einen gibt, der sich als Gottes Sohn ausgibt und der von einem anderen, der bis dahin zu seinen engsten Freunden zählt, an seine Feinde verraten wird, ganz zu schweigen von der Gestalt des Pontius Pilatus, die es allen recht machen will, sowohl den Aufgebrachten als auch den Vorgesetzten in Rom, als es darum geht, einen vor ein paar Tagen noch als Erlöser gefeierten Zimmermannssohn so schnell wie möglich ans Kreuz zu schlagen, obwohl er aus Sicht des römischen Rechts nichts Schlimmes getan hat.

Wie nah musikalisch das Weltliche am Geistlichen liegen kann, offenbart in ganz schlichter Weise auch Bachs berühmtester Choral aus der *Matthäus-Passion*, »O Haupt voll Blut und Wunden«, dessen Melodie er keineswegs erfunden, sondern einem ganz und gar diesseitig orientierten Lied entlehnt hat, das mit den Versen beginnt: »Mein G'müt ist mir verwirret, das macht ein Jungfrau zart.« Auch bei Händel klingt so mancher Jubelchor, der irdischen Siegen und Herrschern gilt, nicht viel anders als das »Hallelujah« aus dem *Messias*, so wie wir in ähnlicher Weise bei vielen Liebesliedern nur durch den Text erfahren, ob der Adressat Gott oder ein Wesen aus Fleisch und Blut ist. Ebenso ähneln Mozarts Messen in ihrer Heiterkeit nicht selten weltlichen Gesängen. Wüsste man etwa nicht, dass es ein *Benedictus* ist, könnte die berückende Schönheit dieses Quartetts aus der *Krönungsmesse* ebenso den innigen Höhepunkt einer Oper bilden. Schließlich behaupten ja auch manche Leute, Verdis *Requiem* sei seine beeindruckendste Oper, was keineswegs von der Hand zu weisen ist, obwohl dem Werk dramaturgisch all das fehlt, was ein Bühnenstück ausmacht.

Im Übrigen liegt, wie bereits Händels *Il Trionfo* zeigt, weder jedem Oratorium eine biblische Geschichte zugrunde, noch muss es Figuren besitzen, die wie König Salomon oder der Feldherr Jephtha wirkliche Personen darstellen. Wie man es heutzutage noch von Hofmannsthals allsommerlich in Salzburg gespieltem *Jedermann* kennt, in dem etwa der Mammon, die Buhlschaft, der Glaube, die guten Werke und der Tod auftreten, so begegnen wir auch in Händels *Il Trionfo* allegorischen Figuren wie der Zeit und der Nicht-Täuschung, der Schönheit und dem Vergnügen. Auch in Calderón de la Barcas *Großem Welttheater*, das Hofmannsthal übersetzt hat, geben unter anderem die Weisheit, die Gnade und ebenfalls die Schönheit ihre Vorstellung, während am Anfang der Oratoriengeschichte ein Werk steht, das im Jahre 1600 in Rom uraufgeführt wurde und den Titel *Rappresentazione de anima et de corpore* trägt. Es treten in ihm, wie schon der Titel sagt, die Seele und der Körper auf, aber auch der Intellekt, der Ratschlag, die Weisheit, das weltliche Leben, das glückliche Leben, die Lust mit zwei Kumpanen, die verdammte Seele und die Zeit. Es stammt von Emilio de' Cavalieri, einem Mitglied der Florentiner Camerata und Sohn jenes Tommaso Cavalieri, an den Michelangelos Liebesgedichte gerichtet sind. Die Gattungsbezeichnung seines dreiaktigen Werks lautet »azione sacra«, was unmissverständlich zum Ausdruck bringt, dass dabei nicht nur gesungen, sondern auch gespielt wird.

Für das, was man bis dahin unter Kirchenmusik verstand, besitzt dieses Oratorium eine viel zu sinnliche Schönheit, selbst und gerade dann, wenn es um das Lob Gottes und um die Bekundung solcher Weisheiten geht, wonach Körper und Seele eine Einheit bilden und zusammenklingen sollen. Cavalieri führt vor, was es heißt, jenen gefühlsbeseelten Gesang wiederbeleben zu wollen, wie ihn die Camerata dem Sänger Orpheus zuschreibt, dessen Name geradezu programmatisch den Titel der ersten erhaltenen Oper bildet. Dazu gehört, dass von nun an der individuelle Ausdruck und das Melodische im Vordergrund stehen, was eine entschiedene Abkehr vom bis dahin gültigen Kirchenstil bedeutet. Chöre spielen zwar auch in Cavalieris *Rappresentazione* noch eine große Rolle, doch sie besitzen etwas freudig Glühendes, ganz abgesehen davon, dass sie eingebettet sind in jene Arien, Duette und Terzette, mit denen die unterschiedlichsten Affekte, Standpunkte und Lebensformen in ein Spannungsverhältnis zueinander treten. Aufgeführt wurde diese »azione sacra« in der Kirche »Oratorio della Vallicella« aus Anlass des fünfundzwanzigjährigen Bestehens der Oratorianer, eines von Filippo Neri gegründeten Ordens, der darauf drängte, die biblischen Geschichten in der Volkssprache zu vermitteln, anstatt sich auf das für die Kirche obligate Latein zurückzuziehen. Weil wegen des damals ausgerufenen Heiligen Jahres die Karnevalszeit ausgesetzt wurde, war das Werk als Alternative zum weltlichen Trubel gedacht, was hieß, dass dabei die Lust für das Auge und Ohr nicht zu kurz kommen durfte, weshalb es als eine Art Masque mit gesprochenen Passagen, Tänzen und szenischer Handlung dargeboten wurde, wobei das Jahr 1600 mehr als nur symbolisch den Anfang eines neuen musikalischen Tons markierte, eines Tons, der von da an die Sprache der Kirchenmusik ebenso wie die der Oper prägen sollte, zumal Cavalieris *Rappresentazione* als das erste Oratorium überhaupt gilt.

Wie wenig man, was die Sinnlichkeit der Musik anbelangt, bis heute zwischen einer Oper und einem Oratorium griffige Unterschiede festzustellen vermag, belegt wie nichts anderes Olivier Messiaens Werk *Saint François d'Assise*, das aus ganzen symphonischen Vogelkonzerten besteht, die etwas so Leuchtendes und Hymnisches besitzen, wie es für die Musik des 20. Jahrhunderts alles andere als kennzeichnend ist. Sein Untertitel lautet: »Scènes franciscaines – opéra en 3 actes et 8 tableaux poème et musique« (»Franziskanische Szenen – Oper in drei Akten und acht poetischen und musikalischen Tableaus«), was bereits zur Genüge ausdrückt, wie schwer es dem Komponisten gefallen sein muss, dafür eine eindeutige Gattungsbezeichnung zu finden.

Ähnlich ließe sich auch so manches Werk charakterisieren, das im ausgehenden 16. und während des 17. Jahrhunderts überall dort in Italien entstanden ist, wo in kirchlichen Akademien und ähnlichen Einrichtungen im Zuge der Gegenreformation eine neue, ganz und gar nicht mehr gregorianisch karge, sondern höchst vitale Musik den neuen Stil prägte. Um zu begreifen, warum Händels Musik reichlich wenig mit der viel schwerfälliger wirkenden eines Pachelbel und Buxtehude, aber auch eines Johann Sebastian Bach zu tun hat, braucht man sich nur ein Bild von jener italienischen Kirchen- und Opernmusik des 17. Jahrhunderts zu machen, deren Klangwelten nicht nur bei dem Carissimi-Schüler Marc-Antoine Charpentier, sondern auch bei Händel nachhallen. Anstatt den Anklagen Luthers, Calvins und Zwinglis, wonach die Kirche mit ihrem Pomp und ihrer Bilderverliebtheit nichts als Götzendienst betreibe, mit reumütiger Einsicht zu begegnen, fängt für den Vatikan mit dem immer üppigeren Ausbau des Petersdoms und einer allseitigen, bis dahin nie gekannten Prachtentfaltung die Zeit des irdischen Preisens und Rühmens erst richtig an. Statt des protestantischen Insichkehrens und der Konzentration auf das nackte Wort sollte die Herrlichkeit Gottes jetzt erst recht auf dem Weg ihres sinnlichen Erscheinens erfahren werden, weshalb statt Zerknirschung das genaue Gegenteil, nämlich ein ostentatives Zurschaustellen jeder Art von Gloria angesagt war, und zwar von der Architektur bis zur Liturgie, zu der natürlich an erster Stelle die Musik gehört.

Dass die Kunst alle Sinne ansprechen und trotz aller naheliegenden Klage über die irdische Unvollkommenheit das himmlische Jauchzen nicht zu kurz kommen lassen soll, dieser Grundsatz gehört wie kaum etwas anderes zum musikalischen Programm einer Gegenreformation, für deren Gelingen in Rom im Jahre 1552 von Jesuiten eigens das Collegium Germanicum gegründet wird. Dass es ein deutsches und kein italienisches, französisches oder sonstwie national zugeordnetes Kolleg ist, hängt mit nichts anderem als damit zusammen, dass die Reformation vom deutschsprachigen Norden ihren Ausgang nahm und es deshalb ganz besonders darauf ankam, gerade in dieser Gegend möglichst viele Abtrünnige wieder zurückzugewinnen. Zu diesem Kollegium gehörte damals die Kirche Sant'Apollinare, der man keineswegs nachsagen kann, dass sie zu den herrlichsten in Rom zählt, nur dass sie während des 17. Jahrhunderts dennoch die bestbesuchte war, was schlichtweg an den unüberbietbaren musikalischen Aufführungen des Collegium Germanicum lag. Wer immer damals nach Rom pilgerte, sei es aus religiösen oder weltlichen Gründen, versuchte sonntags noch einen Platz in Sant' Apollinare zu bekommen, um wenigstens ein einziges Mal etwas von den Aktivitäten dieser weit über Italien hinaus bekannten »Musikhochschule«, wie man eine solche Einrichtung heute nennen würde, mitzubekommen.

Der berühmteste musikalische Leiter des Collegium Germanicum war von 1629 bis 1674, also ganze fünfundvierzig Jahre lang, Giacomo Carissimi, der dort bereits studiert hatte. Gerade in seinen Werken begegnen wir einer Überfülle und schieren Ekstasis, mit der die Schöpfung gerühmt wird. Vom ersten Ton an leuchten seine Gesänge, als gehe es zuallerletzt darum, sich zum tausendsten Mal das Leiden Christi auszumalen oder uns an unsere Nichtigkeit zu erinnern, wie es in ihrem masochistischen Einerlei so manche lutherisch imprägnierten Barockdichter und Komponisten lieben. Zwar hat auch Carissimi das salomonische Eingedenksein der Eitelkeit allen irdischen Seins in Töne gesetzt, doch bei seinem kurzen Oratorium mit dem Titel *Vanitas Vanitatum* gewinnt man den Eindruck, als erzähle diese Musik vor allem vom Glück und der Schönheit der irdischen Vergänglichkeit, zumal in sich überschlagenden Dur-Aufschwüngen immer wieder tänzerisch frohlockend »Omnia, omnia vanitas!« gejauchzt wird. Die schnellen Wechsel von solistischen und chorischen Sequenzen, die vielen Rhythmuswechsel, das nahe Beieinander reflexiver und jubilatorischer Stimmungen, all das verleiht dieser Musik etwas so Lebhaftes, wie es bis dahin – zumindest in kirchlichem Zusammenhang – ganz unbekannt war.

In Kleists Legende *Die Heilige Cäcilie oder Die Gewalt der Musik* schrickt eine Rotte von Bilderstürmern just in dem Augenblick vor ihrem eigenen Verwüstungsfuror zurück, da die Nonnen bei einer Abendandacht »eine uralte, von einem unbekannten Meister herrührende italienische Messe« aufzuführen anfangen, »mit welcher«, wie es bei Kleist heißt, »die Kapelle mehrmals schon einer besondern Heiligkeit und Herrlichkeit wegen, mit welcher sie gedichtet war, die größesten Wirkungen hervorgebracht hatte«. Die zu allem bereiten Brandschatzer sind, als die Nonnen zu spielen anfangen, wie vom Schlag getroffen und für immer bekehrt, und zwar einzig und allein durch diese Musik, welche – so lesen wir – die Seelen »wie auf Schwingen durch alle Himmel des Wohlklangs« führt. Auch wenn der im protestantischen Brandenburg beheimatete Kleist die Geschichte insofern bizarr enden lässt, als die Rädelsführer dieser mordlüsternen

Bande für den Rest des Lebens mit ihren krächzenden Stimmen nur noch das »Gloria in excelsis« singen wollen und deshalb im Irrenhaus landen, erzählt die Geschichte von einer Konversion, die sich nichts anderem als »der höchsten und herrlichsten musikalischen Pracht« eines Oratoriums – so Kleists Bezeichnung – verdankt, wie man es nur auf der Seite der Gegenreformation finden kann.

Danielo Bartoli, ein aus Ferrara stammender Priester, der auch in Japan und Indien unterwegs war, rühmt an Carissimis Musik, es begegne uns in ihr der Widerschein des Paradieses, während Athanasius Kircher in seiner *Musurgia universalis* über den »excellentissimus & celebris famae symphoneta« Carissimi urteilt, er vermöge es, mit seinen glückseligen Kompositionen, die von einem kraftvollen, frischen, lebendigen Geist beseelt seien, im Hörer jede Art von Affekt hervorzurufen. Wenn Kircher hervorhebt, wie sehr dabei entgegengesetzte Gefühle aufeinandertreffen, bringt er damit zum Ausdruck, dass eine solche Musik mit ihrem Nebeneinander aus stürmischem Rühmen (»gloria vehemens«) und den Angst- und Engezuständen der Seele (»animi dolor & angustia«) im Unterschied zum früheren, nicht allzu sinnlich klingenden Kirchengesang etwas wahrlich Opernhaftes besitzt, zumal sie mit ihren Rezitativen, Arien, Duetten, Terzetten und Chören für alle nur erdenklichen Stimmungswechsel sorgt und dabei als das Vorbild einer gleichermaßen leidenschaftlichen wie höchst kunstvollen Musik gelten darf.

Nicht umsonst hat so mancher angesehene Komponist Carissimi in Rom aufgesucht, darunter auch Heinrich Schütz, der mit ihm im Jahre 1650 zusammentraf, wobei noch weit mehr Musiker bei ihm eine Ausbildung absolvierten, bevor sie an einem Hof oder einer Kirche als Kapellmeister angestellt wurden. Einer von ihnen war der aus Füssen im Allgäu stammende Philip Jakob Baudrexel, der an den Hof nach Mainz ging und Carissimis *Ars cantandi* ins Deutsche übersetzte; ein anderer Kaspar Förster, der nach Stationen in seiner Geburtsstadt Danzig und in Warschau für die Musik am Hof in Kopenhagen zuständig war und bei dem vermutlich Buxtehude, der auf dem Gebiet des damaligen Dänemark aufwuchs, Unterricht nahm. Der Name Carissimi muss Händel, noch bevor er nach Rom kam, bestens bekannt gewesen sein, auch wenn von seinen Werken zu Lebzeiten kaum eines im Druck erschienen war und so manches von ihnen, das im Collegium Germanicum aufbewahrt wurde, nach den vandalischen Bibliothekszerstörungen, die der päpstlichen Auflösung des Jesuitenordens im Jahre 1773 folgten, nie mehr wieder aufgefunden werden konnte. Das mag einer der Gründe sein, warum Carissimis Schüler Marc-Antoine Charpentier bald schon berühmter als sein Lehrer war, dessen Handschrift man nirgends leichter als in jener Eingangsfanfare seines *Te Deums* vernehmen kann, die nach dem Zweiten Weltkrieg zur Eurovisionshymne gekürt wurde. Einer seiner italienischen Schüler wiederum war Alessandro Scarlatti, von dem Debussy sagt: »Wir kennen von ihm eine *Johannes-Passion*, ein kleines Meisterwerk an schlichter Anmut, in dem die Chöre die Farbe satten Goldes haben, das so lieblich die Madonnengesichter auf zeitgenössischen Fresken umspielt. Das ist viel weniger ermüdend als das *Rheingold*, und das besänftigende Gefühl, das von ihm ausgeht, hat etwas wohltuend Tröstliches.«

Anfang 1656 befand sich unter den Zuhörern von Carissimis verlorengegangenem Oratorium *Il sacrificio di Isacco* ein höchst ungewöhnlicher Gast, nämlich Christina von

Schweden, die Tochter von König Gustav Adolf, der mit seinen Heeren wie kein anderer gegen die Katholischen gekämpft und dafür gesorgt hatte, dass der deutsche Norden weitgehend protestantisch wurde. Im Jahre 1648 saß sie noch in Münster am Verhandlungstisch, um den Dreißigjährigen Krieg mit dem Aushandeln von Gebietsabtretungen und Entschädigungszahlungen zu beenden und zu Ergebnissen zu kommen, die in einem Vertrag zwischen dem römisch-deutschen Habsburgerkaiser Ferdinand III. und ihr festgehalten werden sollten. Umso erstaunlicher ist es, dass ausgerechnet sie es ist, die nach zehnjähriger Regentschaft als schwedische Königin freiwillig abdankt, zum Katholizismus übertritt und 1655 nach Rom reist, um im Zentrum des Katholizismus den Rest ihres Lebens zu verbringen. Sie wird dort mit allem Pomp empfangen und – als allererste Frau – provisorisch innerhalb des Vatikans, genauer gesagt im dortigen Turm der Winde, untergebracht, an dessen Nordfront Papst Alexander VII. vor ihrer Ankunft eigens die Aufschrift entfernen lässt: »Ab aquilone pandetur omne malum« – »Alles Übel kommt vom Norden her«. Ihren gewohnten Lebensstil, der alles andere als dem kirchlichen Frauenbild entspricht, wird sie allerdings nicht im Geringsten ändern, zumal man sie weiterhin in Männerkleidern auftreten sieht und ihr neben dem Umgang mit Malern, Musikern und Gelehrten kaum etwas wichtiger als die Jagd ist. Nicht nur deshalb, weil sie das erste öffentliche Theater gründet und aus ihrer Residenz, dem Palazzo Farnese, einen Mittelpunkt des musikalischen Lebens macht, hat sie trotz ihres gigantischen Reichtums ständig Schulden, was sie auf die Idee kommen lässt, sich ein Heer anzuschaffen, um sich mit einem Krieg die Krone des Königreichs Neapel zu verschaffen. Um solche abenteuerlichen

Anwandlungen in ihr niederzuhalten, muss der Vatikan gelegentlich mit einer größeren Summe einspringen, in der Hoffnung, dass sie sich dann wieder für eine Weile mit dem, was sie bereits besitzt, zufriedengibt. Weil sie während der Fastenzeit die opernhaften Gesänge nicht missen will, lässt sie jeden Donnerstagabend bei sich im Palast ein Oratorium aufführen, was wiederum bedeutet, dass dort nichts anderes als Opern erklingen, deren Stoffe biblischen Ursprungs sind oder die mit allegorischen Figuren aufwarten. Wie solche Aufführungen aussahen, davon vermittelt uns der Musiker, Architekt und spätere Bürgermeister von Frankfurt, Johann Friedrich Armand von Uffenbach, einen anschaulichen Eindruck, nachdem er am 31. März 1715 im Palast des Fürsten Francesco Maria Ruspoli das Oratorium *Abisai* von Antonio Caldara erlebt hat.

> »Abends«, lesen wir da, »war das wöchentliche große concert in des principe Rospoli pallast so wegen seiner vielen unkosten die er jährlich darauf wendet, das beste allhier ist, und weil er gern sieht und jedem frembden ohne introduction erlaubt hinzukommen, so fuhren wir mit ein ander dahin, und wurden durch eine große Zahl fürtrefflich meublierter Zimmer geführt biß in ein ungeheuer große und lang gallerie in dem es gleichwie in dem ganz hauß an unvergleichlichen gemälden und silber werk nicht fehlt, alles war aufs prächtigste illuminirt und zu beiden seiten der ganzen gallerie stühle vor die Zuhörer gesezet, oben aber der plaz für die musique frey gelassen, alwo eine große anzahl Virtuosen sich rangirten, und drey Sängerinnen nebst einem kleinen castraten, dem ambassadeur gallas gehörig forn an saßen, die denn ein dergestaltig fürtreff-

liches concert oder so genantes oratorium machten, daß ganz entzückt wurde, und überzeugt war, daß dergleichen in solcher perfection mein lebtag lang nicht gehört hatte, die composition ist jedesmahl ganz neu, und von dem bekanten caldara päbstlich capellmeister gemacht so hier auch dirigirte, man hörte auf die fürtrefflichen stimmen so andächtig an daß all die stimmen so sonsten in den opern gehört dießen nicht beykahmen, absonderlich der einen mariotgi genant so ganz was sonderbahres und ungemein angenehmes in ihrem singen hatte, die oberste sängerin war des caldara seine frau, so zwar sehr fertig in der musiq und lauter die schwersten sachen mit großer behändigkeit absung mir aber doch wegen der schwachheit ihrer stimme lang nicht so wohl als die oben gemeldete gefiehl, ohngefahr in der helffte der musiq machten sie eine pause, und da wurden liquers, gefrohrene sachen, confect, und caffé in quantität herumb getragen und jedermann pressentirt. nachdem aber machte man die andere helffte der musique so überhaupt bey 4 stunden währte, ich hätte es 14 tag also mit großem vergnügen ausgehalten, dann ich gewiß mit lauter verwunderung hier von ging, und mein lebtag nichts gehört so dießem gleich gekommen, bey dem accompagniren war eine violin so ungemein wohl gespiehlt wurde, und viele andere instrumente all in perfection gespiehlt. es war mitternacht als wir fertig wurden, und der schlaff hinderte mich nicht, alles biß zu ende mit dem größten plaisir anzuhören, das auditorium war auch sehr starck, und viele dames, auch etlich cardinäl alda, unter andern der cardinal ottoboni von venedig der niehmahlen dergleichen versäumt, er ging wie ein ordinair abbate, außer daß er roth strümpf und absäze wie auch ein roth calotte hatte, und dem die übrigen cardinal auch gleichmäßig gekleidet gingen. Nachdem dießes vorbey war fuhren wir nach hauß und speißeten zu nacht.«

Uffenbach scheint nicht zu wissen, dass *Il Trionfo del Tempo e del Disinganno* acht Jahre zuvor am selben Ort aufgeführt wurde und auch keinem andern als jenem Marquese Ruspoli gewidmet ist, der einem unbekannten, allein durch ein Wettspiel mit Domenico Scarlatti aufgefallenen jungen Deutschen namens Händel in Rom ein fürstliches Domizil bot, wofür der Gast sich mit Werken wie dem damals entstandenen *Salve Regina* oder einem Oratorium wie *Il Trionfo* erkenntlich zu zeigen versuchte. Vollkommen anders als in den kahlen lutherischen Kirchen von Halle und Hamburg, in denen er noch kurz zuvor Orgel gespielt hatte, findet Händels Leben dort unten nicht nur in solchen Palästen, sondern vor allem auch in Gotteshäusern statt, die mit ihren Fresken, Marmorböden, Marmorsäulen, Gemälden, Statuen, Seitenschiffen, Prunkfenstern und Weihrauchdüften das Gegenteil dessen ausstrahlen, was er bislang gewohnt ist, zumal es hier keineswegs nur um das nackte Bibelwort geht, sondern zur liturgischen Grundausstattung neben priesterlichen Prachtgewändern, Glockengeläut, einem Kerzenlichtermeer und dem rituellen Brimborium mit Monstranzen und goldenen Kelchen vor allem auch eine opernhafte Chor- und Orchestermusik gehört. Anders allerdings, als es Johann Adolph Hasse und Bachs jüngster Sohn Johann Christian tun sollten, wird Händel nicht zum Katholizismus übertreten, was bei diesen beiden jedoch vermutlich genauso wenig wie beim sächsischen Kurfürsten August dem Starken rein religiöse Gründe hatte. Schließlich konvertierte dieser vor allem deshalb, um auch noch König von Polen werden zu können, während Hasse nicht nur Kapellmeister an dessen Dresdner Hof, sondern zudem mit jener berühmten italienischen Sängerin Fausta Bordoni verheiratet war, die auch an Händels Londoner Oper eine zum Teil skandalöse Rolle spielen sollte. Was dagegen Johann Christian Bach anbelangt, so wurde er im Jahre 1760 zum Dom-Organisten in Mailand ernannt, was ohne einen Wechsel zur anderen Fraktion nicht möglich gewesen wäre. Was diesbezügliche Interessenkonflikte in Händels Leben anbelangt, so weiß Mainwaring zu berichten:

> »Weil er … mit so vielen Herren, geistlichen Ordens, vertraulich umging, da er doch eines Glaubens war, der in allen Stücken mit dem Ihrigen stritte, kann man sich leicht natürlicher Weise einbilden, daß einige derselben sich mit ihm darüber im Wortwechsel eingelassen haben müssen. Denn wie könnte man glauben, daß diese frommen Katholiken gegen ihm in Wahrheit so günstig gesinnet gewesen, ohne sich zu bestreben, ihn aus dem Wege der Verdammniß wegzuleiten? Als ihn nun einer aus den erhöheten Geistlichen über diesen Artikel zur Rede stellte, war seine Antwort: Er sey weder geschickt noch geneigt zum Nachforschen oder Untersuchen in Dingen dieser Art; sondern festiglich entschlossen, als ein Glied derjenigen Gemeinde, darinn er geboren und erzogen, zu leben, und zu sterben; die Glaubensartikel mögten nun wahr oder falsch seyn.«

Gervinus scheint auf diese Stelle bei Mainwaring zu rekurrieren, wenn er meint, seinem Helden folgendermaßen auf die Schulter klopfen zu müssen: »Die katholische Welt möchte sich jetzt noch den todten Shakespeare zueignen;

dem lebenden Händel machte sie in seiner Jugend in Italien verführerische Anträge auf einen Bekenntniswechsel, die er in so ruhiger Entschiedenheit abwies, daß man ihm weder zu grollen noch die Anträge zu wiederholen wagte.« Und er verkneift es sich nicht, hinzuzufügen: »Dieselbe geistige Gesundheit bewährten Beide der ganzen Zeitsitte gegenüber. Shakespeare stand an der Schwelle des ungestalten Zeitalters der steifen Conventionen und Ceremonien, Händel stand mitten darin; ihr inneres Wesen war, nach den Zeugnissen ihrer klassischen Kunstwerke von ewiger Jugend, von seinen Verschrobenheiten vollständig frei und unberührt.« Dabei eignen sich gerade Shakespeare und Händel am allerwenigsten dazu, in den Dienst einer reichlich schlichten Aufklärungsideologie gespannt zu werden, derzufolge hie eine blinde Ergebung in Formen und Formeln regiert, während dort ein freier Geist weht. Gerade Gervinus müsste wissen, dass bei Shakespeare das Märchenhafte, Verrückte, Irrationale ein Grundelement bildet, zumal jener berühmte Satz Hamlets, wonach es mehr Dinge zwischen Himmel und Erde gibt, als unsere Schulweisheit sich träumen lässt, wie eine Art Motto über all seinen Stücken steht. Welche weltanschauliche Einfalt solche Einordnungsmuster zutage fördern, lässt sich an Biographien wie der 1984 erschienenen von Walther Siegmund-Schultze, dem Nestor der DDR-Händel-Forschung, studieren, in der die Behauptung, es gehe Händel »um die Entlarvung des Bösen und Rückständigen« und um »den Sieg der Vernunft und eine befriedete Zukunft«, das Ostinato des ganzen Buches bildet.

Wenn Händel, laut Mainwaring, gegenüber solchen Eminenzen, die ihn zur Konversion zu drängen trachten, behauptet, »er sei weder geschickt noch geneigt zum Nachforschen oder Untersuchen in Dingen dieser Art«, so bedeutet das vermutlich nicht nur, dass er mit derlei Fragen in Ruhe gelassen werden will, sondern auch, dass sie ihn wahrscheinlich auch tatsächlich nicht sonderlich interessieren, zumal von ihm, ganz anders als bei Bach, keinerlei Äußerungen zur Relevanz Gottes für sein Werk überliefert sind. Und trotzdem oder gerade deshalb betätigte Händel sich in Italien, sozusagen nolens volens, als Akteur der musikalischen Gegenreformation, was schon deshalb keinen Widerspruch zu seiner späteren Tätigkeit für die anglikanische Kirche bilden sollte, weil dort Pomp und Pracht bis heute eine weit wichtigere Rolle als in der inzwischen zunehmend protestantischer sich gerierenden katholischen Kirche spielen.

Wenn Bach mit seiner *h-Moll-Messe* einen Text nach katholisch-lateinischem Ritus vertont, besitzt auch das pragmatische Gründe, schließlich widmet er sie dem Thronfolger des verstorbenen August des Starken, wobei er der Widmung ein Begleitschreiben beilegt, in dem er ihn um die Anstellung als Hofkapellmeister und Hofcompositeur an jenem Dresdner Hof bittet, der inmitten des sächsischen Protestantismus eine katholische Insel bildet, die an Prunk Versailles in nichts nachstehen will. Weil jedoch in manchen lutherischen Kirchen auch noch zweihundert Jahre nach der Reformation lateinische Liturgietexte gesungen werden, haftet Bachs Ausflug zu den Katholiken nichts Abtrünniges an. Anders wäre es gewesen, wenn er – wie Händel es in Italien tat – Lobgesänge auf die Mutter Maria vertont hätte, deren kultische Verehrung die Reformierten für eine Form von Götzendienst halten. Eine von Händels musikalischen Verbeugungen vor der Gottesmutter bildet die Kantate *Donna, che in ciel*, die vermutlich am 2. Februar 1708 zum »Jahrestag der Befreiung

Roms vom Erdbeben am Tag Mariä Lichtmeß« aufgeführt wurde, weshalb gleich die wilde Auftakt-Arie »Vacillò« (»Ich taumle«) mit einem musikalisch-mimetischen Erdbeben, einem *terremóto*, einsetzt. In ihrer Raserei könnte sie auch eine Rachearie aus einer Oper sein, genauso wie der äußerst innige, im schönsten Sinne schlichte, erstaunlich sparsam instrumentierte Adagio-Soprangesang »Tu sei la bella serena stella« ein weltliches Liebeslied sein könnte, nur dass es in diesem Fall an die Stella maris, den Meerstern Mutter Maria, gerichtet ist, als den nicht nur Seefahrer, sondern alle Orientierungsbedürftigen, die an ihre Hilfe glauben, sie empfinden. Vor allem Händels Accompagnati leben in diesem Werk von einer Lautmalerei, die vom *terremóto* bis zur Wiederkehr der Sonne und des Vogelgesangs reicht, sodass ein ganzer irdischer Kosmos voller Schrecken und Schönheit gegenwärtig wird, der alles, nur keine lauwarmen Zonen kennt.

Zu den beeindruckendsten Werken, die Händel je geschrieben hat, gehört das ebenfalls in dieser Zeit entstandene *Dixit Dominus*, ein Arien- und Chorgesang in acht Sätzen, der, wie Chrysander in seiner Werkausgabe behauptet, am 11. April 1707 beendet wurde, also vermutlich rechtzeitig für die Karwoche oder die Osterfeierlichkeiten, weshalb nicht ausgeschlossen wird, dass es im Petersdom oder in der Laterankapelle zur Uraufführung kam. Wie auch in vielen von Carissimis Kantaten ist hier der Chor fünfstimmig ausgesetzt, wobei immer wieder solistische Stimmen aus ihm heraustreten, sieht man einmal von den reinen Alt- und Sopran-Arien des zweiten und dritten Satzes ab. Obwohl die meisten Teile in Molltonarten gehalten sind, begegnen wir dabei einem Feuerwerk an Energie, das etwas Loderndes besitzt, was sich nicht nur den höchst vitalen, chromatisch geprägten Chören, sondern auch den schroffen Rhythmus- und Stimmungswechseln verdankt, wie sie ebenfalls für Carissimi charakteristisch sind. Dass das Werk in seinen überwiegenden Chorteilen virtuose Sänger erfordert und sich durch eine Kontrapunktik auszeichnet, die Adornos Unsinnsgerede vom »homophonen Händel« gründlich widerlegt, mag erklären, warum es nicht gerade häufig aufgeführt wird, obwohl dieses *Dixit Dominus*, das von einem Zweiundzwanzigjährigen stammt, nicht nur ausreichen würde, um Händel einen Platz in der Musikgeschichte zu sichern, sondern auch zur Genüge zeigt, warum es abwegig ist, ihn ständig mit Bach vergleichen zu wollen. Auch wenn die Wucht dieses Werkes einen Corelli sicherlich überfordert hätte, besitzt es gerade in seinen ariosen Passagen eine durch und durch opernhafte Italianità, so etwa wenn der vorletzte Gesang »De torrente in via bibet« (»Er wird trinken vom Bach auf dem Wege«) mit ebenso ruhigen wie insistenten Achtelfiguren der Streicher einsetzt, die sich, was den Rhythmus anbelangt, über das ganze Stück hinweg nicht ändern, wobei sich nach wenigen Takten zwei girlandenartig umspielende Sopranstimmen in sie hineinflechten, die einige Male von einem Männergesang unterlegt werden, der sich in getragenen Viertelfiguren fast nur auf einem einzigen Ton bewegt, der entweder einen Quart- oder Oktavenauftakt besitzt, was so wirkt, als wehten diese Männerstimmen wie aus fernen Kirchenräumen herüber. Das Ganze vermittelt vom ersten Takt an den Eindruck von etwas sphärisch Entrücktem und erinnert in Ansätzen sogar an Thomas Tallis' wie im Äther schwebende Gesänge, wobei das ihm nachfolgende, abschließende »Gloria« mit seinem aus drei Themen bestehenden Fugato eine derartige Rasanz entwickelt, dass man lange suchen muss, um in einer Oper oder einem Oratorium auf eine ähnlich furiose Energie zu stoßen, zumal in ihr Wucht und Brillanz, Jubel und Aufruhr, Rastlosigkeit und Schönheit wie nur selten eins werden.

Angesichts einer solchen sakralen Prachtentfaltung kann man nur feststellen, dass das in Rom verhängte Opernverbot Händels musikalischer Entwicklung nicht nur nicht im Wege stand, sondern sie sogar förderte. Wäre er sofort nach Neapel, ins damalige Zentrum allen Operngeschehens, gepilgert, hätte er vermutlich nur solche Rezitativ-Arien-Nummernfolgen geschrieben, wie sie dort geradezu gesetzmäßig vorgeschrieben waren. In Rom dagegen konnte er gar nicht anders, als sich in der Nachfolge eines Cavalieri und Carissimi in einem weit offeneren, vielfältigeren und dabei keineswegs weniger opernhaften musikalischen Kosmos bewegen, zumal das päpstliche Opernverbot mit den moralischen Verwerfungen eines Platon, Augustinus, Tertullian, Savonarola oder Rousseau reichlich wenig zu tun hatte. Während die neapolitanische opera seria so gut wie keine Chöre kannte, war die Kirchenmusik ohne sie überhaupt nicht denkbar, ganz abgesehen davon, dass dabei auch das Orchester eine weit bedeutendere Rolle spielen und ganz anders eingreifen konnte als bei solchen Arien, für die es lediglich eine harmonische Grundlage bieten sollte.

Als Gryphius 1646, also zwei Jahre vor dem Ende des Dreißigjährigen Krieges, der sein Leben wie nichts anderes geprägt hat, eine Reise nach Italien unternimmt, besucht er auch den Papst in Rom. An diesen Aufenthalt erinnert ein Gedicht, das den Titel trägt: »Als Er aus Rom geschidn«. Händel hält sich sechzig Jahre später in Rom auf, wobei jene Pracht, die

Gryphius tief beeindruckt hat, sich in der Zwischenzeit noch um ein vieles vermehrt hatte. Der Anfang und das Ende dieses Gedichts lauten:

»Ade! Begriff der Welt! Stadt der nichts gleich gewesen /
  Vnd nichts zu gleichen ist / in der man alles siht
  Was zwischen Ost und West / und Nord und Suden blueht.
Was die Natur erdacht / was je ein Mensch gelesen.

…

Du herrlichs Vatican, dem man nichts gleich kann bauen:
  Ihr Buecher / Gaerten / Grueffť; Ihr Bilder / Nadeln / Stein /
  Ihr / die diß und noch mehr schliß't in die Sinnen ein /
Fahrt wol! Man kann euch nicht satt mit zwey Augen schauen.«

Kastraten und andere Diven

Als Händel fünfundzwanzigjährig nach London kommt, ist er alles andere als ein Unbekannter. Schließlich funktioniert die Mund-zu-Mund-Propaganda von Hof zu Hof, Residenz zu Residenz, Fürstentum zu Fürstentum bestens, zumal wenn es um einen Prunk geht, der nicht nur in einer stattlichen Architektur besteht, sondern sich auch daran messen lassen muss, was sich in ihr abspielt. Lord Manchester, der Botschafter Ihrer Majestät in Venedig, soll den jungen Sachsen dort bereits empfohlen haben, der inzwischen nicht mehr in Italien weilt, sondern im Juni 1710 zum Kapellmeister jenes Kurfürsten von Hannover ernannt wurde, der vier Jahre später als George I. der Nachfolger von Queen Anne auf dem englischen Thron werden wird. Händel soll sich bei der Aushandlung seines Vertrages in Hannover zur Bedingung gemacht haben, nicht ständig anwesend sein zu müssen, sondern weiterhin reisen zu dürfen, zumal an diesem Hof infolge der vielen Kriege, bei denen die Kassen sich geleert hatten, die Musik eh keine allzu große Rolle spielte und es dem jungen Händel auch reichlich egal sein konnte, dass dort ein Mann namens Gottfried Wilhelm Leibniz in Diensten stand, der im Übrigen eh meist in halb Europa unterwegs war und in den Augen derer, die ihn angestellt hatten, offensichtlich eine so geringe Rolle spielte, dass es außer seinem Sekretär niemand für angebracht hielt, ihn im Jahre 1716 auf dem Weg zu seiner letzten Ruhestätte zu begleiten.

Was Händel allerdings ausgerechnet in London wollte, ist nicht ganz klar, schließlich gab es dort, ganz anders als in Wien, Dresden, Düsseldorf, Hamburg oder Amsterdam, noch nicht einmal ein Opernhaus. Dass er aber nach England ging, um in erster Linie der anglikanischen Kirche zu dienen oder am königlichen Hof Fest- und Kammermusiken abzuliefern, darf als ausgeschlossen gelten, nachdem er gerade eben in Venedig mit seiner *Agrippina* Erfolge feiern konnte, wie sie auch für italienische Komponisten alles andere als üblich waren. Immerhin bemerkt Mainwaring: »Nachdem also Händel lang genug in Italien verweilet, um dasjenige wirklich zu fassen, warum er dahin gekommen war, fing er nunmehro an, auf die Rückreise in sein Vaterland bedacht zu seyn. Nicht zwar, als sollte dadurch sein Reisen ein Ende nehmen: denn seine Neubegierde war noch nicht gesättiget, und so weit davon entfernet, so lange noch ein musikalischer Hof zu finden war, den er nicht gesehen hatte.«

Zwar gab es in England bereits einen Henry Purcell, von dessen einziger wirklicher Oper *Dido and Aeneas* man lange annahm, dass sie für eine Mädchenschule im Londoner noblen Vorort Chelsea geschrieben wurde, zumal sie dort im Jahre 1689 zur Aufführung kam und auch Amateure ihr, was die gesangs- und spieltechnischen Schwierigkeiten anbelangt, gewachsen sind. Purcells andere Bühnenwerke wie *King Arthur* oder *The Fairy Queen* dagegen sind lediglich Zwischenmusiken für Schauspiele, was zwar nicht mehr unserer heutigen Aufführungspraxis entspricht, jedoch wenig daran ändert, dass sie in keiner Weise als Opern konzipiert waren. Dass Purcell eine englische Operntradition gestiftet hätte, kann man schon deshalb nicht behaupten, weil *Dido and Aeneas* in der Geschichte des Musiktheaters etwas Unvergleichbares besitzt und für immer eine Sonderstellung einnehmen wird. Nach Purcells frühem Tod im Jahre 1695 wurden bis zur Ankunft Händels in London nur selten Opern aufgeführt, und wenn, so waren es meist Importe aus Italien, selbst dann, wenn sie von einem Deutschen stammten, aber im italienischen Stil gehalten waren, wie beispielsweise eine Pastorale mit dem Titel *Gli amori d'Ergasto* eines gewissen Jakob Greber, mit der 1705 das Queen's Theatre eröffnet wurde.

Auch ein paar andere Ausländer lebten oder gastierten damals regelmäßig in London, so etwa der Kastrat, Gesangslehrer und Komponist Pier Francesco Tosi, aus dessen – seinem Gönner Lord Peterborough gewidmeter – Schrift *Opinioni de' cantori antichi e moderni* wir so manches über die Unarten jener Sänger erfahren, die jede Arie in ein endloses, sich in tausend Schnörkeln auflösendes, für den Komponisten nicht wiedererkennbares Virtuosenstück verwandeln. Ebenso wurde von Händels späterem Co-Direktor und Rivalen Bononcini an der Royal Academy of Music bereits 1706 die Oper *Il Trionfo di Camilla* aufgeführt, weshalb man nicht behaupten kann, es habe damals in London musikalisch nichts stattgefunden, nur dass es, nachdem Purcell tot war, eben keinen Scarlatti, Corelli oder Vivaldi wie in Italien oder einen Charpentier wie in Frankreich oder wenigstens einen Telemann wie in Deutschland gab, was für sich genommen auch kaum von Bedeutung gewesen wäre, hätte es wenigstens etwas Repräsentatives wie ein Opernhaus gegeben, in dem sich die sogenannte bessere Gesellschaft hätte treffen und an Ereignissen teilhaben können, die – wie man so sagt – in aller Munde sind.

Obwohl es nicht wenige Londoner für blanken Unsinn halten, sich unverständliches Getriller aus Italien anhören zu müssen, anstatt eigene Werke auf die Bühne zu bringen, scheint das Bedürfnis zuzunehmen, gegen fürstliche Honorare Sänger aus Italien zu engagieren. Weil es sich schnell herumspricht, dass man in London besser als anderswo verdient, setzt von dort tatsächlich eine richtiggehende Tourneetätigkeit in Richtung England ein. So trifft im Jahre 1708 der aus Neapel kommende Kastrat Nicolino Grimaldi, genannt Nicolini, in London ein, dem kurz darauf das Sängerehepaar Francesca Vanini und ihr Mann Giuseppe Boschi folgen, die Händel aus Venedig kennen, wo beide in seiner *Agrippina* gesungen haben. Alle drei treten im Queen's Theatre am Haymarket auf, das, wie Romain Rolland bemerkt, »drei Jahre vorher unter dem Protektorat der Königin gegründet worden war, um dort das alte englische Drama zu pflegen, doch 1708 der italienischen Oper das Feld räumen musste«.

Händel, der zu dieser Zeit noch in Italien ist, kann damals nicht ahnen, dass das Queen's Theatre in Bälde sein eigenes Opernhaus und als solches das berühmteste in ganz Europa werden wird. Dass Frau Vanini-Boschi, noch bevor Händel in London weilt, in einer Aufführung von Scarlattis *Pirro e Demetrio* die Arie »*Ho un non so che nel cor*« (»Ich spüre ein Ich-weiß-nicht-was im Herzen«) aus dessen *Agrippina* einfügt, mag mehrere Gründe haben, die von dem üblichen Bedürfnis, noch mit einer weiteren Bravour-Arie zu brillieren, bis hin zu der Absicht reichen können, den jungen Deutschen beim Publikum als Komponisten anzupreisen. Dass Händel dieses Lied in genau gleicher Gestalt und mit dem gleichen Text bereits von der biblischen Maria Magdalena in seinem kurz vor der Niederschrift der *Agrippina* in Rom entstandenen Auferstehungsoratorium *La Resurrezione* singen lässt, sagt nicht nur etwas über das damalige kompositorische Legobaukastenprinzip aus, sondern zeigt auch wieder einmal, wie es keinerlei musikalischen Unterschied macht, ob wir es mit einem sakralen oder säkularen Werk zu tun haben.

Von den Proben zu Scarlattis Oper *Pirro e Demetrio* existieren Bilder von Marco Ricci, einem Maler, der es als Claude-Lorrain-Epigone mit antikisch-arkadischen Szenen zu einer gewissen Berühmtheit gebracht hat. Sie zeigen, wie ein paar Musiker mit Gamben und Theorben dicht aufeinandersitzen, während keine zwei Schritte neben ihnen, vor dem Cembalo stehend, Sänger mit Allongeperücken und Sängerinnen mit nonnenhaften Häubchen sich in Posen üben, die den Eindruck vermitteln, es handle sich um ein Ständchen in einem nicht allzu großen Zimmer, nur dass man am wechselnden Hintergrund sehen kann, dass es Bühnenbilder sind, zumal es sich das eine Mal um eine Wand mit geöffnetem Fenster und das andre um eine solche mit mehreren Gemälden handelt. Als Erstes springen einem allerdings die theatralischen Gesten ins Auge, und zwar nicht nur bei den Sängern, sondern bei allen Beteiligten, auch den Musikern, die allesamt Aufmerksamkeit oder Erstaunen spielen, und zwar derart übertrieben, dass man um deutlich mehr Dezenz bitten möchte, begegnete einem eine solche Pantomimik auf heutigen Bühnen.

Seit der Ankunft von Francesca und Giuseppe Boschi im Jahre 1710 ist der Dichter Aaron Hill Impresario am Queen's Theatre. Er besitzt einen Mitarbeiter namens John James Heidegger, der zwei Jahre zuvor noch mit dem Vornamen Johann in London als Diplomat eingetroffen ist, jedoch das

Theater, an dem er vor allem Geld zu machen hofft, der Politik schnell vorzuziehen beginnt, was in seinem Fall nochmals eine besondere Bedeutung besitzt, da er der Sohn eines Zürcher Pfarrers ist, was heißt, dass es ihn ausgerechnet zu einem Gewerbe drängt, das in Zwinglis Sittenkodex als Ausbund der Verderbtheit gilt. Als wollte dieses Verderbte sich sogar in seinem Äußeren kundtun, gilt er in den Londoner Kreisen auch noch als der hässlichste Mann Englands, was einer der Gründe sein mag, weshalb William Hogarth ihn später, als er längst Impresario ist, besonders gern karikiert, zumal er wie kaum ein anderer eine Welt repräsentiert, die in Hogarths Augen vor allem aus aufgeblasenem Volk besteht. 1734 erscheint von Hogarth sogar eine ganze Sammlung mit Theatersujets, der er den Titel gibt: *Heidegger in a Rage*, in der neben ihm vor allem die Sängerin Francesca Cuzzoni und der Kastrat Farinelli im Mittelpunkt stehen, die beide wahrlich märchenhafte Lebensläufe besitzen, nur dass Farinelli nach seiner Londoner Zeit der heimliche Herrscher über ganz Spanien wird, während die Cuzzoni ihre letzten Jahre in erbärmlichster Armut zubringt.

Als Händel 1710 zum ersten Mal in London ist, singt man dort die Opern halb auf Italienisch, halb auf Englisch, damit das Publikum wenigstens in ungefähr mitbekommt, worum es sich bei den endlosen Gesangsgirlanden und Gestikulierereien handelt, wobei in aller Regel die für das Handlungsgerüst relevanten Rezitative übersetzt und die für bloße Affektäußerungen zuständigen Arien im Original belassen werden. Dass es Händel nicht nach Hamburg zurückdrängt, wo Leute wie Mattheson und Reinhard Keiser das Sagen haben, er aber auch nicht in Hannover bleiben will, wo aus Gründen des Sparens oder warum auch immer die Oper keine Rolle spielt, ist verständlich. Genauso wenig kann für ihn eine Anstellung als Kantor in Lübeck, Arnstadt oder Mühlhausen, wo ein Buxtehude und Bach jeden Sonntag die Orgelbank drücken, sonderlich attraktiv erscheinen, nachdem er in Italien eine ganz andere Welt kennengelernt hat, und zwar nicht nur in musikalischer Hinsicht. Obwohl in London kein bekanntes Opernhaus und auch kein vakanter Posten als Hofkapellmeister auf ihn warten, scheint es dort ein spürbares Verlangen nach einem Musikleben zu geben, das erst noch etabliert werden muss. Was aber die anglikanische Kirche anbelangt, die ja wie jede andere mit Kompositionen beliefert sein will, so muss Händel dabei nichts von seiner Carissimi-Erbschaft verbergen, da ihr trotz des Bruchs mit Rom der Sinn für prunk- und prachtvolle liturgische Inszenierungen nie abhandengekommen ist.

Die Tatsache, dass Händel sich, nachdem er im Sommer 1710 gerade erst in Hannover angekommen war, von dort sogleich im Herbst nach London aufmacht, deutet bereits zur Genüge an, wie wenig ihn am Hof des Kurfüsten Georg Ludwig hält. Dass sein Dienstherr ein paar Jahre später König von England wird, kann er damals nicht wissen. Wie sehr jedoch Queen Anne Interesse an dem deutschen Komponisten zeigt, davon erzählt Mainwaring, bei dem es heißt: »Er wurde bald bey Hofe eingeführet, und von der Königin mit Gnadenzeichen beehret. Viele vom hohen Adel bezeugten grosse Ungedult, eine Oper von seiner Arbeit zu sehen. Dieser heftigen Begierde nun Genüge zu leisten, kam Rinaldo an den Tag, und war, als sein erstes Werk in England, in vierzehn Tagen fertig.« Vom Librettisten Giacomo Rossi wiederum, der offensichtlich fürchtet, das des Italienischen nicht mächtige

Londoner Publikum könnte an seinen Versen herummäkeln, berichtet Mainwaring:

> »Die Worte der Oper sind von Roßi, und die erste Stelle daraus stehet im Spectator. Sie enthält gleichsam einen Lobspruch seiner eigenen Dichtkunst; wiewol er doch bald hernach mit aller Bescheidenheit eine Schutzrede darüber ausfertigte. Da dieselbe etwas Sonderliches hat, will ich dem Leser eine kleine Probe davon mittheilen:
>
> ›Vernünftiger Leser! Laß dir diese meine eilfertige Arbeit wohlgefallen, und das sie dein Lob nicht verdienet, versage ihr doch dein Mitleiden nicht; ja vielmehr, daß ich recht sage, deine Gerechtigkeitsliebe, wegen der kurzen Zeiten: indem der Herr Händel, der Orpheus unserer Zeit, da er dieses Schauspiel in Noten brachte, mir kaum die Musse zum Schreiben gelassen hat; so gar, daß ich mit Erstaunen gesehen, welchergestalt in zwo Wochen eine ganze Opera, im höchsten Grade der Vollkommenheit, harmonisirt geworden.‹«

Mainwaring vergisst nicht hinzuzufügen, dass das Libretto in Wirklichkeit von Aaron Hill stammt, was heißt, dass Rossi eine komplette Vorlage besaß, die er lediglich in ein halbwegs geschmeidiges Italienisch bringen musste, was schon deshalb nicht allzu schwierig hätte sein dürfen, weil die Operntextbücher noch bis weit in Rossinis und Donizettis Zeiten hinein alles andere als anspruchsvolle Literatur bieten. Dass der Komponist nur zwei Wochen für *Rinaldo* braucht und dieses Werk trotzdem zu Händels grandiosesten Schöpfungen gehört, lässt sich, ohne das Staunen schmälern zu wollen, allerdings auch mit dem Rückgriff auf bereits früher geschriebene Arien erklären. So begegnet man Almirenas tänzerischem Auftrittsgesang »Combatti da forte« (»Kämpfe tapfer«) in etwas schlichterer Gestalt schon in Händels erster Oper *Almira*, die er 1704 für Hamburg schrieb, wo sie den Text »Leset, ihr funkelnden Augen, mit Fleiss« besitzt. Genauso kennt man den mitreißenden Pauken-und-Trompeten-Gesang »Sibilar gli angui d'Aletto« (»Das Zischeln der Schlangen des Alekto«) schon aus der 1708 in Neapel entstandenen *Aci, Galatea e Polifemo*, in der auch die Verse die gleichen sind, obwohl es sich um eine ganz andere Geschichte handelt. Das »Molto voglio, molto spero« (»Viel will ich, viel hoff ich«) der Armida wiederum kennt man bereits als vierstimmiges Finale aus dem Oratorium *La Resurrezione* wie auch als dreistimmiges aus *Aci, Galatea e Polifemo*, wobei es beim einen Mal heißt: »Dia si lode in cielo, in terra« (»Gelobt sei im Himmel und auf Erden«), während beim andern Mal die Liebe und Treue besungen werden. Nicht anders verhält es sich mit dem berühmten »Lascia ch'io pianga / mia cruda sorte« (»Lass mich mein grausames Schicksal beklagen«), das uns bereits in der Hamburger *Almira* wie auch in dem Oratorium *Il Trionfo del Tempo e del Disinganno* begegnet. Weitere Beispiele ließen sich anführen, die alle nur bewiesen, dass damals alles andere als eine Werkvorstellung existierte, wie sie sich erst mit Gluck und zu Mozarts Zeiten herauszubilden beginnt, als man mit solchen Opern wie *Don Giovanni* oder *Figaro* erlebt, wie sehr sie etwas in sich derart Zwingendes besitzen, dass es undenkbar wäre, die eine gegen eine andere Arie austauschen und sie in anderem Zusammenhang wiederzuverwerten.

Barockopern dagegen gehorchen anderen Gesetzen, was sich allein mit dem Charakter der Affekt-Arien erklären lässt, deren Gefühlsspektren wenig individuelle Besonderheiten aufweisen, was keineswegs heißt, dass sie einen nicht zutiefst rühren, begeistern oder mitreißen könnten. Dass ein Komponist sich dabei auch aus Werken anderer bedienen kann, ist zu Händels Zeit noch etwas Selbstverständliches, solange er es nicht wie sein späterer Co-Direktor an der Royal Academy of Music, Giovanni Bononcini, so weit treibt, dass er ein ganzes Madrigal als eigene Hervorbringung ausgibt, obwohl alle Gesänge von Antonio Lotti stammen, womit dann der Bogen doch überspannt war und er seinen Posten räumen musste. Jene Originalitätsvorstellungen, wie sie mit dem romantischen Geniegedanken aufkommen, sind musikalischen Handwerkern wie Händel, Hasse, Heinichen oder Bach noch reichlich fremd. Das zeigt sich bereits in der Stoffwahl, bei der nicht selten auf Libretti zurückgegriffen wird, die zuweilen schon mehrfach vertont worden sind. Dass Händel sich weder bei seiner *Agrippina* noch im Falle des *Rinaldo* schon bestehender Textbücher bedient, hat damit zu tun, dass Kardinal Grimani Mitinhaber der neapolitanischen Oper war und auch einmal in seinem Leben ein Stück auf der hauseigenen Bühne bewundern wollte, an dem er seinen Anteil hatte, was beim Impresario Aaron Hill nicht viel anders gewesen sein dürfte, zumal er sich in erster Linie als Dichter fühlte.

Seine *Rinaldo*-Geschichte orientiert sich an Torquato Tassos *Gerusalemme liberata* (»Das befreite Jerusalem«), einem 1581 erschienenen Epos in zwanzig Gesängen, das – um es auf heutige Weise zu sagen – vom Aufeinanderprallen der orientalischen und okzidentalen, arabischen und abendländischen, christlichen und moslemischen Welt handelt. Was wir in der Opernfassung erleben, fasst Chrysander folgendermaßen zusammen:

»Nach Hill's Behandlung der Fabel ist Rinald ein Verlobter der Almirena, Tochter des Heerführers Gottfried von Boullion; gegentheils ist Argantes, König von Jerusalem, der Armide zugethan. Letztere entführt die Almirena, erlebt Rinald's Einbruch in ihr Zauberreich und verliebt sich in ihn, wie Argantes in die Almirena; endlich mit Hülfe eines Sternsehers kommen Gottfried und Eustachius als Befreier. Der ganze Mitteltheil der Oper wird durch Liebeshändel und Zaubereien ausgefüllt. Zu Anfang macht sich eine kriegerische Stimmung geltend, die sich dann gegen Ausgang des letzten Actes zu einer allgemeinen volkreichen Schlacht gestaltet. Als Argantes und Armide besiegt und gefangen werden, werfen sie ihre Zaubereien von sich und sind schnell entschlossen das Christenthum anzunehmen oder, wie sich der Schlußchor ausdrückt, das niedrige Joch des Fleisches abzuschütteln, die blinden Triebe von ihren edlen Seelen wie trübe Nebel zu verscheuchen.«

In Beiheften zu *Rinaldo*-Einspielungen kann man gelegentlich ideologiekritisch lesen, es handle sich dabei um einen Hymnus auf den englischen Kolonialismus, nur dass die Ereignisse, um es ein wenig zu kaschieren, nicht zu Zeiten von Sir Walter Raleigh, sondern bei den Kreuzfahrern spielten. Doch auch wenn hier, was außer Zweifel steht, das christliche Abendland besungen wird, heißt das noch lange nicht, dass Händels Musik genauso schlicht wie das Libretto gestrickt ist. Immerhin fällt sofort auf, wie die beiden Bösewichte Armida und Argante mit Arien ausstaffiert sind, die an Vitalität durch nichts zu überbieten sind. Unsere christlichen Helden dagegen wirken eher galant und sogar ein wenig wehleidig, womit sie zwar unser Bedürfnis nach sanften, klagenden und pastoralen Arien befriedigen, was aber auf Dauer ein bisschen ermüdend wäre, könnte man sich nicht immer wieder vom grandiosen Furor der anderen mitreißen lassen. Dass es bei diesem Werk allerdings nur zur Hälfte auf die Musik ankam, davon vermittelt uns ebenfalls Chrysander einen Eindruck, wenn er schildert, was sich allein im ersten Akt während der Liebesszene zwischen Almirena und Rinaldo auf der Bühne alles abspielte:

»Man hatte sein möglichstes gethan, um diese Scene theatralisch in die beste Beleuchtung zu bringen. Das Theater zeigt eine schön aufgeputzte Natur mit Spaziergängen in beschnittenen Hecken, Springbrunnen und dergleichen, als Hauptzierde aber ein Vogelhaus, in welchem allerlei Vögel singen und fliegen. Dieses Vogelhaus repräsentirte eine von Hill's reformatorischen Ideen. Die Absicht ging auf allerlei Vögel, weil es aber Winter war, mußte man sich mit Sperlingen begnügen. Nichts Lebendiges ist zu Anfang der sechsten Scene auf dem Schauplatz, als diese Sperlinge. Eine gelinde langsame Musik von zwei Flöten, Violette als Baß und Solo der Piccolflöte hüpft und zwitschert einundzwanzig Takte lang bis zum Auftreten der Almirena, wo das volle Orchester in Bewegung kommt: und bei dieser Symphonie begab es sich, daß die Sperlinge über das Theater strichen. Dem geistreichen Mitarbeiter am Zuschauer schien das ein Glanzpunkt und eine wahre Zubehör musikalischer Dramen zu sein. Aber nicht nur Hill hatte einen Sperling, wenn er mit solchen decorativen Erfindungen die englische Oper über die italienische erheben wollte, sondern auch Addison, wenn er in diesen zufälligen Kinderpossen einen Mangel der Kunstgattung entdeckt zu haben glaubte. Händel wurde nicht weiter davon berührt, er war auch hier den Leuten mit einigen unschuldigen Takten zu willen, die denen, welche Ohren hatten, die Sperlinge in Nachtigallen verwandelten. Wer aber sehen will, was er später bei minderer Abhängigkeit von den Finten Anderer aus solcher Naturumgebung zu machen wußte, der vergleiche die ganz ähnlich angelegte Scene zwischen Achsa und Othniel im ersten Theil des Joshua. Als Almirena erscheint, tritt ein tonreicheres Saitenspiel hinzu, und die Vogelmusik gestaltet sich zu einem wahrhaft süßen Liede. Sie fragt die Vöglein und die Westwinde, wo ihr Geliebter weile. Nach ihrem ersten kriegerischen Gesange wäre die richtige Antwort gewesen: in der Schlacht; aber das hatte man schon wieder vergessen.«

So wie achtzig Jahre später der umtriebige und geschäftstüchtige Theaterdirektor und Librettist Emmanuel Schikaneder in seinem Wiener Vorstadttheater Auf der Wieden mit einem von ihm selbst verfassten Stück, das den Titel *Die Zauberflöte* trägt und von Mozart vertont wird, seinem Publikum vor allem ein zirkusreifes Maschinenspektakel mit Feuerzauber, Wasserfällen und all dem Drum und Dran bieten will, das die Leute kindlich staunen lässt, so schien auch der Theaterdirektor und Librettist Aaron Hill an seinem Haus mit allem auffahren zu wollen, was auf der Bühne menschenmöglich ist. Da es mit ein paar herumflatternden Spatzen keineswegs getan sein konnte, lautete beispielsweise die Szenenanweisung für den ersten Auftritt der verruchten orientalischen Magierin und Königin: »Armida in den Lüften, in einem Wagen sitzend, der von zwei Drachen gezogen wird, deren Mäuler Feuer und Rauch spucken«, während es zu Beginn des dritten Aktes heißt: »Schauderlicher Berg mit Felsklüften und Wasserfällen, auf dessen Gipfel man das Zauberschloss der Armida sehen kann.«

Mit einem derartigen Ineinander aus Krieg und Kreuzfahrerei, Liebesgeturtel, orientalischem Glitzer und Hexereien, bei denen auch Homers Sirenen noch einen Auftritt finden, fehlt vom antiken Epos über Ritterromane bis zum Märchen und pastoralen Idyll nichts, was denkbar wäre, weshalb man behaupten könnte, Polonius habe im *Hamlet* ein solches Spektakel vollkommen adäquat auf den Nenner gebracht, als er an seinen Schauspielern rühmte, in jeder Hinsicht phantastisch zu sein, gleichgültig ob es sich um etwas »Pastoral-Komisches, Historien-Pastorales, Tragödien-Historisches oder Tragisch-Komisch-Historisch-Pastorales« handle, womit Shakespeare – bei allem Witz – natürlich auch so manches seiner eigenen Stücke treffend charakterisiert hat, weshalb man sich – bei aller Bewunderung – nicht wundern muss, wenn er von Gottsched bis zu George Steiner einer geschmacklosen Formlosigkeit geziehen wird.

Wenn Chrysander bemerkt: »Nicht nur Hill hatte einen Sperling … sondern auch Addison, wenn er in diesen zufälligen Kinderpossen einen Mangel der Kunstgattung entdeckt zu haben glaubte«, zitiert er Joseph Addison, der 1711, also im Jahr der Uraufführung des *Rinaldo*, den *Spectator* gegründet hatte, in dem er, wovon auch Mainwaring berichtet, gegen das »Läppische und Abgeschmackte« solcher Machwerke polemisierte. Um zu zeigen, wie man stattdessen an Purcell anknüpfen und eine eigene Operntradition begründen könnte, verfasste er sogar ein Libretto mit dem Titel *Rosamond*, das in der Vertonung von Thomas Clayton im Jahre 1707 aufgeführt wurde, allerdings nicht den geringsten Erfolg hatte. Obwohl Chrysander über Addisons harsche Ablehnung solcher Infantilitäten den Kopf schüttelt, bescheinigt er Händel nicht weniger, »den Leuten mit einigen unschuldigen Takten zu Willen« gewesen zu sein, was nichts anderes heißt, als dass er auch den schlichten Geschmack bedient hat. Aaron Hill dagegen scheint jenem Theaterdirektor zu gleichen, den Goethe im Vorspiel zum *Faust* mit den Worten auftreten lässt: »Ich wünschte sehr der Menge zu behagen«, womit er sich imperativisch an seinen Dichter wendet, dem ein derartiger Populismus ein wahrer Graus ist. Da Hill jedoch Impresario und Librettist in Personalunion ist, kennt er solche Interessenkonflikte nicht, weshalb er sich, vollkommen konform mit Goethes spektakelgierigem Theaterdirektor, sagen konnte: »Besonders aber laßt genug geschehn! / Man kommt zu schaun, man will am liebsten sehn, / Wird vieles vor den Augen abgesponnen, / So daß die Menge staunend gaffen konnte, / Da habt Ihr in der Breite gleich gewonnen, / … Gebt Ihr ein Stück, so gebt es gleich in Stücken! / Solch ein Ragout, es muß Euch glücken … Drum schonet mir an diesem Tag / Prospekte nicht und nicht Maschinen. / Gebraucht das groß, und kleine Himmelslicht, / Die Sterne dürfet ihr verschwenden; / An Wasser, Feuer, Felsenwänden, / An Tier und Vögeln fehlt es nicht.«

Ganz offensichtlich erhoffte Aaron Hill sich ein Fanal von Händels erstem Londoner Auftritt, wobei er die Überzeugungskraft nicht allein der Musik überlassen wollte, bloß dass Händels *Rinaldo* auch ohne dieses Drumherum restlos überzeugte, und zwar so sehr, dass er innerhalb eines Monats gleich noch in Dublin auf die Bühne kam, was allein deshalb ein Ereignis war, da es die allererste italienische Oper überhaupt sein sollte, die in Irland aufgeführt wurde. Was aber den illusionistischen Theaterzauber anbelangt, so konnte man ihn sich zwanzig Jahre später bei der Neueinstudierung sowohl aus technischen wie finanziellen Gründen nicht mehr leisten, weshalb – gleichsam als Ersatz – ein paar weitere Arien eingefügt wurden.

Allerdings scheint Händel einem solchen Bühnenzirkus auch nicht abgeneigt gewesen zu sein. Immerhin spielt das Exotische und Phantastische in vielen seiner Opern eine nicht unwesentliche Rolle, wie sich an *Teseo*, *Amadigi*, *Orlando* und *Alcina*, aber auch dem Oratorium *Saul* sehen lässt, in denen ebenfalls Magier und Hexen, Zauberer und Zauberinnen auftreten. Zudem schien er bei seinem *Rinaldo* auch musikalisch nichts auslassen zu wollen, schließlich baut er gegen Ende des zweiten Akts sogar ein kleines Cembalokonzert ein, was sich vermutlich nur damit erklären lässt, dass ihm der Ruf eines Tastenvirtuosen vorauseilt, dessen Richtigkeit er seinem neuen Publikum mit ein paar ausführlichen Takten auch unter Beweis zu stellen gedenkt. Im Übrigen führt er, auf ganz und gar untheatralische, höchst anrührende Weise, mit der berühmt gewordenen Arie »Lascia ch'io pianga« vor, wie wenig die alte Schulbuchformel stimmt, wonach Moll fürs Traurige und Dur fürs Fröhliche steht. Sieht man einmal von deren Mittelteil ab, welcher gemäß der dacapo-Form die Mollparallele bedienen muss, so drückt sich hier die innigste Klage in Dur aus, ganz ähnlich wie im nicht weniger berühmten Klagegesang »Che faro senza Euridice« (»Ich habe sie verloren«) aus Glucks *Orfeo ed Euridice*, der in reinstem C-Dur gehalten ist. Nicht anders verhält es sich mit dem in seiner Schlichtheit vermutlich ergreifendsten Trauermarsch, den es gibt, nämlich demjenigen aus Händels Oratorium *Saul*, der ebenfalls in C-Dur steht und für dessen zweites Thema Händel statt des naheliegenden a-Moll sogar die G-Dur-Dominante wählt, womit er vorführt, wie weich eine von Trompeten, Posaunen und Pauken geprägte Musik klingen kann. Dass er allerdings das Thema von »Lascia ch'io pianga« in der Sarabande einer Cembalo-Suite ins Moll setzt, mag zeigen, dass das rein Instrumentale vielleicht doch jenes Lamentos entraten würde, dem die menschliche Stimme jenseits aller Tonartenfragen zum Ausdruck zu verhelfen weiß.

Wie sehr die Oper allerdings noch in ganz anderer Weise durch äußerliche Interessen geprägt ist, muss Händel spätestens ab dem Zeitpunkt erfahren, da er solche italienischen Stars wie Senesino oder die Cuzzoni zu sich nach London holt. Dass sie ständig mit Abreise drohen, wenn ihnen diese oder jene Arie nicht passt oder sie das Gefühl haben, dass ihr Rivale auf der Bühne fünf Takte mehr als sie zu singen hat, macht es nicht gerade leichter, Werke zu schreiben, die einer dramaturgischen Logik gehorchen sollen. Bis solche Konflikte sich allerdings zuspitzen und Händel schließlich einen Schlaganfall und einen Nervenzusammenbruch bekommt, ist es noch ein paar Jahre hin. Als er 1712, nach einem nur einjährigen Aufenthalt bei seinem kurfürstlichen Arbeitgeber in Hannover, zum zweiten Mal in London eintrifft und sich damit – ohne es wissen zu können – vom Kontinent dauerhaft verabschiedet, muss Händel sich um eine Stellung und Unterkunft keine Sorgen mehr machen. Mit seinem *Rinaldo* hat er derart viel Beachtung gefunden, dass ihm sofort die Pforten so mancher gräflicher Häuser offenstehen, wie etwa diejenige des Earl of Burlington, eines Mäzens und Architekten, bei dem er drei Jahre lang bei freier Kost und Logis wohnen wird. Dass nicht nur solche Adligen wie dieser Earl of Burlington sich die schnellstmögliche Rückkehr Händels aus Hannover wünschten, erfahren wir aus Mainwarings Lebensbeschreibung:

> »Der grosse Name, welchen sich Händel mit seinen Opern in Italien und Deutschland erworben hatte, nebst der Erinnerung an Rinaldo und dem schlechten Fortgange am Heumarkt, erregten bey dem hohen Adel eine starke Begierde, von seiner theatralischen Komposition etwas Neues zu hören. Ihrem Verlangen trat die Königinn, mit dem Gewichte ihres hohen Ansehens, gnädigst bey, und setzte ihm, zum Zeichen für seine Verdienste hegenden Achtung, ein Jahrgeld aus von 1000 Rthlr. Diese Erweisung königlicher Huld und Gnade schien desto merkwürdiger, je bekannter es war, daß er wirklich in fremden Diensten stund.«

Trotz der wütenden Stimmen solcher Leute wie Thomas Addison, der mit seinem *Spectator* eine keineswegs geringe Meinungsmacht besitzt, scheint die oberste Londoner Schicht, was ihre musikalischen Bedürfnisse anbelangt, seit dem immensen Erfolg des *Rinaldo* auf keinen anderen Komponisten so sehr wie auf diesen siebenundzwanzigjährigen Deutschen zu warten, der seither in England wie kein Zweiter die italienische Oper verkörpert. Als habe er im Grunde auf nichts anderes hingearbeitet, kann Händel bei seiner Ankunft nahezu walten und schalten, wie er will, zumal es darum geht, aus den bislang nur sporadischen Opernereignissen etwas Verbindliches, Dauerhaftes, Grandioses zu machen. Während er an einem Opernhaus wie in Hamburg lediglich einen zufällig vakanten Kapellmeisterposten hätte übernehmen können, bieten sich ihm hier gerade deshalb ganz andere Möglichkeiten, weil noch nichts etabliert und eingespielt ist.

Doch ganz so einfach, wie man es sich nach Händels

furiosem Einstand ein Jahr zuvor meinte erhoffen zu können, wird es keineswegs. Mit der schnellstens zusammengestückelten, weitgehend aus bereits vorhandenen Arien bestehenden Oper *Il Pastor fido*, die kurz nach seiner Ankunft im August 1712 fertig sein muss, um Anfang November aufgeführt werden zu können, wird der Erfolg von *Rinaldo* geradezu konterkariert, zumal ihr nicht zu Unrecht vorgehalten wird, fast nur aus arkadischen Szenen zu bestehen, was bei all den wohligen Melodien und Hörnerklängen, die einen ganz selig machen können, auf Dauer natürlich reichlich langweilig ist. Mit dem fünfaktigen *Teseo* wiederum, der gerade einmal sechs Wochen danach seine Uraufführung erlebt, schert Händel aus dem dreiaktigen opera-seria-Schema aus und wartet vom ersten Takt an mit einem Ton auf, den man wegen seiner üppigen Klangfarben und seiner Mächtigkeit tatsächlich als französisch bezeichnen könnte, nur dass Rameau, an den man dabei denkt, zu dieser Zeit noch kein einziges Bühnenwerk geschrieben hatte und an Lullys gravitätischen Ton lediglich die punktierten Figuren der Ouvertüre erinnern. Äußerst ungewöhnlich ist darüber hinaus, dass alle Stimmen für Sopran und Alt geschrieben sind, sieht man einmal vom Chor ab und auch davon, dass die lediglich ganz kurz am Ende auftretende *dea ex machina* Minerva, die laut Bühnenanweisung tatsächlich in einer Maschine aus dem Schnürboden herabgefahren kommen soll, zuweilen von einem Bass gesungen wird, was aber keineswegs zwingend ist.

Was wiederum das Bühnenspektakel anbelangt, so versucht man dabei an den verschwenderischen Maschinenillusionismus des *Rinaldo* anzuknüpfen und fährt mit allem auf, was nur denkbar ist, auf dass – wie es in den Szenenanweisungen heißt – die Schlachtfelder, Schlösser und jene Wüsten, die voller schrecklicher Ungeheuer sind, (»un orrido deserto, ripieno di Mostri spaventevoli«) dem Publikum unmissverständlich vor Augen treten mögen, ganz zu schweigen von solchen Furien, die in der einen Hand mit einer Fackel und in der anderen mit riesigen Messern bewehrt sein sollen, bevor sie schließlich im Inferno entschwinden, während auf der Bühne eine verwunschene Insel auftaucht, die im letzten Akt einem Palast weichen muss, dessen Tafeln prächtig gedeckt sind und in dem die Zauberkünste der Medea zur Erscheinung gelangen.

Weit bemerkenswerter allerdings ist, dass Händel mit dieser Oper die bis dahin geradezu gesetzmäßigen Grenzen zwischen Rezitativ und Arie zum Teil aufhebt, womit er eine Entwicklung einleitet, die Gluck mit seiner Opernreform fortsetzen wird, was schließlich im 19. Jahrhundert beim späteren Verdi und bei Wagner zur Auflösung jeder Art von Nummernschematik führt. Am deutlichsten sehen wir das zu Anfang des zweiten Akts, als man glaubt, er beginne mit einer Arie, die mit ihren ersten langsamen, schroffen Staccato- und Pralltrillern ein wenig an Purcells »Let me freeze again« aus *King Arthur* erinnert, dann jedoch durch eine Oboenkantilene aufgehellt wird, in die hinein Medea ihr getragenes, in sanfte große Bögen übergehendes »Dolce riposo!« singt, das nach fünfzehn Takten plötzlich durch ein kurzes Secco-Rezitativ unterbrochen wird, dem noch einmal ein arioses »Dolce riposo« folgt, das in ein weiteres Secco-Rezitativ übergeht, an das sich erst die eigentliche Arie »Quell' amor, ch'è nato à forza« anschließt, der wiederum ein Rezitativ folgt, bei dem Egeo hinzukommt, welches wiederum in das Duett »Si ti lascio« mündet, das nochmals ein Rezitativ der beiden nach sich zieht, bevor schließlich mit Pauken und Trompeten ein Triumphchor die Bühne betritt. Einen ganzen halben Akt lang haben wir es auf diese Weise nur mit Medea und dem später hinzutretenden Egeo zu tun, deren große gemeinsame Szene aus Rezitativen und Arien besteht, die geradezu fließend ineinander übergehen.

Charakteristisch für diese Neuerung ist ebenso, dass Händel dem Orchester eine weit wichtigere Rolle, als man es bis dahin gewohnt war, zuweist, was sich vor allem daran zeigt, wie er einzelne Instrumente nahezu solistisch einsetzt, wofür die Abschluss-Arie des ersten Akts »M'adoro l'Idol mio«, aus der er ein halbes Oboenkonzert macht, ein frappantes Beispiel ist. Aber auch in einem so anmutigen Lied wie Agileas »Vieni, Torna, idolo mio« fangen die zweistimmig gesetzten Fagotte am Ende des Mittelteils an, einen kleinen Dialog mit der Singstimme zu führen, während in der vermutlich hitzigsten, verzücktesten und zugleich fröhlichsten Arie, die Händel je geschrieben hat, dem »Benchè tuoni e l'etra auvampi« (»Donnergrollen, Regen, Blitze«), der wir bereits in *Aci, Galatea e Polifemo* begegnen, die fast durchgehend in Terzen gesetzten, höchst virtuos zu spielenden Oboen mit den Streichern und dem Koloratursopran zusammen einen einzigen Rausch an Wildheit und Schönheit entfalten. Dass ihr mit dem von einer Traversflöte begleiteten »Deh! V'aprite, oh luci belle« auch noch eine der berührendsten Arien, die Händel je geschrieben hat, folgt, konnte – nebst einem Dutzend weiterer Höhepunkte – jedoch nicht verhindern, dass *Teseo* nicht nur nicht an den Erfolg des *Rinaldo* anknüpfen konnte, sondern bis zu seiner erstmaligen Wiederaufführung im Jahre 1947 bei den Göttinger Händel-Festspielen vollkommen in der Versenkung verschwand.

Nach der zweiten Aufführung, die wie die erste noch ausverkauft war, setzte sich der Direktor Owan MacSwiney mit den gesamten Einnahmen nach Italien ab, womit er eine Situation schaffte, die nicht im Geringsten mit derjenigen heutiger staatlich subventionierter Opernhäuser zu vergleichen ist. Schließlich waren das Bühnenbild und die Kostüme noch nicht bezahlt, ganz zu schweigen von den Sängern, die auf ihre Honorare warteten, doch niemand da war, der sich dafür hätte zuständig fühlen müssen, für den massiven Schaden aufzukommen, zumal man es nicht mit einer städtischen Einrichtung wie im damaligen Hamburg und schon zweimal nicht mit einem vom Fürsten finanzierten Hoftheater, sondern einem freien Unternehmen zu tun hatte, das auf eigenen Beinen stand, weshalb den Sängern gar nichts anderes übrigblieb, als weiterzumachen, um wenigstens mit weiteren Vorstellungen Geld einzuspielen. Das Theater am Haymarket erlebte dadurch allerdings einen entscheidenden Direktorenwechsel, da John James Heidegger Nachfolger des Geflüchteten wurde, was vor allem für Händel von Bedeutung sein sollte, der von da an über zwanzig Jahre lang mit ihm zusammenarbeitete. Dass bei *Teseo* eines Tages die Bühnenmaschinerie nicht mehr so richtig mitmachen wollte, spielt angesichts solcher Vorfälle nur eine beiläufige Rolle, zumal während der Vorstellungen eh stets die Gefahr bestand, dass einer der vielen Apparate und Konstruktionen zusammenbricht oder vom Schnürboden Teile herabgeflogen kommen, weshalb es für einen reibungslosen Ablauf keineswegs von Schaden war, wenn in dieser Hinsicht abgespeckt wurde, wofür Händel als Ersatz wiederum ein paar neue Arien einfügte.

Dass Händel, gleichsam nebenbei, auch das Königshaus und die Kirche mit solchen Werken wie dem *Utrechter Te Deum* oder der *Ode for the Birthday of Queen Anne* beliefert, ist schon deshalb selbstverständlich, weil er bei der Königin ja immerhin auf dem Gehaltskonto steht. Als sie im Sommer 1714 stirbt, wird ihr Thronfolger Händels früherer Arbeitgeber, den er in Hannover sitzenließ, nämlich der Kurfürst Georg Ludwig, aus dem jetzt George I., König von England, wird, was Händel alles andere als ahnen konnte. Mainwaring behauptet aus diesem Grund, er habe mehr als nur ein schlechtes Gewissen und vor allem die Angst gehabt, bei ihm für immer in Ungnade gefallen zu sein, sodass er nach einem neuen Arbeitsplatz hätte Ausschau halten und England vielleicht sogar verlassen müssen. Zwar war das Königshaus für das Queens' Theatre am Haymarket lediglich indirekter Geldgeber, doch ohne dessen Wohlwollen wäre ein nicht geringer Teil jenes Publikums ausgeblieben, das Geld in die Kassen brachte. Als untertänigstes Geschenk, mit dem er alles wiedergutzumachen gedachte, soll Händel dem neuen Herrscher deshalb seine *Wassermusik* dargebracht haben, was laut Mainwaring folgendermaßen zustande kam:

> »Man schlug dem Könige eine Lustfahrt zu Wasser vor. Händel bekam Wind davon, und wurde Raths, eine geschickte Musik zu dem Ende anzustellen. Er selbst vollzog und führte sie auf; ohne daß es der König wuste; der sich aber darüber sowol verwunderte, als ergetzte. Ihro Majestät verlangten Bericht, von wem solches herrührte, und wie es zugegangen, daß diese Ergetzlichkeit, ohne Dero Wissen, vorgenommen worden? Der Baron brachte den Verbrecher zum Vorschein, und hielt um Erlaubniß an, ihn darzustellen, als einen, der seines Fehlers nur gar zu sehr

> überführt sey, um sich einer Entschuldigung zu bedienen; doch aber von Herzen begierig, sein Versehen, durch alles menschmögliche Bezeigen seiner Pflicht, Unterthänigkeit und Dankbarkeit, zu büssen; falls er nur hoffen dürfte, daß Ihro Majestät selbiges in hohen Gnaden anzunehmen geruhen mögten. Diese Fürbitte erlangte ihre Gültigkeit ohne Bedenken. Händel kam aufs Neue in Gnaden, und seine Musik ward mit sonderbaren Ausdrücken königlichen Beyfalls beehret. Zum Zeichen dessen gefiel es dem Könige, noch einen Gehalt von 1000 Rthlr. Jährlich für ihn auszusetzen, neben und über den 1000 Rthlr., welche ihm hiebevor von der Königinn Anna angewiesen worden. Nach einigen Jahren, wie er die jungen Prinzeßinnen unterrichtete, bekam er noch dazu ein abermaliges Jahrgeld von der verstorbenen Königin zu 1000 Rthlr.«

Wir wissen nicht, ob diese Geschichte aufgebauscht ist oder überhaupt etwas an ihr stimmt, da George I. vermutlich andere Sorgen hatte, zumal er kaum Englisch konnte und sich dort drüben offensichtlich zeitlebens ein wenig fremd fühlte. Gegen die Annahme, dass die *Wassermusik* als Versöhnungsgeste gedacht war, spricht die Tatsache, dass sie erst drei Jahre nach der Ankunft von George I. erstmals zu Teilen zur Aufführung kam. Dagegen wurde im September 1714 zu Ehren des gerade eben aus Hannover eingetroffenen Thronfolgers in der Chapel Royal Händels *Te Deum* aufgeführt, was kaum vermuten lässt, dass dem neuen König die Unbotmäßigkeit seines einstigen Kapellmeisters sonderlich zu schaffen machte.

Weil selbst ein Werk wie *Teseo* keinen bemerkenswerten Erfolg hatte, nahm das Queen's Theatre am Haymarket, das seit der Ankunft von George I. King's Theatre hieß, im Januar

1715 wieder *Rinaldo* in den Spielplan auf. Dass das Publikum immer unzufriedener wurde, hing weniger mit der Musik selbst, sondern vor allem damit zusammen, dass ein Nicolini oder eine Elisabetta Pilotti-Schiavonetti nicht mehr genügten, um das Bedürfnis nach italienischen Stars zu befriedigen, zumal längst Gerüchte von idolatrisch verehrten Kastraten wie Farinelli und Senesino, aber auch von Primadonnen wie Faustina Bordoni, Francesca Cuzzoni und Margherita Durastanti kursierten und man bereit schien, alles dafür zu tun, um sie an die Themse zu locken. Aus diesem Grund machte Händel sich im Mai 1719 auf den Weg nach Dresden, um einen Teil der dort engagierten Sänger und Sängerinnen abzuwerben, zu denen immerhin Senesino und »die« Durastanti gehörten, welche er bereits aus seiner Zeit in Italien kannte, wo sie die Titelrolle in der Oper *Agrippina* und auch in seinem Oratorium *La Resurrezione* gesungen hatte.

Chrysander meint zu wissen, dass Händel dabei schon deshalb leichtes Spiel hatte, »da die Italiener sich nach ihrer edlen Weise gegen die deutschen Musiker in Dresden ungezogen benahmen, besonders Senesino gegen den Kapellmeister Heinichen, und daß der König-Churfürst deßhalb schon im Februar '20 seinen ganzen italienischen Parnaß fortjagte, hatte auf die Londoner Akademie weiter keinen Einfluß; denn ob wohl die Italiener in Dresden Skandal anfingen, um desto eher nach London zu kommen, war die Akademie doch rücksichtsvoll und verständig genug, sie nicht vor der contractlich bedingten Zeit zuzulassen, ausgenommen Signora Durastanti, welche ihnen für den Augenblick besonders erwünscht kam.« Wenn Chrysander von »ihrer edlen Weise« spricht, meint er natürlich keineswegs deren Edelmut, sondern ganz im Gegenteil ihr edles Getue. Zwar mögen beim Herausgeber der ersten umfassenden Händel-Ausgabe, die auch den Sinn besitzt, aus George Frideric wieder einen Georg Friedrich zu machen, durchaus nationale Ressentiments mit im Spiel sein, was aber keineswegs heißt, dass man sich nicht bestens vorstellen könnte, wie diese von allen Opernhäusern und Höfen umworbenen, bestens bezahlten Stars aus Italien sich zuweilen aufführten. Wenn Chrysander betont, dass sie dem sächsischen Hof vor allem deshalb den Rücken kehrten, weil sie »nach den englischen Guineen lüstern waren«, nimmt er damit Erfahrungen vorweg, die Händel mit der Mehrzahl von ihnen nach einigen Jahren auf ganz andere, viel schlimmere Weise machen sollte.

Im Übrigen macht sich die Behauptung, Händel sei einem Treffen mit Bach aus dem Weg gegangen, vor allem an dieser Reise fest, von der Bach natürlich in Kenntnis gesetzt war und dabei offenbar hoffte, seinem in der Tat viel berühmteren, in der Welt herumgekommenen Kollegen bei einem Zwischenaufenthalt in dessen Geburtsstadt Halle begegnen zu können. Dass mit der Abwerbung einer Handvoll illustrer italienischer Sänger aus Dresden für Londons Musikleben eine neue Zeit beginnt, zeigt sich auch daran, dass Händel gemeinsam mit Heidegger als kaufmännischem Leiter ein Unternehmen gründet, das sich The Royal Academy of Music nennt, was daher kommt, »weil es dem Könige gefiel, seinen Namen obenan zu setzen«, wie Mainwaring bemerkt. Dessen Direktion gehören neben Händel und Heidegger auch noch der Komponist Bononcini sowie der Bühnenbildner Roberto Clerici und ein gewisser Paolo Antonio Rolli an, der seit 1716 als Hauslehrer der Enkel von George I. angestellt ist. Rolli sollte ein paar Jahre später nicht nur Miltons *Paradise Lost*, sondern auch als Erster den berühmtesten Dramentext englischer Sprache, Hamlets Monolog »To be or not to be«, ins Italienische übertragen und damit südlich der Alpen für erste Shakespeare-Begeisterungen sorgen. Was aber die Royal Academy angeht, so lesen wir bei Chrysander:

> »Es ist nicht bestimmt zu sagen, bei welcher Gelegenheit der Gedanke einer Opernakademie zuerst auftauchte. Aber die Vermuthung liegt nahe, daß wir den Ursprung dieses Planes in eine der glänzenden musikalischen Gesellschaften verlegen müssen, welche der Herzog von Chandos der vornehmen Welt Londons in Albemarle-street mit verschwenderischer Pracht bereitete. Wer mußte nicht wünschen, es möge ein Weg gefunden werden, Genüsse dieser Art möglichst stetig zu wiederholen, um so mehr, da London in musikalischen Einrichtungen gegen andere große Städte so auffallend zurückstand! Paris hatte seine Akademie, Wien seine Hofopern, welches in London noch immer hauptsächlich vom Zufalle und der Liberalität eines Einzelnen abhing.«

Bereits seit zwei Jahren lebt Händel auf dem Landsitz des Herzogs von Chandos, der mit Hofmannthals gleichnamiger Figur nichts zu tun hat. Er sollte für Händel in jenen Jahren, da im Opernbetrieb kaum noch einer zu ihm hielt, die vermutlich wichtigste Stütze werden. Auch wenn es für das Unternehmen der Royal Academy of Music adlige Unterstützung gibt, heißt das keineswegs, dass sich die Kunst in sicheren Händen wähnen darf. Was das Geschäftliche angeht, herrscht in London ein anderer Wind als in Rom oder Wien, wo Kardinäle und Könige für die Musik aufkommen. In England dagegen wird die Oper nicht viel anders als eine Handelskompanie geführt, weshalb es dort schon zweimal nicht nur um das Gute, Schöne und Wahre, sondern vor allem auch ums Geschäft geht. In Sänger wird dabei nicht anders investiert als in die South Sea Company, an der Händel nachweislich Anteile besessen hat, weshalb ein James John Heidegger, der immer zuerst ans Merkantile denkt, dafür der richtige Mann ist, und zwar so sehr, dass Händel nach zwanzigjähriger Zusammenarbeit erleben muss, wie er ihn von heute auf morgen fallen lässt und das King's Theatre an Leute vermietet, die ihn vernichten wollen.

Nachdem der Komponist Bononcini und der Librettist Rolli bereits im Jahre 1722 von ihren Leitungsfunktionen an der Royal Academy zurücktreten, kann Händel – zumindest in musikalischer Hinsicht – walten und schalten, wie er es für richtig hält. Wie man einigen Andeutungen Mainwarings entnehmen kann, müssen die Flügelkämpfe bis dahin heftig gewesen sein. Dabei konnte Händel seine Hausmacht am Haymarket ausgerechnet dadurch ausbauen, dass es ihm gelang, die italienischen Sänger an sich zu binden. Da aber, so lesen wir bei Mainwaring, »eine beträchtliche Anzahl grosser Leute sich bemühet hatten, Buononcini und Attilio ins Land zu bringen, wollten sie also diese Fremdlinge nicht im Stiche lassen, weil sie in ihrer Profeßion auch wirkliche Geschicklichkeiten besassen.« Gleichzeitig muss es Kräfte gegeben haben, die es bedenklich fanden, wenn ausgerechnet Katholiken Leitungspositionen in solchen Institutionen innehaben, welche sogar die Krone im Titel führen. Schließlich gab es immer wieder sogenannte Jakobitenaufstände, bei denen die nach Irland und Schottland abgedrängten, von französischer und spanischer Seite unterstützten Katholiken Anspruch auf die Thronfolge durch den 1688 geborenen, der Stuart-Linie angehörenden Jakob II. durchzusetzen versuchten, was zum

Teil auch erklärt, warum die anglikanische Kirche gegen Katholiken reichlich unduldsam war. Außerdem gab es noch zur Genüge Puritaner, die sich nach jenen Zeiten zurücksehnten, in denen die Theater geschlossen waren. Der anglikanische Pfarrer Mainwaring bemerkt dazu: »Es schien wirklich, daß der National-Glückseligkeit nichts anders fehlte, als eine solche Person, welche durch die Zauberey seiner Melodie geschickt wäre, den bösen Factions- und Parteygeist zu zähmen, welchen uns das Unglück auf den Hals geschickt hat … Allein, so groß als auch Händel war, kunnte er doch für England das nicht thun, was David für Saul that.«

Man muss allerdings immer im Auge behalten, dass in den Augen des Publikums ein solches Unternehmen wie die Royal Academy nicht mit dem Namen des Komponisten und Kapellmeisters steht und fällt, sondern einzig und allein die Sänger dessen Ruf ausmachen. Immerhin ist von Anfang an der neben Farinelli berühmteste Kastrat Senesino dabei, was für die Londoner eine Sensation ist. Elf Jahre lang singt er in Händels Opern die großen Rollen, wie etwa *Radamisto*, *Giulio Cesare*, *Tamerlano*, *Orlando* und *Flavio*, um dann Händel schließlich nicht nur den Rücken zu kehren, sondern zu seinen Gegnern überzulaufen. Sein richtiger Name lautet Bernardo Francesco, als der er im Taufregister von Siena steht, wo er 1690 geboren ist, weshalb er Senesino genannt wird. Anders als es bis heute für Sänger üblich ist, muss er auch bemerkenswerte schauspielerische Fähigkeiten besessen haben, nur dass seine notorische Selbstbezogenheit offensichtlich schwer zu ertragen und es für so gut wie alle Beteiligten die reine Mühsal war, mit ihm zusammenzuarbeiten. Genau wie Farinelli bekam er, als das Ende seiner Opernkarriere abzusehen war, eine Einladung nach Spanien, die er jedoch, anders als dieser, ablehnte. Horace Walpole, der Sohn des ersten englischen Premierministers unter George I., berichtet, wie er auf der Reise von Rom nach Siena im Frühjahr 1740 in dem toskanischen Bergdorf Radicofani auf eine fette Gestalt mit rotem Umhang und schriller Stimme trifft, bei der sich herausstellt, dass es der berühmte Senesino ist.

Im Alter von acht oder neun Jahren wurden, um aus ihnen Kastraten zu machen, solchen Knaben zumeist von Barbieren die Samenstränge gekappt, sofern ihnen nicht gleich die Hoden abgeschnitten oder zertrümmert wurden. Nicht wenige Eltern ließen ihre Kinder schon deshalb auf diese Weise verstümmeln, weil sie hofften, dass aus ihnen Bühnenstars würden, die eine Unmenge Geld in die Familie brächten, was sich heutzutage vermutlich mit dem Traum vom weltberühmten Fußballer vergleichen lässt, nur dass es dafür keiner solchen Brutalität bedarf. Dabei konnte das Kastriertsein allein nicht im Geringsten verbürgen, dass aus diesen »Menschen dritten Geschlechts«, wie sie hießen, einmal große Sänger wurden. Da Senesino der Sohn eines Barbiers war, kann man davon ausgehen, dass der Vater persönlich Hand angelegt hatte, vermutlich mit ein wenig Opium, das dabei häufig im Spiel gewesen sein soll, um die unsäglichen Schmerzen ein wenig zu betäuben. Manche sind daran auch gestorben, während andere zu Krüppeln wurden. Dass Kastraten allerdings jung sterben mussten, dieses Gerücht lässt sich allein mit Farinelli widerlegen, der siebenundsiebzig Jahre alt wurde.

Auch dass sie nicht mehr den geringsten Trieb verspürt hätten, trifft keineswegs auf alle zu, zumal gemäß solcher Schilderungen, wie wir sie etwa aus Casanovas Memoiren kennen, so manche adlige Dame schon deshalb auf Kastraten versessen war, weil sie mit ihnen ohne Angst vor unerwünschten Folgen ihre Lust ausleben konnte. Es muss jedoch auch solche gegeben haben, die keiner Penetration mehr fähig waren, während anderen ein reges erotisches Leben nachgesagt wird, was immer das heißen mag. Nach der Kastration jedenfalls wurden sie in Musikinternate gesteckt, wo sie nicht nur Gesangs- und Instrumentalunterricht erhielten, sondern ebenso in Komposition ausgebildet wurden. Immerhin soll dort das Essen besser als in anderen Heimen gewesen sein, da es schließlich darauf ankam, aus ihnen die denkbar besten Sänger zu machen, was hieß, dass sie mit siebzehn oder achtzehn zum ersten Mal auf der Bühne stehen und zeigen mussten, ob aus ihnen ein Senesino oder Farinelli werden könnte oder ob sie allenfalls in einem Chor landen würden. Nicht selten gehörte zu den Folgen ihrer Verstümmelung, dass sie – wie etwa Farinelli – ungewöhnlich groß und schlaksig waren oder besonders lange Arme oder Beine hatten und dadurch etwas Linkisches besaßen.

Anfang des 18. Jahrhunderts, so lesen wir bei Charles Burney, seien drei Viertel aller Sänger Kastraten gewesen, was daran gelegen haben muss, dass sie für ihre ungemeine Lungenstärke und eine immense Virtuosität bekannt waren, allerdings laut Burney über wenig Gefühlsausdruck verfügten. Insofern muss es einen nicht wundern, wenn Kastraten mit dem Aufkommen dessen, was man auch im musikalischen Bereich als Subjektivität bezeichnet, keine so große Rolle mehr wie zu Zeiten Scarlattis und Caldaras spielen sollten. Sich einen Figaro, Graf Almaviva, Don Giovanni oder die beiden Offiziere Ferrando und Guglielmo aus Mozarts *Così fan tutte* als Kastraten vorzustellen, käme uns schon wegen der erotischen Spannungen nicht in den Sinn, die in diesen

Fällen – ganz anders als in der Barockoper – tatsächlich Geschlechterverhältnisse voraussetzen, bei denen es keineswegs egal ist, ob Männer Frauenrollen oder Frauen Männerrollen singen. Solche Heerführer dagegen wie Alexander der Große oder Julius Caesar, wie sie bei Händel auf der Bühne stehen, hätte sich schon deshalb niemand in einer Bass- oder Tenorrolle vorstellen wollen, weil ihnen dann jener stimmliche Glanz und jene Wendigkeit abgegangen wären, die aus einem Helden erst einen Helden machten. Wenn Mozart gegen Ende des 18. Jahrhunderts, als die Kastraten auf den Bühnen bereits wieder rar geworden waren, in seiner *Entführung aus dem Serail* dem Eunuchen Osmin den tiefstmöglichen aller tiefen Bässe zuweist, besitzt das eine ganz eigene Ironie. Dass er als kastrierter Haremswärter seine Tage immerzu in der Nähe aufreizender Schönheiten verbringt, mag schlimm genug sein, doch die Tatsache, dass er mit seinem Bass auch noch den Anschein volltönender Männlichkeit und Mächtigkeit besitzt, macht ihn geradezu lächerlich.

Dass Kastraten eine Zeit lang aus dem musikalischen Leben nicht wegzudenken waren, hatte mit jenem paulinischen Grundsatz zu tun, wonach Frauen in der Kirche zu schweigen haben (»mulier tacet in ecclesia«). Aus keinem anderen Grund bestand auch der berühmte Chor der Sixtinischen Kapelle aus acht männlichen Sopranen, acht männlichen Kontraltos, acht Tenören und acht Bässen. Erst Leo XIII., der von 1878 bis 1903 Papst war, ließ die Kastraten durch Falsettsänger ersetzen, was allerdings nicht hieß, dass in diesem Chor von da an keine Kastraten mehr gesungen hätten, sondern nur keine neuen mehr aufgenommen und keine Kinder mehr dafür eigens verstümmelt wurden. Erstaunlicherweise gibt es sogar noch Aufnahmen des »letzten

Kastraten«, die unter dem Titel *Alessandro Moreschi – The Last Castrato – Complete Vatican Recordings* erhältlich sind. Moreschi, der ab 1898 Leiter der Sixtinischen Kapelle war, soll der Engel von Rom genannt worden sein, was sich in mehrfacher Hinsicht verstehen lässt und sicherlich auch auf die ihm eigene Art von Geschlechtslosigkeit anspielt. Wie die Stimmen dieser Sänger wirklich geklungen haben, können wir allerdings durch diese in den Jahren 1902 und 1904 gemachten Aufnahmen nicht erfahren, da deren Qualität miserabel ist und man dabei vor allem die Röhre zu sehen meint, in die Moreschi, ein mulmendes Klavier oder einen breiigen Chor im Hintergrund, hineingesungen hat. Dennoch geht es einem beim Hören durch Mark und Bein, und zwar in erschreckender Weise, als habe man an einem Geschehen teil, bei dem ein kleines Kind, das in einem mächtigen Männerleib steckt, in einsamen Höhen Melodien hinter sich bringt, die es auf ebenso traurige wie zirkushaft-kalte Weise meistert, zugleich aber im tiefsten Grunde zu greinen scheint, ohne es zeigen zu dürfen. Von dem belgischen Komponisten und Musikkritiker François-Joseph Fétis, der 1835 eine fünfbändige, von ihm allein verfasste *Biographie universelle des musiciens et bibliographie generale de la musique* veröffentlichte, stammt die Bemerkung: »Wenn es ein Triumph für die Moral ist, daß die Menschheit nicht mehr dieser schamlosen Kastration unterworfen ist, ist es für die Kunst ein Unglück, dieser herrlichen Stimmen beraubt zu sein.« Es kann nicht die Stimme von Alessandro Moreschi sein, so wie sie uns durch diese Aufnahmen überliefert ist, die ihn das Verschwinden des Kastratentums – zumindest in ästhetischer Hinsicht – bedauern lässt.

Der Flötenlehrer und Hofkomponist Friedrichs des Großen, Johann Joachim Quantz, erlebte während seines Londoner Aufenthalts im Jahre 1727 Senesino in der Rolle des Admeto in Händels gleichnamiger Oper und bemerkt über dessen Vortragsart: »Das Adagio überhäufte er eben nicht zu viel mit willkürlichen Auszierungen: Dagegen brachte er die wesentlichen Manieren mit der größten Freiheit heraus.« Er gehörte demnach keineswegs zu solchen Sängern, von denen Tosi sagt, dass sie vor lauter virtuoser Selbstdarstellungsgier den musikalischen Faden verlieren und kein Gespür mehr für die inwendige Dramaturgie eines Rezitativs oder einer Arie besitzen. Dass er mit 2000 Pfund ein fürstliches Gehalt bezog, zeigt sich schon daran, dass es das Doppelte dessen ist, was Händel von Queen Anne als Jahresgehalt zugestanden bekam. Mehr als in London konnten solche Sänger nirgendwo anders verdienen, worin auch der Grund zu suchen ist, weshalb sie die Mittelmeerwärme gegen ein ganz anderes, für sie ungewohnt frisches Klima einzutauschen bereit waren. Händels Musik zuliebe jedenfalls sind sie wohl kaum nach England gegangen, auch wenn sie sicherlich gemerkt haben, dass ihr eine andere Ausdruckskraft als bei Scarlatti oder Hasse eigen ist. Da diese Sänger aber einen Großteil der Einnahmen verschlangen, musste man an anderer Stelle zu sparen anfangen, wie etwa an jenen Tänzern, die während der Zwischenmusiken über die Bühne hüpften, und zunehmend auch an den bei *Rinaldo* und *Teseo* noch so üppig ausgefallenen Kulissen und Bühnentricks. Als dann noch »die« Bordoni und »die« Cuzzoni und später sogar Farinelli hier eintrafen, durfte London europaweit als das Zentrum des Kastraten- und Divenrummels gelten. Für die kleinen Rollen dagegen wurden englische Sänger engagiert, die in den Augen solcher Leute wie Heidegger wahrscheinlich sogar dankbar dafür sein mussten, überhaupt neben solchen Stars auf der Bühne stehen zu dürfen, weshalb man sie mit einer Art besserem Trinkgeld abspeiste.

Dass es in der Oper reichlich unruhig zugehen konnte und das Publikum nicht stundenlang andächtig auf den Stühlen sitzen blieb, scheint ähnlich wie in Italien gewesen zu sein, zumal die Dienerschaft, welche freien Eintritt hatte und sich auf den hinteren Galerien staute, gelegentlich die vorderen Plätze so lange besetzt halten musste, bis ihre Herrschaften eintrafen, was nicht ohne ein reges Hin und Her abging. In Voltaires 1759 erschienenem *Candide* begegnen wir einem Adligen aus Venedig namens Pococurante, der während einer abendlichen Tafelmusik seinen Gästen bekennt:

> »Auf eine Viertelstunde hört man das Gequinkeliere, den Dideldumdei wohl an, aber währt's länger, so ist's jedermann überdrüssig, ohne daß eine Seele das Herz hat, es zu gestehn. Heutzutage nimmt die Musik hohen, sonnenhohen Flug, und da mag's der Teufel aushalten und lange mitfliegen. Vielleicht behagte mir die Oper besser, wann man nicht das Kunststückchen ausfindig gemacht hätte, sie zu einem Ungeheuer umzuschaffen, wobei sich mein Magen empört. Geh' hin, wer da will, in eure elenden musikalischen Trauerspiele, wo jede Szene dazu angelegt ist, querfeldein zwei oder drei lächerliche Liederchen anzubringen, welche die Kehle der Aktrice ins Licht setzen müssen. Fall vor Vergnügen in Ohnmacht, wer da will oder kann, wenn er einen Kastraten den Cäsar oder Kato hertrillern hört oder mit anmaßlicher Noblesse auf dem

Brettergerüste herumspazieren sieht. Ich meines Orts habe schon längst all' diesen Lappereien entsagt, die heutigen Tages den Stolz von Italien ausmachen und die von auswärtigen Potentaten so teuer bezahlt werden.«

In seinen Memoiren schildert Casanova wiederum einen Opernbesuch im römischen Teatro Aliberti, wo ein Kastrat, den er als »den gefälligen Liebling des Kardinals Borghese« charakterisiert, die Hauptrolle singt:

»Die Stimme des Kastraten war herrlich«, heißt es da, »noch herrlicher aber war seine Schönheit. Ich hatte ihn als Mann auf der Promenade gesehen; aber obwohl er sehr hübsch war, hatte sein Gesicht auf mich keinen Eindruck gemacht, denn man sah sofort, daß er ein verstümmelter Mann war. Auf der Bühne dagegen war die Täuschung vollkommen; er entflammte. In ein gut gearbeitetes Mieder eingeschnürt, hatte er eine Nymphentaille, und sein Busen – es ist fast unglaublich – nahm es an Form und Schönheit mit jedem Frauenbusen auf. Besonders hierdurch richtete das Ungeheuer Verheerungen an. Obwohl man die negative Natur des Unglücklichen kannte, so übte er doch einen unbeschreiblichen Zauber aus, wenn man aus Neugier seinen Busen ansah: man war wahnsinnig verliebt, bevor man überhaupt merkte, daß man etwas empfunden hatte. Um ihm zu widerstehen oder nichts zu fühlen, hätte man kalt oder prosaisch sein müssen wie ein Deutscher. Wenn er, auf das Ritornell seiner Arie wartend, auf der Bühne auf und ab ging, hatte sein Gang etwas Majestätisches und zugleich Wollüstiges; wenn er die Logen huldvoll mit seinen Blicken beglückte, dann entzückte der zärtliche und bescheidene Ausdruck seiner

> schwarzen Augen alle Herzen. Offenbar wollte er die Liebe derjenigen nähren, die ihn als Mann liebten und die ihn wahrscheinlich nicht geliebt haben würden, wenn er ein Weib gewesen wäre.«

Und Casanova fügt hinzu: »Das heilige Rom, das auf diese Weise alle Männer nötigt, Päderasten zu werden, will dies nicht zugeben.« Auch wenn heutzutage keine Kastraten mehr auf der Bühne stehen, so vermitteln einem doch manche Countertenöre eine Ahnung von jener schieren Ekstase, in die sich offensichtlich nur solche hohen Männerstimmen hineinzusingen vermögen. Wer beispielsweise einmal Drew Minter in der Rolle von Händels *Tamerlano* zweieinhalb Stunden wie in einem einzigen sich überschlagenden, vor Agilität geradezu bebenden Gesangsrausch erlebt hat, kann sich nicht mehr vorstellen, diese Rolle von einer Frau gesungen zu hören. Vom ersten Ton an stellt sich dabei schon deshalb nicht mehr die Frage, warum dieser Tartarenfürst eigentlich eine Frauenstimmlage besitzt, weil es auf nichts anderes mehr ankommt als eine Ausdruckskraft, die einen derart in Bann ziehen kann, dass die bloße Vorstellung, er würde von einem Bass oder Tenor gesungen, das Gefühl entstehen ließe, es mit einer viel matteren Figur zu tun zu haben. Und weil das so ist, war es dem damaligen Publikum völlig gleichgültig, ob ein Mann im Diskant oder in der für ihn sonst üblichen Stimmlage singt, schließlich kam es auf die expressive Energie als solcher und auf nichts anderes an. Dass Tenöre und Bässe meist die kleineren Rollen zugewiesen bekamen, sagt schon zur Genüge, welche Tonlagen man für die beweglicheren, beredsameren, lebendigeren hielt.

Der Musikwissenschaftler Paul Henry Lang vertritt in

seiner 1966 erschienenen Händel-Monographie mit moralisierender Entschiedenheit die Meinung, dass es heutzutage keinerlei Bedürfnis mehr nach solchen Stimmen gibt. Wir sehnten uns, so sein Argument, längst nur noch nach Gesangsrollen, die eindeutig das entsprechende Geschlecht repräsentierten, weshalb es uns vollkommen unbefriedigt lasse, einen Mann mit Frauenstimme singen zu hören. Aus diesem Grund will er auch nichts von den wieder aufkommenden Countertenören wissen, obwohl er sogar betont, dass in der Barockzeit das Heroische mit einer hohen Tessitura und einem ausufernden Koloraturgesang in Verbindung gebracht wurde. Inzwischen jedoch habe sich, so behauptet er, mit Verdis und Wagners Heldentenören die einzig klare und wahre Geschlechterordnung durchgesetzt. »Derweil haben wir die untrennbare Einheit von stimmlichem Timbre und Geschlecht hergestellt, weshalb es keinen Weg zurück geben kann«, ist er sich nicht nur sicher, sondern scheint es geradezu befehlen zu wollen. Und um unmissverständlich zu bekunden, was er über die damaligen Kastraten denkt, fügt er noch hinzu: »Der Kastrat hatte weder ein Geschlecht noch eine natürliche Persönlichkeit; er war ein Instrument von ungeheurer Wendigkeit und Perfektion, aber eben nur ein musikalisches Instrument und kein lebender humaner Charakter.« Dass Lang Händels Oper *Teseo*, die ungewöhnlich viele beeindruckende musikalische Szenen besitzt, schon deshalb für kaum der Rede wert hält, weil sie keine einzige Bass- oder Tenorstimme aufweist, braucht einen angesichts solcher Weltbilder kaum zu wundern. Dabei erahnt man gerade auch bei heutigen Countertenören etwas von einem Eros, dessen schwer greifbare Eigenart sich dem Spiel mit der Doppelgeschlechtigkeit bzw. etwas Drittem verdankt, das wir als ein Ereignis jenseits aller Festlegungen erleben können. Im Übrigen wurden auch auf Shakespeares Bühne Frauen von Männern dargestellt, was etwa in dem Stück *Was ihr wollt* zu der nicht unkomischen Situation führt, dass ein Mann eine Frau spielt, die sich als Mann verkleidet, um nicht als Frau erkannt zu werden.

Weil Händel bereits mit seinem *Rinaldo* das englisch-italienische Durcheinandersingen abgeschafft hatte und der Musikalität halber alles im Original beließ, blieb das, was da gesungen wurde, den Zuhörern weitgehend unverständlich, sofern nicht immer wieder Worte wie *amore* oder *orrore* ans Ohr drangen. Nachdem man aber von dem, was da verhandelt wurde, eh kaum etwas begriff, wollte das Publikum nicht mit öden Rezitativen gelangweilt werden, sondern Arien-Hitparaden serviert bekommen. Im Oktober 1720 schreibt Händels Librettist Paolo Antonio Rolli an einen gewissen Signore Riva, in London könne man die Opern nicht wie in Florenz aufführen, da sie sonst viel zu viele Rezitative besäßen, weshalb er den Auftrag bekommen habe, die Texte entsprechend anders anzuordnen. Sein Adressat Riva wiederum schreibt daraufhin an einen Bekannten, dessen Freund Librettist werden will, man müsse in England die italienischen Opern leider verstümmeln, weshalb er empfiehlt: »Wenn Ihr Freund etwas einschicken will, muß er beachten, daß man wenig Rezitative in England wünscht, jedoch dreißig Arien, verteilt auf drei Akte, und wenigstens ein Duett.« Auch Charles Burney, der nicht im Geringsten ein Amüsierfetischist ist, äußert in seiner *General History of Music* die Meinung, Opern müssten keineswegs wie Schauspiele aufs dramatische Geschehen konzentriert sein, sondern den Sängern wie bei einem Konzert die Möglichkeit geben, sich von ihrer besten Seite zu zeigen.

Zwar weiß Händel am allerbesten, wie man ein Publikum mit kontrastiven Arien bei Laune hält, doch anstatt bloß noch Nummer an Nummer zu reihen, geht er immer wieder ganz andere Wege. Während er die Secco-Rezitative tatsächlich meist reichlich knapp hält, weitet er die Accompagnato-Rezitative öfters zu großen ariosen Szenen aus, deren farbenreiche harmonische Ausgestaltung das Nicht-Verstehen-Können des Publikums musikalisch zu kompensieren versucht. Wenn er dagegen von Vorstellung zu Vorstellung Arien austauscht oder zwei, drei neue einfügt, hängt das allerdings meist damit zusammen, dass er wieder einmal eine jüngst eingetroffene oder missgelaunte Diva bedienen muss. Stücke, mit denen man brillieren kann, finden sich dafür immer, man muss ja nur darauf achten, dass sie nicht gerade nach Rachsucht oder Verzweiflung klingen, wenn die entsprechende Situation etwas ganz anderes verlangt. Doch auch solche Versuche, aus Opern große Arien-Abende zu machen, bringen jene empörten Stimmen keineswegs zum Verstummen, die es absurd finden, sich stundenlang Gesängen in einer fremden Sprache auszusetzen, als sei die eigene mit einem Makel behaftet. Was für die einen den Reiz des Mondän-Exotischen besitzt, finden andere bloß affig.

Von Expertenseite wurde allerdings auch die simple Mechanik des italienischen Arienschemas als etwas Idiotisches hingestellt, so wenn etwa der Organist und Komponist Charles Avison in seinem *Essay on Musical Expression* gegen jene psychologische Unlogik anrennt, die darin besteht, dass der jubilatorische A-Teil nach einem traurig oder skeptisch anmutenden B-Teil schlichtweg wiederholt wird, als sei nichts gewesen: »A greater Absurdity cannot possibly be imagined, in the Construction of any musical Composition whatsoever«, eine größere Absurdität könne man sich schwerlich vorstellen, in welcher Art von musikalischer Komposition auch immer, lautet sein Urteil. Erschienen ist diese Abhandlung zwar erst im Jahre 1752, als Händel schon längst keine Opern mehr schrieb, doch man muss sie als eine Abrechnung mit jener Zeit lesen, in der ein nicht geringer Teil der Londoner High Society alles dafür gab, einen Senesino oder Farinelli auf der Bühne erleben zu dürfen. Dass diese Leute weniger des Komponisten als solcher Sänger wegen in die Oper rannten, kommt zur Genüge in Mainwarings Bemerkung zum Ausdruck: »Insonderheit mögten dem Frauenzimmer die Verdienste des Senesino mehr in die Augen fallen, als des Händels seine.« Für die Figurenkonstellation der Libretti waren deshalb am allerwenigsten dramaturgische Überlegungen ausschlaggebend, vielmehr musste sie sich danach richten, wer von den Stars gerade zur Verfügung stand. Schließlich wusste ja jeder, dass die Cuzzoni und die Bordoni, wenn sie gemeinsam in einer Oper auftraten, nicht nur über die Anzahl ihrer Arien eifersüchtig wachten, sondern sogar Takte zu zählen anfingen.

Wer das Glück hatte, am 6. Juni 1727 der Vorstellung von Bononcinis Oper *Astianatte* beizuwohnen, konnte behaupten, an einem Ereignis teilgehabt zu haben, das in ganz Europa die Runde machte. Die beiden Primadonnen Francesca Cuzzoni und Faustina Bordoni fingen nämlich mittendrin auf offener Bühne an, sich anzuschreien und gegenseitig die Haare auszureißen. Geschadet hat das ihrem Ruf nicht, ganz im Gegenteil, immerhin waren sie von da an noch weit mehr als zuvor gefragt. Das Leben der Cuzzoni eignet sich eh wie kaum ein anderes für solche Romane, bei denen man mit den Helden mitleidet, sie liebt und verabscheut. Trotz ihrer vielen Tourneen zwischen Rom, Wien, Stuttgart, Amsterdam und Paris, bei denen sie Unmengen verdient, wachsen ihre Schulden derart in die Höhe, dass sie sogar ein paarmal ins Gefängnis muss. Während die Bordoni 1730 nach Dresden geht und dort den Hofkapellmeister und hochberühmten Komponisten Johann Adolph Hasse heiratet, driftet die Cuzzoni, als ihre Stimme nachlässt und die Misserfolge sich häufen, in jämmerliche Armut ab, aus der sie auch niemand herausholt. In ihren letzten Jahren jedenfalls soll sie ihren Lebensunterhalt als Knopfmacherin verdient haben.

Auch wenn es sich um eine spätere Zeit handelt, so vermittelt uns von den Allüren solcher Sänger Stendhal in seinem Rossini-Buch ein entsprechendes Bild, wenn er schreibt: »Der berühmte Mailänder Sopran Marchesi wollte in den letzten Jahren seiner Karriere nur noch singen, wenn sein erster Auftritt zu Beginn der Oper zu Pferde oder auf einer Anhöhe stattfand. Auf alle Fälle mußte der weiße Federbusch auf seinem Helm mindestens sechs Fuß hoch sein. Und Crivelli weigert sich auch noch heute, seine erste Arie zu singen, wenn darin nicht die Worte *felice ognora* vorkommen, auf die er bequem seine Rouladen machen kann.« Dass Händel es mit seinen männlichen und weiblichen Diven nicht viel einfacher hatte, darüber gibt uns wiederum Mainwaring Auskunft, bei dem wir lesen:

> »Händel gerieht eines Tages mit der Cuzzoni in Wortstreit, weil die die Arie, Falsa imagine, in der Oper Ottone, nicht singen wollte. Oh! Madame, sagte er, je sçais bien que vous êtes une véritable Diablesse; mais je vous ferai sçavoir,

> moi, que je suis Beelzebub, le Chef des Diables. Ich weiß wol, daß ihr eine leibhaftige Teufelinn seyd; aber ich will euch weisen, daß ich Beelzebub, der Teufel Obrister bin. Darauf fassete er sie mitten um den Leib, und schwur, er wollte sie aus dem Fenster werfen, wenn sie weitere Worte machen würde. Man bemerke, daß dieses Fensterwerfen ehmals zur Bestrafung oder Hinrichtung der Missethäter, an einigen Orten Deutschlands, im Gebrauch gewesen, als ein Proceß, der mit dem tarpejanischen Felsensturz in etwas übereinkam, und vermuthlich daher seinen Ursprung genommen hat.«

Indem er eine solche Gewaltandrohung mit einem Strafgericht zu vergleichen sucht, bei dem im alten Rom Verbrecher zum tarpejanischen Felsen hinabgestürzt wurden, man aber auch an jenen Prager Fenstersturz denken könnte, der den Dreißigjährigen Krieg ausgelöst haben soll, versucht Mainwaring aus einer schlichten Anekdote mehr zu machen, als ihr guttut. Insofern er hier von den Proben zum Anfang 1722 uraufgeführten *Ottone* berichtet, muss man der Cuzzoni zumindest zugutehalten, dass es ihr erster, groß angekündigter, von manchen kaum zu erwartender Auftritt in London war. Doch anstatt ihr einen Einstand mit einer Glanznummer zu gönnen, lässt Händel sie in der Rolle der unglücklichen Teofane nicht nur vor allem Trübsinnsarien singen und sie über unentwegte Enttäuschungen, Kummer und Pein klagen, vielmehr tritt sie auf der Bühne auch noch erst in Erscheinung, nachdem die in London schon seit einiger Zeit gefeierte Durastanti in der Rolle der Gismonda bereits drei große Auftritte absolviert hat, deren Höhepunkt jene Arie »La speranza è giunta in porto« (»Die Hoffnung hat den Hafen erreicht«) bildet, die zu den lichtesten und anmutigsten in Händels gesamtem Werk gehört. Teofane dagegen muss nach deren furiosem Auftakt auch noch als Allererstes den reichlich tristen Adagio-Gesang »Falsa immagine, m'ingannasti« (»Falsches Bildnis, du betrogst mich«) darbieten, der wahrlich niemanden vom Hocker reißen kann, zumal es ein zwar innig angehauchtes, jedoch reichlich routiniert hingeschriebenes Klagelied ist. Dabei war die Cuzzoni als ein Star angekündigt, mit dem die bislang unangefochtene Stellung der Durastanti ins Wanken geraten sollte.

Von William Hogarth gibt es eine ganze Reihe von Karikaturen, die den Eiertanz um solche Kastraten und Diven zum Gegenstand haben. Dazu gehört auch eine, in der ein paar Adlige Cuzzoni und Senesino ganze Taschen voller Geld überreichen, während eine andere zeigt, wie erwachsene Leute sich bei Theaterproben in vollkommene Narren verwandeln, wenn sie sich, mit einem Säbel bewehrt, an einem Strick aufhängen lassen und sich dabei noch ausnehmend manieriert benehmen, wozu auch gehört, dass Ben Johnsons Geist mit einer Kerze in der Hand, die sein Haupt wie ein Heiligenschein erhellt, aus einem Bühnenloch hervorkriecht, während rundum das reinste Kostümchaos herrscht und alles überladen mit Vorhängen, röhrenden Hirschen, Prothesen und Statuen ist, denen Masken übergezogen wurden, wobei über dem Ganzen eine Banderole mit der Aufschrift »Vivetur Ingenio« weht: »Es lebe der Einfallsreichtum!« Inwieweit auch bei Hogarth ein Ressentiment gegen das von vielen als verweiblicht, verweichlicht und widerlich empfundene Getue der Kastraten mit im Spiel ist, lässt sich schwer sagen. Auffällig allerdings ist, dass er Händel, dessen Leibesfülle allein schon ein gefundenes Fressen für einen Karikaturisten wie ihn hätte sein müssen, verschont, was nur heißen kann, dass er wenig Grund sah, ihn auf eine Stufe mit den andern zu stellen.

Am 5. Februar 1723, fünf Jahre bevor *The Beggar's Opera* uraufgeführt wird, die ein einziges Hohngelächter auf die hysterische Opernbegeisterung und Anbetung von Leuten wie der Cuzzoni und Bordoni ist, schreibt ihr Librettist John Gay an seinen Freund, den Schriftsteller und Dekan Jonathan Swift:

> »Was die derzeitigen Vergnügungen angeht, so sind sie voll und ganz auf die Musik konzentriert … Niemandem außer Eunuchen und Italienerinnen ist mehr erlaubt, von sich zu sagen: ›Ich singe.‹ Jeder fühlt sich inzwischen zum großartigen Richter, was die Musik angeht, berufen, so wie es sich zu Ihrer Zeit in Bezug auf die Dichtung verhielt. Auch Leute, die keine einzige Melodie von einer andern unterscheiden können, disputieren inzwischen täglich über die unterschiedlichen Stile von Händel, Bononcini und Attilio … In London und Westminster wird bei jeder Art von Konversation ebenso täglich Senesino zum größten Mann, der je gelebt hat, gekürt.«

Im *Grub-Street-Journal* heißt es mit Verweis auf steigende Steuern und den nachlassenden Handel in einem sarkastischen Lied übers englische Königreich: »Charm'd by the sweet *Italian's* tongue / In show'rs of gold she pays each song« – »Hingerissen von der süßen italienischen Zunge / Bezahlt es mit einem Goldregen jedes Lied«. »Es kann keine Frage sein«, erklärt Thomas Addison im *Spectator*, »dass unsere Enkel einmal begierig darauf sein werden, zu erfahren, warum ihre Vorfahren sich wie ein Auditorium aus Ausländern regelmäßig in ihrem eigenen Land trafen, um ganzen Dramen, die vor ihnen dargeboten wurden, zu lauschen, ohne auch nur ein einziges Wort zu verstehen.« Schließlich fürchtet er gar, dass dieses aufgeblasene Volk von abgöttisch verehrten Italienern sich während der Rezitative sogar über das ahnungslose Publikum lustig macht, nur dass es diejenigen, die ihnen dabei zujubeln, nicht einmal merken. Andere dagegen sind davon überzeugt, dass das Englische keine Sprache ist, die sich für den Operngesang eignet, womit sie eine ähnliche Diskussion führen, wie sie ein paar Jahre später in Frankreich zwischen Rousseau und Rameau stattfinden wird. Rousseau behauptet nämlich in seinem *Dictionnaire de Musique*, französische Musik bestehe, zumindest wenn sie leidenschaftlich sein wolle, vor allem aus schwerfälligen, forcierten, kläffenden Klängen, bei denen man, wenn es sich auch noch um langsame Gesänge handle, jedes Gefühl für den Takt verliere. Dass Stendhal diese Meinung teilt, muss einen bei jemandem nicht wundern, der an seinen Landsleuten kaum ein gutes Haar lässt und vor allem für Rossini schwärmt. Selbst Germaine de Staël, der es dabei nicht um die Oper geht, bemerkt in ihrem berühmt gewordenen Buch *De l'Allemagne*, die französische Sprache eigne sich kaum für wirkliche Poesie, auch wenn sich in ihr gelegentlich schöne Verse fänden.

In England führten zwar keine so prominenten Protagonisten wie in Frankreich diese Auseinandersetzungen, was aber nichts daran ändert, dass die Frage nach der Wahl der Sprache in gleicher Weise, wenn nicht sogar weit vehementer debattiert wird. So macht es sich der im Jahre 1720 verstorbene Dichter John Hughes geradezu zur Lebensaufgabe, die Italophilie der Londoner Opernmode zu bekämpfen. Die englische Sprache, so wird er nicht müde zu betonen, könne durchaus harmonisch klingen, auch wenn sie nicht so vokalreich wie die italienische sei. Um das zu beweisen, schreibt er selbst Libretti und Liedtexte, die nicht nur von solchen Komponisten wie John Christopher Pepusch, dem wir *The Beggar's Opera* verdanken, sondern sogar von Händel vertont werden, wie etwa das von ihm zu *Acis and Galatea* beigesteuerte »Would you gain the tender creature, / Softly, gently, kindly treat her«, mit dessen Versen er vernehmbar vorführen will, wie sehr das Englische bereits von sich aus zur Musik tendiert. Alle diese Leute, von John Gay, der auch den Großteil der Texte zu *Acis and Galatea* schrieb, bis zu John Hughes und Thomas Addison, der einst die Verse zu der erfolglosen Oper *Rosamond* verfasste, hätten gern an Stelle eines Rolli oder des anderen italienischen Händel-Librettisten Nicola Francesco Haym Opernvorlagen für das Haymarket geliefert, nur eben in ihrer Muttersprache, was aber keiner wollte. Ganz unabhängig davon, ob man dort überhaupt dazu bereit gewesen wäre, ein englisches Werk auf die Bühne zu bringen, hätte ein Bononcini oder Attilio es jedoch schon deshalb nicht vertonen können, weil die meisten Italiener sich offenbar selbst dann, wenn sie längere Zeit in England blieben, nur als vorübergehende Gäste fühlten, die in einer reichlich übersichtlichen Gesellschaft aus Sängern, Musikern und ein paar Tänzern ihre Tage verbrachten und sich deshalb nicht genötigt sahen, die fremde Sprache zu erlernen. An englischen Komponisten aber mangelte es, was nicht hieß, dass es überhaupt keine gab, doch sie besaßen kaum einen Namen und verdienten sich ihr Geld als Organisten und Chorleiter draußen auf dem Land und in Städten, die bis heute keine Oper besitzen. Händel wollte sich im Gegensatz zu den meisten Theaterleuten nicht als Ausländer sehen, sondern beantragte im Jahre 1727 beim König die sogenannte Naturalisierung, also die englische Staatsbürgerschaft, die er auch sofort zugesprochen bekam. John Christopher Pepusch war, wie sich leicht hören lässt, ebenfalls kein Engländer, sondern ein Berliner Pfarrerssohn, der 1704 mit siebenunddreißig Jahren nach London kam und dort 1728 mit *The Beggar's Opera* eine Parodie auf Händels Opern schrieb, die bis heute, vor allem vermittelt über Brecht, zu den berühmtesten Werken der musikalischen Weltliteratur gehört. In ihr erklingt auch der Kreuzzugsmarsch aus Händels *Rinaldo*, dem dort die Verse unterlegt sind: »The Hour of Attack approaches, / To your Arms, brave Boys, and load« – »Die Stunde des Angriffs rückt näher / Greift zu den Waffen, tapfre Jungs, und ladet.« Mit Polly und Lucy, jenen beiden Geliebten des Verbrecherkönigs Mackie Messer, die sich in der Bettleroper im Gefängnis begegnen und in einem Eifersuchtsduett gegenseitig als Huren beschimpfen, sind niemand anders als die Cuzzoni und Bordoni gemeint, was natürlich jeder wusste, zumal es sich in ganz Europa herumgesprochen hatte, wie die beiden am Haymarket auf der Bühne ausgerastet waren.

Während dort jedoch zunehmend das Publikum ausbleibt, will so gut wie jeder die Bettleroper sehen, vor allem auch Leute, die sonst nie in die Oper gehen, jedoch wissen, dass sie dabei mit ihrem Aberwillen gegen das gespreizte Getue dieser Italiener auf ihre Kosten kommen. Nachdem *The Beggar's Opera* seit knapp drei Wochen läuft, findet sich in der Zeitung *The Craftsman* nicht einmal eine Besprechung von Händels Uraufführung seiner Oper *Siroe*, sondern nur die Notiz: »Wir hören, dass die Britische Oper, gewöhnlich Bettleroper genannt, weiterhin am Theater in Lincoln's-Inn Fields mit viel Applaus aufgeführt wird, zum großen Kummer der Künstler und Bewunderer der Ausländischen

Oper am Heumarkt.« Dass die dafür zusammengestückelten folkloristischen Melodien und parodistischen Opernanspielungen etwas reichlich Schlichtes besitzen und das Ganze vor allem die diffusen Rachsüchte der sogenannten kleinen Leute an denen, die etwas Besseres sein wollen, bedient, ist offensichtlich. Im Grunde, so könnte man behaupten, offenbart sich in dieser Travestie das tiefsitzende Verlangen, sich über das, was einem fern ist, halb totzulachen. Das gilt sicherlich nicht für jemanden wie Pepusch, der alles andere als ein dilettierender Musiker war, doch er hätte mit diesen Lachnummern niemals so viel Erfolg gehabt, würde er damit nicht ein Bedürfnis bewirtschaftet haben, das aus nicht viel mehr als Ressentiments bestand. Im Vorwort zur vierten Auflage des Textes im Jahre 1743 heißt es, *The Beggar's Opera* sei »ein satirisches Stück, das für jeden Geschmack und für alle Schichten gemacht ist, von solchen, die höchste Ansprüche haben, bis zum großen Haufen«.

Händel, so scheint es, verstand nach dieser Verhöhnung die Welt nicht mehr, obwohl sich bereits über seine gesamte Londoner Zeit hinweg ein Widerstand gegen ihn und sein als ausländisch und affektiert empfundenes Opernspektakel geregt hatte. Da er noch bis Anfang der 1740er Jahre italienische Libretti vertonte, musste er solche Angriffe dreißig Jahre lang an sich abprallen lassen oder sich zumindest seinen eigenen Reim darauf machen, zumal er ja auch mit Leuten wie John Gay und John Hughes zu tun hatte, deren Meinung ihm ebenso wenig entgangen sein konnte wie die eines Thomas Addison und vieler anderer, die den Rummel um die italienischen Kastraten und Primadonnen schlichtweg unerträglich fanden, und zwar aus mehreren

Gründen. So abgöttisch Teile der sogenannten besseren Gesellschaft diese Importstars auch bejubeln mochten, so kopfschüttelnd und verärgert, sarkastisch und angewidert reagierten die andern. Zu vermitteln gab es dabei reichlich wenig, da man entweder dafür oder dagegen war, zumal es kaum eine Möglichkeit gab, ein bisschen vom einen und ein bisschen vom andern zu nehmen und auf diese Weise noch viel unbefriedigendere Kompromisse zu schließen. Händel selbst zog daraus schließlich, nicht ganz freiwillig, radikale Konsequenzen, indem er tatsächlich keine italienischen Libretti mehr, sondern nur noch englische vertonte, nur dass sich diese Werke dann nicht mehr Opern, sondern Oratorien nannten, was in kompositorischer Hinsicht, wie sich herausstellen sollte, nur Vorteile hatte, da er keinen Senesino und keine Bordoni und keine Cuzzoni mehr mit maßgeschneiderten Virtuosen-Arien versorgen musste, sondern zum ersten Mal im Leben in dramaturgischen Kategorien denken konnte. Seine musikalischen Phantasien konnte er dabei weiterhin ohne jede religiöse oder moralische Selbstzensurierung ausleben, schließlich hatte er ja bereits in Italien Oratorien geschrieben, die opernhafter als opernhaft klangen. Doch bis es erneut so weit kam, sollte es noch eine Weile hin sein.

Ein halbes Jahr nach der Uraufführung von *The Beggar's Opera* muss die Royal Academy of Music mit ihrem Sitz am Haymarket schließen, weil sie so gut wie bankrott ist. Weil Händel hofft, mit neuen Sängern aus Italien nochmals an die früheren Erfolge anknüpfen zu können, reist er im Sommer 1728 nach Venedig, um dort unter anderem Farinelli zu treffen, dessen Ruhm denjenigen aller andern in den Schatten stellt. Könnte man ihn nach London locken, so scheint Händel zu glauben, würde auf einmal alles wieder anders aussehen. Der Spuk mit der *Beggar's Opera* wäre dann nur eine Episode gewesen, zumal sich solche Dinge ja auch nicht wiederholen lassen, ohne fade zu werden, und schon zweimal keine Steigerungen kennen. Dass sich aber auch Opernerfolge, wie man sie vor beinahe zwanzig Jahren feierte, nicht wieder herbeizwingen lassen, muss Händel ebenfalls am eigenen Leib erfahren, obwohl es ihm gelingt, eine Handvoll Sänger nach London mitzubringen, die dort erneut für Wirbel sorgen. Farinelli ist zwar nicht unter ihnen, doch er wird ein paar Jahre später in London eintreffen, allerdings nicht, um sich Händels Oper, sondern derjenigen seiner Gegner anzuschließen. Sie nennt sich Opera of the Nobility, auf gut deutsch Adelsoper, und wird 1733 von Frederick, dem Prinzen von Wales und Sohn von George II., der seit 1727 König ist, gefördert, von dem die ganze Welt weiß, dass er mit seinem Vater gnadenlos zerstritten ist, so wie es George II. bereits mit seinem Vater war, was in der Hannoveraner Linie Tradition zu besitzen scheint. Wie um seinem Vater eines auszuwischen, der die von Händel nach dessen Rückkehr aus Italien gegründete New Royal Academy of Music unterstützt, setzt er alles daran, dieses Unternehmen in den Ruin zu treiben. Dass ihm dabei der Earl of Burlington, Händels früherer Gönner, zur Seite steht, zeigt, wie sich Freundschaften in Feindschaften verwandelt haben oder zumindest auf alte Verbindlichkeiten keine Rücksicht mehr genommen wird. Als Händel in Burlingtons Haus noch ein geschätzter Gast war und dort während seiner ersten drei Londoner Jahre wohnte, saß dort auch öfters jener John Gay an der abendlichen Tafel, der ihm später mit seiner *Beggar's Opera* übler als jeder andere mitspielen sollte. Wie es damals bei Burlington daheim zuging, hielt Gay in den Versen fest: »There Hendel strikes the strings, the melting strain / Transports the soul and thrills through every vein; / There oft I enter (but with cleaner shoes) / For Burlington's beloved by ev'ry Muse.« Dass nicht nur Senesino, sondern bis auf einen einzigen alle italienischen Sänger zur Gegenpartei überwechseln und auch Heidegger seinen Vertrag mit Händel nicht nur nicht verlängert, sondern das Haymarket an die Adelsoper vermietet und ab sofort mit diesen Leuten seine Geschäfte macht, kommt für Händel einer Vernichtung gleich.

Wie es mit Senesino bereits ein paar Jahre zuvor zum Bruch kam, schildert Mainwaring:

> »So bald Händel merkte, daß dieser weniger Gefälligkeit und Gehorsam bezeigte, nahm er sich vor, solche italienischen Feuchtigkeiten nicht durch gelinde, sondern durch beissende Mittel auszuführen. Säuberlich zu verfahren, schien verächtlich; und mit Trotz versuchte er es vergeblich. Auf die eine Art vermehrte sich die Widerspenstigkeit beym Senesin; und auf die andre Art lief es bey Händel auf Schmähen hinaus. Kurz, die Sachen waren so weit gekommen, daß keine Hoffnung zum Vergleich mehr da war. Wer hierinn Recht oder unrecht hatte? Davon ist mir nichts bekannt. Wie es auch darum seyn möge, wollte doch der hohe Adel dem Händel darinn nicht beystimmen, daß er den Senesin abschaffen sollte; und Händel blieb hergegen fest entschlossen, fernerhin mit ihm nichts zu thun zu haben. Faustina und Cuzzoni, als vom Übel der Uneinigkeit angesteckt, wollten auch jede für sich regieren, und brachten ihre Anforderungen mit Heftigkeit und Schärfe an, wodurch eine gänzliche Zerrüttung unter

ihnen entstund. Also war es mit der Akademie auf einmal aus; nachdem dieselbe in einem blühenden Zustande über neun Jahr verharret hatte … Das Mistrauen, welches er, durch eine unversöhnliche Empfindlichkeit, bey vielen des hohen Adels erwecket hatte, wegen einer Person, deren Gaben so sehr bewundert waren, schien ihm einen gefährlichen Widerstand zu erregen. Denn, ob er gleich auf dem Heumarkt zu spielen fortfuhr, verursachten doch diese hitzigen Entrüstungen, daß sich ein großer Theil der Zuschauer verzog. Neue Sänger musten gesucht werden, und waren nicht näher, als in Italien, anzutreffen. Solche auszusuchen und anzunehmen, das kunnte durch keinen abgeordneten verrichtet werden. Und indessen würden sich die Beleidigte der Gelegenheit, Zeit seiner Abwesenheit, zu ihrem Vortheil und seinem Schaden bedienen.«

Was sich nach Händels Rückkehr abspielte, liest sich folgendermaßen:

»Als nun solchergestalt die Sache auf einen neuen Fuß gesetzet worden, fuhr er mit Heidecker zwar in vereinigten Kräften fort, aber nicht mit solchem gleichen und gewünschten Winde, der ihm, die neun vorigen Jahre herdurch, so sanft und angenehm in die Segel geblasen hatte: denn seit der Trennung auf dem Heumarkt, welche durch die Uneinigkeit mit den Sängern entstanden, hatte der hohe Adel eine neue Unterschreibung, zu einer andern Opera in Lincolns-Inn-Fields, zuwege gebracht, darinn sie sich Sänger und Komponisten, nach eignem Gefallen, zu wehlen berechtigt waren. In dieser Hinsicht liessen sie Porpora, Farinelli und andre berufen. Der Erste hatte verschiedene Kantaten verfertigt, die sehr bewundert wurden, und allen denen, die sich seiner bedienten, groß

> Vergnügen gaben. Der Letzte aber nahm die Herzen aller Zuhörer mit seiner vortrefflichen Stimme ein, welche er mit grosser Geschicklichkeit zu seinem Vortheil zu führen wuste. Ob nun gleich Händel diese Widersetzung mit gedultigem Geiste und gesetztem Gemüthe zu ertragen schien; fühlte er doch bald ihre Wirkung, und wagte es allein, seine Opern auf dem Heumarkte, noch ein Jahr lang, auf eigne Kosten fortzusetzen, nachdem die drey Kompagniejahren mit Heidecker zu Ende gegangen waren. Da er aber befand, daß ihm dieser Versuch nicht gerathen wollte, verließ er den Heumarkt; und da seine Gegner von demselben alsobald Besitzt nahmen, bezog er ohne Verzug das erledigte Theater zu Lincolns-Inn-Fields. Es währte aber nur kurze Zeit: denn er sahe wol, daß die Fluth der Widerwärtigkeiten nunmehro aufs Höchste gestiegen, und seine Stärke, so überwiegend sie auch seyn möge, sich derselben entgegen zu setzen, nicht hinreichte.«

Johann Adolph Hasse und der aus Neapel stammende frühere Gesangslehrer von Farinelli, Nicola Porpora, sollten als Komponisten ans Haymarket kommen, nur dass Hasse, als ihm diese Stelle angetragen wurde, gefragt haben soll: »Ist Händel tot?« Als man verneinte, soll er dankend abgewunken haben. Porpora dagegen reist mit Farinelli an, der für ein volles Haus sorgt. Als aber die beiden rivalisierenden Unternehmen sich nach vier Jahren gegenseitig in den Ruin getrieben haben, reist Porpora wieder nach Neapel ab, während Farinelli an den spanischen Hof gerufen wird. Von einer Begegnung mit ihm, die im Jahre 1770 in Bologna stattfand, wo Farinelli seine letzten Jahre verbrachte, berichtet Charles Burney: »Er erzählte mir, daß er die ersten zehn Jahre seines Aufenthalts am spanischen Hofe, so lange

Philipp der Fünfte lebte, diesem Monarchen alle Abend die nehmlichen vier Arien vorsingen mußte, worunter zwey von Hassen gesetzt waren, nehmlich ›Pallido il Soile‹ und ›Per questo dolce amplesso‹. Die andern beyden habe ich vergessen; doch die eine war ein Menuet, welche er nach Gefallen zu verändern pflegte.« Auf diese Weise sollte er jede Nacht Philipps Schwermut lindern, wodurch ein so großes Vertrauensverhältnis entstand, dass der König ihn zu einer Art heimlichem Premierminister machte. Seinem Nachfolger Ferdinand VI. sang er bis zu dessen Tod weitere dreizehn Jahre lang allabendlich die gleichen Arien vor. In früherer Zeit, gesteht Farinelli seinem Besucher, sei er bei seinen Auftritten am Wiener Hof von seinem leerlaufenden Virtuosentum kuriert worden, nachdem Kaiser Karl VI. ihn zur Seite genommen und ihm zu bedenken gegeben habe: »Jene gigantischen Schritte, jene unendlichen Noten und Gurgeleyen (ces notes qui ne finissent jamais) überraschen uns, und itzt ist es Zeit für sie zu gefallen; sie sind mit den Gütern, die ihnen die Natur verliehen hat, zu verschwenderisch; wenn sie die Herzen einnehmen wollen, so müssen sie einen ebenern, simplern Weg gehen.« Und Burney kommentiert: »Diese wenigen Worte brachten eine gänzliche Veränderung in seiner Singart hervor; von der Zeit an vermischte er das Lebhafte mit dem Pathetischen, das Simple mit dem Erhabenen, und auf diese Weise rührete er jeden Zuhörer sowohl, als er ihn in Erstaunen setzte.«

Für Händel gab es ein ganz anderes Erstaunen, als fast alle, die er aus Italien engagiert hatte, ihm in den Rücken fielen und damit in den schieren Ruin trieben. Welche Folgen das für ihn hatte, erfahren wir wiederum von Mainwaring, der seinen ihm von den Ärzten dringendst angeratenen Aufenthalt in Aix-la-Chapelle schildert. Im September und Oktober 1737 hält der zweiundfünfzigjährige Händel sich dort zur Kur auf, von der Mainwaring zu erzählen weiß:

»Daß selten ein Unglück allein kommt, ward bey Händel, als ein bewährter Spruch befunden. Sein Verlust erstreckte sich nicht nur über sein Geld und Gut; sondern auch über seinen Verstand und über seine Gesundheit. Sein rechter Arm war vom Schlage unbrauchbar worden, und wie sehr ihm zu gewissen Stunden, auf lange Zeit, die Sinnen verrückt gewesen, davon sind hundert Beyspiele vorhanden, die sich besser zum Verschweigen, als zum Berichten schicken. Die gewaltigsten Abweichungen der Vernunft lassen sich am gewöhnlichsten spüren, wenn die stärkesten Geistesgaben selbst aus ihren Schranken getrieben werden.

Während dieses melancholischen Zustandes war es ihm platterdings unmöglich, auf neue Wege, zur Verbesserung seines Glückes, bedacht zu seyn. Seine vornehmste Sorge ging also auf die Schwachheiten des Leibes. Ob ihm nun gleich die besten Rathgeber nicht ermangelten, und ihm die Nothwendigkeit, ihnen zu folgen, auf die freundlichste Art, beygebracht wurde, kostete es doch viele Mühe, ihn dahin zu bringen, daß er that, was heilsam schien; so bald nur die geringste Unannehmlichkeit dabey vermacht war. Man fand es demnach fürs Beste, daß er seine Zuflucht zu Schwitzbädern in Aix la Chapelle nehmen sollte, in welchen der dreymal so lange saß, als sonst gebräuchlich ist. Wem die Eigenschaften solcher Bäder bekannt sind, der wird sich in diesem Fall einen Begriff von Händels wunderseltsamen Leibesbeschaffenheit machen

> können. Sein Schweiß war übermäßiger, als sichs jemand einbilden kann. Die Kur, in Erwegung sowol der Art, als Geschwindigkeit, mit welcher sie geschah, wurde von dasigen Nonnen für ein Wunderwerk gehalten. Wie sie ihn, nach Verlassung des Bades, nicht nur in der Haupt- sondern auch in der Klosterkirche, die Orgel spielen hörten, künstlicher, als sie es jemals gewohnt waren, schien ein solcher Wunderschluß bey solchen Leuten natürlich genug zu folgen. Ob nun gleich alles verrichtet, und seine Gesundheit durchaus, als wiederhergestellt, beurtheilt ward; fand er es doch rathsam, noch etwa sechs Wochen in Aix zu verharren, welches gemeiniglich die kürzeste Zeit ist, die man zur Heilung verzweifelter Krankheiten anzusetzen pflegte.«

Sieht man einmal von *Faramondo*, *Serse*, *Imeneo* und *Deidamia* ab, die er in den nächsten drei Jahren noch reichlich erfolglos aufführen wird, so kann man das nahezu vier Jahrzehnte währende Opernkapitel in Händels Leben für abgeschlossen ansehen. Von *Aci, Galatea e Polifemo* angefangen über *Rinaldo* und *Giulio Cesare* bis zu *Alcina* werden seine über vierzig Bühnenwerke anderthalb Jahrhunderte lang so gut wie nicht mehr aufgeführt. Erst in den zwanziger Jahren des letzten Jahrhunderts fängt man dank der damals gegründeten Göttinger Händel-Festspiele wieder an, sie für bühnentauglich zu befinden. Bis dahin galten seine Opern als das denkbar Vergänglichste, was er geschrieben hat. Im 19. Jahrhundert wurde er einzig und allein als der größte unter allen Oratorienkomponisten wahrgenommen, was heißt, dass das, was er in den fünfunddreißig Jahren zuvor geschrieben hatte, ausgeblendet und als irrelevant erachtet wurde. Für wesentlich wurde nur das gehalten, was er zwischen 1740 und seiner Erblindung im Jahre 1751 geschaffen hat. Der übergroße Rest verwandelte sich für eine so lange Zeit in ein Nichts, dass man sich fast schon wundert, wie er überhaupt wiederentdeckt werden konnte.

Die verschmähte Oper

Paradoxerweise markiert das – von außen gesehen – geradezu erbärmliche Ende von Händels Opernschaffen den Beginn dessen, was sein geschichtliches Überleben sichern sollte, nämlich die vollkommene Konzentration aufs Oratorium. Erste Erfahrungen hatte er damit ja bereits in Italien gemacht, doch sicherten ihm nicht die beiden Werke *Il Trionfo del Tempo e del Disinganno* und *La Resurrezione* sein Überleben, sondern in erster Linie der über dreißig Jahre später in Dublin uraufgeführte *Messias.* Als beide Londoner Opernhäuser, die New Royal Academy und die Opera of Nobility, sich gegenseitig vernichtet hatten, soll es, wie wir von Mainwaring erfahren, Leute wie einen gewissen Lord Middlesex gegeben haben, die es »sehr darnach verlangte, die Opern wiederum in ihrem vorigen Glanze zu sehen«, und zwar unter der Ägide von Georg Friedrich Händel und keinem andern, wofür man ihn sogar mit der immensen Summe von 5000 Talern im Jahr und sogar mehr entlohnen wollte.

> »Wäre er nun geneigt gewesen, im geringsten etwas nachzugeben«, lesen wir bei Mainwaring, »so würden seine Freunde leicht ein Mittel zur Versöhnung, zwischen ihm und seinen Widersachern, gefunden haben. Ein jeder wäre froh gewesen, ihn wieder auf dem Heumarkte zu

> sehen: denn es schien zu dieser Zeit, als ob alle Quellen der Opernmusik auf die Neige gerathen und vertrocknet wären. Seine bekannte Geschicklichkeit; der gegenwärtige Zustand, da man derselben nothwendig bedurfte; die Erinnerung seines Verlustes und Verdrusses; die Länge der Zeit selbst, welche viele wichtige Dinge, folglich auch persönliche Empfindlichkeiten verzehret; – kurz alles schien dahin zusammen zu lauffen, und nichts zu fehlen, seine künftige Glückseligkeit zu versichern, ausgenommen ein solches Gemüth, das bey vorfallender Gelegenheit einigermaassen zu weichen geneigt wäre. Man kann aus einem einzigen Beyspiel, da für ihn auf dem Heumarkt im Jahre 1738 eine Opernsammlung geschah, aus welcher er, wie man sagte, 7500 Rhtl. Zog, leicht abnehmen, wie weit er es, in Verbesserung seines Zustandes, hätte bringen können. Allein alle Verbindlichkeiten durch Unterschreibungen waren ihm dermaassen zuwider, daß er schlüßig war, seine Sachen künftighin auf einen ganz andern Fuß zu setzen.«

Ob Händel damals tatsächlich beabsichtigte, England zu verlassen, oder ob es nur Gerüchte waren, ist schwer auszumachen, doch wie satt er den Opernbetrieb inzwischen wohl haben musste, kann man sich schon aufgrund seiner Ablehnung selbst solcher exorbitanter Honorare vorstellen, die sogar diejenigen eines Farinelli und Senesino in den Schatten gestellt hätten. Es muss, so darf man vermuten, nicht nur der Überdruss an den Machenschaften der letzten Jahre gewesen sein, sondern vielleicht sogar mehr noch die tiefe Unlust, italienische Kastraten und Primadonnen weiterhin mit virtuosem Getriller zu bedienen. Als er 1741 in Dublin seinen *Messias* aufführt, begegnet man schließlich fast keiner einzigen da-capo-Arie mehr, sondern durchkomponierten

Sologesängen, ganz zu schweigen davon, dass Händel die Hauptrolle wie noch nie zuvor dem Chor zuweist. Bereits die Generalprobe war ausverkauft, und bei der Uraufführung verzichteten alle Mitwirkenden auf ihr Honorar, um es Häftlingen, Kranken und Waisenkindern zukommen zu lassen. Auch das belegt, dass es hier um etwas anderes als den dreißig Jahre lang gewohnten Londoner Starrummel ging, ganz zu schweigen davon, dass es zunehmend einheimische Sänger waren, die ab jetzt vors Publikum traten. Das Libretto zum *Messias* stammte von Charles Jennens, der es Händel offensichtlich richtiggehend aufgedrängt hatte, wobei es im Grunde gar kein Libretto ist, sondern aus einer Sammlung von Texten besteht, die biblischen Vorlagen entnommen sind. Von Dramatik kann dabei keine Rede sein, im Gegenteil, weshalb Händel nicht nur erfreut gewesen sein soll, als ihm dieses Konvolut aus Psalmen- und Evangelienfetzen angetragen wurde. Doch es sollte ein Werk daraus werden, in dessen Aufführungen auch jenes Volk strömte, das noch nie ein Opernhaus von innen gesehen hatte. Dass es in Dublin zur Uraufführung gelangte, verdankt sich einem fast einjährigen Aufenthalt Händels in Irland, nachdem er vom Vizekönig dorthin eingeladen worden war. Es muss für ihn die reinste Erholung von London gewesen sein, zumal in Dublin seine früheren, neben der Opernarbeit entstandenen Oratorien eh schon seit Jahren aufgeführt wurden.

Mit seiner Konzentration aufs Oratorium bewährte Händel sich zum ersten Mal als ein Komponist, der für seine schon fünfzehn Jahre zuvor angenommene englische Staatsbürgerschaft jetzt tatsächlich jener Sprache seine Reverenz erweisen sollte, die dort gesprochen wurde. Zwar waren all die Anthems, Oden und Funeralgesänge auf die Könige und Königinnen aus Anlass von Krönungen, gewonnenen Schlachten und Begräbnissen in der Landessprache gehalten, doch bei seinen Hauptwerken, den Opern, wäre es ihm nie in den Sinn gekommen, etwas anderes als italienische Libretti zu vertonen. Dass der 1717 komponierten, zuweilen als Oratorium charakterisierten Masque *Acis and Galatea*, die mit seiner frühen, in Neapel komponierten Oper *Aci, Galatea e Polifemo* reichlich wenig zu tun hat, ein englischer Text zugrunde liegt, hängt damit zusammen, dass das Stück im Hause seines Gönners Duke of Chandos, bei dem er damals wohnte, in mehr oder weniger privatem Rahmen aufgeführt wurde und keineswegs für das Haymarket gedacht war.

Wenn ab dem Jahre 1740, nachdem Händel – von dem Rummel um die Kastraten und Primadonnen einmal abgesehen – seit nahezu dreißig Jahren die musikalische Hauptrolle im britischen Königreich spielt, zum ersten Mal in seinen Werken englische Sänger im Vordergrund stehen, darf das als eine Kehrtwendung gelten, die mehr als nur symbolischen Charakter besitzt. Schließlich waren bis dahin Sänger und Sängerinnen, die Robinson oder Gordon, Young oder Beard hießen, nichts als zweite Garde gewesen. Seit Händel mit seinen Oratorien zahllose Leute erreichte, die selbstverständlich Kirch-, aber alles andere als Operngänger waren, konnte er nicht mehr nur als italienisch-sächsischer Importschlager für die besseren Kreise gelten. Im Übrigen, und das darf man nicht vergessen, war jenes sogenannte einfache Volk mit den biblischen Geschichten und Gestalten, um die es dort ging, von Kindheit an vertraut, wogegen eine Medea und ein Theseus Figuren aus einer Welt waren, die den meisten reichlich wenig sagte.

Während es bei der Oper weitgehend egal war, worum es sich bei dem, was dort gesungen wurde, handelte, zumal es eh so gut wie keiner verstand, begreifen beim Oratorium die Zuhörer von Anfang an, was Salomon und die Königin von Saba oder Samson und Dalila sich zu sagen haben. In den Köpfen und Seelen der Zuhörer kann sich dabei etwas ganz anderes abspielen, als wenn sie sich einem Geschehen gegenübersehen, das vor allem mit gesangssportlichen Spitzenleistungen ausländischer Stars zu betören weiß. Damit auch wirklich alles verstanden werden kann, werden bei den Aufführungen Textbücher angeboten, wovon Richard Wagner noch im 19. Jahrhundert schwärmt, wenn er schreibt: »Wie man in der Kirche mit dem Gebetbuch dasitzt, trifft man dort in den Händen aller Zuhörer den Händelschen Klavierauszug, welcher in populären Schillingausgaben an der Kasse verkauft und in welchem eifrigst nachgelesen wird, das letztere, wie es mich dünkte, auch um gewisse allgemein gefeierte Nuancen nicht zu versäumen.« Auch in Deutschland werden bei Oratorien- oder Passionsaufführungen am Kircheneingang Textbücher angeboten, deren Kauf Telemann bei seiner *Brockes-Passion* sogar zur Pflicht macht, um auf diesem Wege Eintrittsgelder zu erheben, die nicht als solche gelten, sondern den Schein wahren, dass sakrale Aufführungen kostenlos sind.

Wie sich bereits in Händels frühen italienischen Jahren zeigen sollte, musste der Wechsel von der Oper zum Oratorium keineswegs mit musikalischen Einbußen bezahlt werden. Im Gegenteil eröffneten sich damit ganz andere Möglichkeiten, zumal man den Rezitativ-da-capo-Arien-Klapparatismus nicht mehr bedienen und in größeren Bögen denken konnte, was scheinbar paradoxerweise gerade dadurch erleichtert wird, dass es meist keine lineare Handlung mehr gibt, sondern diese Werke eher aus einzelnen szenenähnlichen Elementen bestehen, die überhaupt nichts Vorwärtstreibendes besitzen, sondern sich durch ein reflexives und kontemplatives Innehalten auszeichnen. Anders als im römischen Palast des Kardinals Ottoboni werden in England die Oratorien nicht szenisch aufgeführt, weshalb Händel sich das Fehlen jeder sichtbaren Handlung für allerlei musikalische Laut- und Stimmungsmalereien zunutze macht, die nicht nur in den als Symphonien charakterisierten Ouvertüren und Zwischenspielen, sondern auch bei der orchestralen Begleitung der Gesänge in den Vordergrund treten. Das dafür vielleicht bekannteste Beispiel ist der Nachtigallenchor aus *Solomon*, mit dem Händel ein nächtliches Friedensgemälde malt, wobei Naturstimmungen in seinen Oratorien überhaupt eine entscheidende Rolle spielen, so wenn etwa die lediglich von Streichern begleitete Arie aus *Samson* »Thus when the sun from's wat'ry bed« das Bild und die Bewegung des Sonnenaufgangs geradezu anschaulich vor Augen führt, während in Achsahs Arie »As chears the sun the tender Flow'r, / That sinks beneath a falling Show'r« aus *Joshua* das Sinken der Sonne durch fallende Sechzehntelnoten zum Ausdruck gebracht wird. Der Schriftsteller Samuel Butler war von dieser Arie derart beeindruckt, dass er meinte, sie sei »die schönste Schilderung eines warmen, erfrischenden Sonnenregens, die mir je untergekommen ist«. Tatsächlich fangen wir bei einer solchen Musik an, mit den Ohren zu sehen, so auch wenn in *Joshua* die Mauern zu Jericho einstürzen und die Sonne stillsteht. Auf der Opernbühne könnte das natürlich alles gezeigt werden, im Oratorium dagegen muss Händel solche Ereignisse mit Hilfe der Musik evozieren.

Zudem wären ein solcher orchestraler Reichtum und die üppige Anzahl von zwölf Gesangssolisten, wie wir ihnen etwa in *Saul* begegnen, in einer Oper vermutlich allein aus Gründen des Sparenmüssens kaum möglich gewesen. Immerhin werden hier die Streicher nebst einer Harfe, einer Theorbe, einem Glockenspiel, zwei Orgeln und einem Cembalo noch durch zwei Flöten, zwei Oboen, zwei Fagotte, zwei Trompeten, drei Posaunen und Pauken ergänzt, wobei die Violinen nicht wie üblich mit zwei, sondern mit drei Stimmen aufwarten, ganz zu schweigen davon, dass Händel an das Ende der Ouvertüre noch ein kleines Orgelkonzert hängt, das sich, wie er notiert, »ad libitum« fortsetzen lässt. Die meisten Arien werden von Holzbläsern begleitet, und ein Chor wie »Welcome, welcome, mighty king« bekommt durch das Glockenspiel etwas geradezu kindlich Verspieltes, als müsse man vor einer solchen Macht, wie dieser willkommen geheißene König sie darstellt, alles, bloß keine Angst haben. All das zusammengenommen, kann Händel seinen Abschied von der Oper auch als Abschied von allerlei virtuosem Firlefanz und einer Maschinerie empfinden, die trotz großartiger Werke, die dabei entstanden, aufgrund ihres Leerlaufs nicht noch zwanzig weitere Jahre hätte in dieser Weise bestehen können. Selbst Apostolo Zeno – neben Metastasio der damals bekannteste Librettist – hört eines Tages auf, Operntexte zu verfassen, da ihm dieses Geschäft allmählich zu seicht wird.

Was aber den Wechsel von der italienischen zur englischen Sprache anbetrifft, so mag man ihn sich einfacher vorstellen, als es vermutlich der Fall war. Händel selbst hatte keinerlei Schwierigkeiten mit dem Englischen, schließlich wird immer wieder überliefert, wie polyglott er war, was unter anderem seine Briefe belegen, von denen diejenigen an seinen Schwager oder auch an Telemann zum Teil französisch abgefasst sind, während er in anderen das Englische benutzt und man davon ausgehen kann, dass er sich im Italienischen ähnlich fließend wie im Deutschen bewegte, zumal die meisten seiner italienischen Sänger eh kaum des Englischen mächtig waren und er mit ihnen auf den Proben aller Wahrscheinlichkeit nach in ihrer Landessprache redete. Charles Burney etwa erzählt von seiner Begegnung mit dem alten Farinelli, der drei Jahre lang in London gesungen hatte, er habe kaum ein paar Brocken Englisch gekonnt, was gerade dadurch zum Vorschein gekommen sei, dass er ihm mit einigen charmant gemeinten Wendungen habe zeigen wollen, wie sehr er sich nach England zurücksehne.

Der bloße Wille, von heute auf morgen nicht mehr italienische, sondern englische Texte zu vertonen, reicht allerdings nicht aus, um diese Gesänge zum Klingen zu bringen. Wer es gewohnt ist, in jedem Vers ein Dutzend offener Vokale vorzufinden, wie es im Italienischen selbst dort der Fall ist, wo kein Dichter am Werk war, der kann sich nur wundern, wenn er auf einmal eine Sprache zum Leuchten bringen soll, die ganz anders klingt. Zwar gab es vor Händel bereits einen Dowland und Purcell, doch mit den höchst agilen Gesängen, wie sie für die italienisch geprägte Oper charakteristisch sind, haben weder die folkloristisch angehauchten Lieder des einen noch die Arien des anderen viel zu tun. Während in jedem beliebigen italienischen Libretto die Worte *amore, core*, *vendetta*, *costanza*, *cara* und *calma* bereits die halbe Musik ausmachen und selbst demjenigen verständlich sind, der sonst nichts versteht, begegnen wir in jedem gewöhnlichen englischen Satz einem Wust an Umlauten, die gesungen etwas Quälendes bekommen können.

Bei allem Natürlichkeitswahn, der bei Rousseau mit zelotischem Ernst jeden Lebensbereich zu erfassen begann, leuchtet einem dessen Behauptung, dass das Italienische im Unterschied zu manch anderen Sprachen der Inbegriff von Musik selbst sei, zuerst einmal durchaus ein. Sein Argument, dass alles andere schwerlich für Vertonungen taugt, lässt sich nicht von vornherein als bloßes Unsinnsgerede abtun. Wenn an der Komischen Oper Berlin in der Tradition eines Walter Felsenstein bis heute alle Opern auf Deutsch gesungen werden, sagt das zwar sehr viel über einen aufklärerischen Glauben aus, dem es in erster Linie um den sogenannten emanzipatorischen Inhalt gehen möchte, doch was dabei auf der Strecke zu bleiben droht, ist jene Einheit von *sound and sense*, die gerade im Musiktheater von entscheidender Bedeutung sein sollte. Dass im Übrigen nicht nur Rousseau meinte, allein das Italienische besitze in sich bereits so viel Musik, dass es zur Vertonung taugt, erfahren wir aus Burneys *Tagebuch einer musikalischen Reise*, in der er von einem Opernbesuch in Lyon erzählt, der 1770 stattfand. Es heißt da:

> »Nach einer sehr beschwerlichen und gefährlichen Reise über die fürchterlichen Alpen, und durch Provence und Languedoc, während welcher ein unaufhörlicher Regen die Wege aufs äusserste verdarb, langte ich den 3. Dezember, auf meiner Rückkehr zu Lyon an. Ich besuchte hier das Theater, und meine Ohren litten itzt mehr als jemals vom Anhören französischer Musik, nachdem ich an die vortrefflichen italiänischen Arbeiten gewöhnt worden war. Nach der Eugenie, einem ganz artigen Drama, führte man eine Operette von der Komposition des Herrn Gretry auf:

> *Silvain*. In der Musik waren manche hübsche Stellen, sie ward aber so elend gesungen, mit einem so falschen Ausdrucke, mit einem so erzwängten Geschrey, mit einem solchen Getrillere, daß mir fast übel dabey ward.«

Als Händel sich dafür entscheiden musste, der englischen Sprache auch in musikalischer Hinsicht gerecht zu werden, mag ihn durchaus die Angst geplagt haben, ob ein solches Unterfangen auf Dauer zufriedenstellend sein kann. Die wenigen, auf repräsentative Zwecke bezogenen oder für Privataufführungen gedachten Beispiele konnten die Befürchtung, dass mehrstündige englische Gesänge etwas Dumpfes bekommen könnten, vermutlich keineswegs zerstreuen. Schließlich zeigt jeder blind herausgegriffene englische Satz, dass es sich dabei um zahllose I-Laute handelt, die in der Musik etwas Enges, Gequältes und Kreischiges besitzen können. Im Italienischen mag es keine allzu große Kunst sein, offene Vokale aneinanderzureihen, im Englischen dagegen ist so etwas keine Selbstverständlichkeit, worauf vor allem Edwart J. Dent in seiner 1934 erschienenen Händel-Biographie hinweist, wenn er, auf das Jahr 1746 bezogen, in dem Händel wieder einmal unter höchst realen Bankrottphantasien zu leiden hatte, bemerkt:

> »Im gleichen Jahr fing Händel mit der Komposition eines neues Oratoriums zu Ehren des Herzogs an; es war Judas Maccabaeus, für das er einen neuen Librettisten entdeckt hatte, den Reverend Thomas Morell, früheren Fellow des King's College, Cambridge. Morell hat uns eine lebendige Schilderung von seiner Zusammenarbeit mit diesem großen Mann geliefert, den er zu kritisieren nicht fürchtete.

Händels heftige Erwiderungen ihm gegenüber sind auf eine Weise überliefert, als habe es sich um Wutausbrüche gehandelt, die in ihrer Entrüstung über einen knurrenden Schreiberling durchaus berechtigt schienen, nur dass man angesichts manch anderer Äußerungen aus Händels Mund mit seiner rauhen Zunge und dem großzügigen Humor (mit dem er oft Brahms zu ähneln scheint) solche Dinge nicht allzu ernst nehmen sollte. Es ist ziemlich klar, daß Morell sich eher amüsiert als angegriffen fühlte, und die Tatsache, dass die beiden ihre Zusammenarbeit bis zum Ende von Händels Laufbahn als Komponist weiterführten, zeigt, wie freundschaftlich sie einander verbunden blieben. So wie ihn zeitgenössische Porträts zeichnen, muß Morell von ziemlich komischer kleiner Gestalt mit großem Witz gewesen sein. Er war ein Gelehrter und hatte auch etwas von einem Musiker. Das akademisch Spröde seiner Verse schätzen alle Händel-Liebhaber an ihm, und zwar keiner mehr als Samuel Butler; so klar, gut gemacht, gelehrt, unmittelbar ansprechend, kurz und bündig, wie sie sind, dienen sie, mit keinem Wort zuviel, das sie besitzen, alle ihrem Zweck. Für Sänger gehen sie leicht von der Zunge, und es ist nicht unwahrscheinlich, daß Morell vertraut war mit den Werken des großen Vorbilds aller Operndichter namens Metastasio, zumal seine Worte ebenso wie diejenigen von Metastasio eine überraschende Schönheit offenbaren, wenn sie gesungen werden.«

Worüber die beiden gestritten haben, wissen wir zwar nicht, doch es wird sich vermutlich weniger um persönliche Dinge als Fragen gehandelt haben, die den Text angehen. Obwohl es sich gewiss nicht damit vergleichen lässt, was zwischen Hofmannsthal und Richard Strauss an brieflich überlieferten

Auseinandersetzungen stattfand, wird es für Händel dennoch eine entscheidende Rolle gespielt haben, ob er Verse vor sich hat, die sich einer Musik zu versperren scheinen, oder ob sie im inneren Ohr etwas zum Klingen bringen. Immerhin galt das Englische bis dahin keineswegs als eine opern- oder oratorienfähige Sprache, auch wenn Purcell bewiesen zu haben schien, dass man nicht ins Italienische ausweichen muss. Selbst nachdem Händel bereits den *Messias* und manch andere englische Texte vertont hatte, hieß das noch lange nicht, dass man es mit dem, was da auf den Tisch kam, leicht hatte. Allein die im Jahre 1757 erfolgte sprachliche Umbiegung von Händels frühem Oratorium *Il Trionfo del Tempo e del Disinganno,* in dem solche allegorischen Figuren wie Piacere, das Vergnügen, und Tempo, die Zeit, auftreten, zeigt, wie anders es klingt, wenn sie als Pleasure und Time in Erscheinung treten und bereits im Titel nicht mehr von *Trionfo*, sondern *Triumph* (lautsprachlich: traiomf) die Rede ist. Weil Wagner sich seine Verse selbst hingedrechselt hat, wird sein *Weia-Waga-Woge-du-Welle*-Wahn zwar bis heute belächelt, obwohl er gute Gründe hatte, sich aus lautmalerischen Gründen solche sprachlichen Vorlagen für das, was er musikalisch daraus machen wollte, zu ersinnen. Selbst wenn es bei ihm zuweilen ins unfreiwillig Komische umkippt, versteht man, wie sehr er dabei Sprache und Musik als eine tönende Einheit begreifen will, in der Sinnlichkeit und Sinn nicht mehr auseinanderzudividieren sind. Auch wenn Händel ein solches Bedürfnis nach einer vollkommenen Wort-Ton-Symbiose noch fremd gewesen sein mag, muss sich ihm aufgrund dessen, was man als in sich stimmig empfindet, trotzdem die Frage gestellt haben, was sprachlich-musikalisch zusammenfinden kann und was nicht.

Obwohl die Kirche hätte froh sein können, dass ein so berühmter Musiker wie Händel, der jahrzehntelang den als lasterhaft verrufenen Eitelkeiten des Theaters gefrönt hatte, sich inzwischen religiösen Stoffen zuwandte und damit ein größeres Publikum denn je erreichte, gab es auch Stimmen, die es für Blasphemie hielten, dass jetzt Oratorien die Oper ersetzen sollten. Als bekannt wurde, dass Händel im März 1743 seine erste Londoner *Messias*-Aufführung im Covent Garden Theatre leiten würde, meldete sich im *Universal Spectator*, einem Organ der anglikanischen Kirche, unter dem Pseudonym Philalethes, was so viel wie »der Wahrheitsliebende« heißt, jemand zu Wort, der sich als Musikliebhaber und Bewunderer Händels ausgab, es jedoch für einen Akt von Gotteslästerung hielt, dass in einem *Playhouse* sozusagen zum Vergnügen des Publikums ein solches Werk dargeboten wird. »What would a Mahometian think of this …?«, gibt der Autor dem Leser mit drei vielsagenden Pünktchen vor dem Fragezeichen zu bedenken: »Was würde ein Mohammedaner von so etwas halten …?« Gegen Händels Musik und den Text hatte dieser Mann nichts einzuwenden, doch dass so etwas in einer Art Amüsierbetrieb auf dem Programm stand und damit der Unterhaltung diente, wollte ihm als skandalös erscheinen. Anders als die Leipziger Honoratioren und Nobilitäten, denen Bachs sakrale Musik viel zu weltlich vorkam, hätte dieser Philalethes überhaupt nichts dagegen gehabt, würde ein solches Werk am richtigen Ort, nämlich in der Kirche, erklingen. »Behüte Gott ihr Kinder! Ist es doch, als ob man in einer Opera oder Comödie wäre«, wird dagegen in der 1732 erschienenen *Historie der Kirchen-Ceremonien in Sachsen* die Reaktion der »hohen Ministri und adelichen Damen« aus Leipzig auf die *Matthäus-Passion* überliefert. Der Autor dieser

Historie, Christian Gerber, schließt sich dieser Meinung bedingungslos an, zumal er findet, dass derartige Werke »offt so gar weltlich und lustig klingen, daß sich solche Music besser auf einen Tantz-Boden oder in eine Opera schickte, als zum Gottesdienste«. Während der englische Kirchenmann mit dem Pseudonym Philalethes den *Messias* viel lieber in der Kirche aufgeführt sähe, möchte der pietistische Sachse Christian Gerber die *Matthäus-Passion* ins Theater verbannen.

Für Leute, die Weltliches und Göttliches, Heiliges und Profanes strikt auseinanderhalten wollen, darf es schon deshalb keine Vermengung geben, weil man sonst gleich jedes Streben nach einer Wahrheit aufgeben könnte, die in ihren Augen offenbar nur in etwas Unvermischtem, Unbeflecktem, Reinem bestehen kann. Das religiös Angemessene muss demnach etwas ganz anderes sein als das, was uns in irdischer Weise erregt, weshalb eine Musik, die für sakrale Zwecke gedacht ist, sich deutlich von einer solchen zu unterscheiden hat, bei der wir ins Mitwippen geraten könnten. Ein solches Denken basiert auf dem Glauben, dass das eine das andere ausschließt und beides nicht zusammenfinden kann bzw. nicht zusammenfinden darf. Diesem Glauben wird ein paar Jahrzehnte später ein gewisser Immanuel Kant philosophische Weihen verleihen, wenn er seinem gesamten Denken die Gegensätze von Pflicht und Neigung, Lust und Moral, Sinnlichkeit und Vernunft zugrundelegt, und zwar in einer derart konträren Weise, dass Genuss und Einsicht, Hochgefühl und Tugend sich aus seiner Sicht schon deshalb niemals wirklich treffen können, weil das eine stets zum Sichgehenlassen tendiert, während das andere einer Festigkeit und eines Zusammenhalts bedarf, wie sie allein durch die willensstarke Abwehr unserer vergnügungssüchtigen Triebe zu haben sind. Weil Kant den Menschen in zwei Teile aufsplittet, deren einer aus einer Genusssucht besteht, die von Natur aus zur Haltlosigkeit neigt, und deren anderer aus puren Vernunftgründen nach moralischer Selbstunterdrückung ruft, darf man nicht nur seiner Herkunft wegen vermuten, dass hier ein guter Schuss Protestantismus mit im Spiel ist. Im katholischen Kosmos eines Kardinal Ottoboni oder eines jesuitischen Komponisten wie Carissimi hätten solche Gegensatzkonstruktionen schon aus dem Grund als absurd gelten müssen, weil uns in deren Verständnis Gott ja gerade deshalb mit einem so großen sinnlichen Vermögen ausgestattet hat, damit es uns – in altertümelnder Diktion ausgedrückt – zum Ruhme der Schöpfung gereichen möge. Ganz in diesem Sinn erklärt Newburgh Hamilton, einer von Händels Oratorien- und Kantatenlibrettisten, im Vorwort zu seinem 1743 erschienenen *Samson*-Textbuch: »Mister Händel hat hier auf so glückliche Weise Oratorien eingeführt, musikalische Dramen, deren Gegenstand biblischer Natur sein muß, und in dem die Feierlichkeit der Kirchenmusik angenehm mit den ansprechendsten Bühnenmelodien vereinigt ist.«

Damit weist das Oratorium allerdings bereits auf eine Zeit voraus, in der die Religion ihre allgemeinverbindliche Kraft einbüßt und an ihre Stelle der Kult um die Kunst tritt. Scheinbar paradoxerweise fällt diese Auswanderung des Religiösen in die Sphäre der Kunst just mit jenem »Ende der Kunst« zusammen, das Hegel bald diagnostizieren wird, womit keineswegs gemeint ist, dass es von da an keine Komponisten, Maler und Dichter mehr gibt, sondern sogar das schiere Gegenteil eintritt. Schließlich markiert das Ende der Kunst den Beginn einer Kunstreligion, die den Künstler geradezu zum Visionär stilisiert und ihm quasigöttliche Eigenschaften zuspricht, was sich bis heute beobachten lässt, insofern man bei jeder passenden und unpassenden Gelegenheit Künstlern ein Mikrophon vor die Nase hält, weil man glaubt, ihre Meinung zum Weltgeschehen sei tiefsinniger und wichtiger als diejenige von Politikern, Wissenschaftlern oder Sachkundigen.

Wenn Hegel konstatiert: »Mögen wir die griechischen Götterbilder noch so vortrefflich finden und Gottvater, Christus, Maria noch so würdig und vollendet dargestellt sehen – es hilft nichts, unser Knie beugen wir doch nicht mehr«, heißt das, dass wir nicht mehr das verehren, worauf diese Statuen und Gemälde verweisen, sondern sie selbst ehrfürchtig bestaunen, insofern wir sie als Kunst wahrnehmen. Schließlich strömen in die Kathedralen von Reims oder Chartres weit weniger Gläubige als Leute, die mit dem gleichen Betrachterblick Museen aufsuchen, wobei deren heilige Stille ja ebenfalls etwas von einer Andacht vermittelt, wie sie ursprünglich nur religiösen Stätten eigen war. Auch Konzertsäle verwandeln sich spätestens dann, wenn alle Musiker sitzen und der Oboist den Kammerton zum Stimmen angibt, in eine Art Tempel, nur dass dort kein Priester auftritt, sondern die Zuhörer sich mit der entstehenden Stille auf musikalische Offenbarungen einstellen. Wie wir spätestens seit dem 20. Jahrhundert wissen, gibt es in Bezug auf das, was als Kunst auftritt, noch ganz andere Andachtshaltungen und Unterwerfungsgesten, und zwar vor allem dann, wenn sie den Anspruch vor sich herträgt, aufklärerisch und gesellschaftskritisch zu sein. Vor zwei-, dreihundert Jahren hätte in einem solchen Postulat kein einziger Mensch ein Qualitätsmerkmal entdeckt, und für noch viel absurder würde man es damals gehalten haben, die Kunst im Namen des Kreativen als Selbsterfahrungs- und Selbstfindungsvehikel anzupreisen.

Wenn der 1957 geborene französische Pianist Pierre-Laurent Aimard bemerkt: »Ich glaube nicht, dass Charpentier oder Lully in der Gesellschaft den gleichen Status von akzeptierter Verrücktheit hatten wie später ein Scrjabin«, spottet er damit keineswegs über das, was Scrjabin geschrieben hat, und schon zweimal nicht kann es bei einem Musiker, der in erster Linie zeitgenössische Werke aufführt, gegen die Moderne als solche gerichtet sein. Doch es bringt zum Ausdruck, wie sehr die romantische Künstlerverherrlichung bis heute das Bild des halb göttlichen, halb abgedrifteten Außenseiters prägt. Gleichzeitig hat Kunst und das, was man dazu deklariert, als etwas so unmittelbar durch sich selbst Gerechtfertigtes zu gelten, dass die Frage »Wozu?« bereits als Blasphemie gilt. Wie schnell man als ein unverschämter Banause, der gefälligst das Maul zu halten hat, abgekanzelt werden kann, wenn es um die scheinbar allerhöchsten Weihen der Kunst geht, zeigen heutzutage beispielhaft die durchweg hämischen Angriffe auf Kardinal Meisner, der beklagt hat, dass Gerhard Richters im Jahre 2006 vollendetes Fenster für den Kölner Dom in seiner Abstraktheit nichts spezifisch Christliches zum Ausdruck bringt, sondern auch eine Moschee zieren könnte. Gleichgültig, ob man Kardinal Meisner immer schon für einen unerträglichen Kirchenmann mit fürchterlichen Ansichten gehalten hat oder nicht, kann es nur in einer Gesellschaft mit solchen Kunstpriestern, die das Allerheiligste verwalten, so weit kommen, dass jemand, der einen Einwand wie diesen zu formulieren wagt, sofort als Ignorant und Idiot niedergeschrien wird. Immerhin, so könnte man einwenden, ist jene Kölner Kirche, der er vorsteht, der Auftraggeber, weshalb sich deren Repräsentant dazu auch freimütig äußern darf, zumal er mit seiner Position nichts anderes als das Selbstverständnis einer Religionsgemeinschaft zum Ausdruck bringt, in deren Augen das alttestamentarische Bilderverbot dadurch, dass Gott in Gestalt seines Sohnes Jesus Mensch geworden ist, keine Gültigkeit mehr besitzt. Für einen Moslem dagegen darf das Göttliche in keiner Weise figürlich dargestellt werden, weshalb Meisner mit seinem Verweis auf den Islam den entscheidenden Unterschied zum Christentum herausgestellt hat. Da eh für jeden – auch für Kardinal Meisner – feststeht, dass Gerhard Richters Glasfenster ein künstlerisches Ereignis sind, belegen die unisono erfolgten Reaktionen auf seine Äußerungen nur wieder einmal aufs Eindrücklichste, wie die Wächter der Kunstreligion die allerkleinste Infragestellung ihrer Souveränität mit einem göttlichen Zorn beantworten, dessen Bannstrahl jeden trifft, der vor ihnen nicht das Knie zu beugen bereit ist.

Dabei zielt Hegels Diktum vom Ende der Kunst, das nicht nur Adorno als den Anfang ihrer Autonomie deutet, auf unsere inzwischen allgegenwärtige Erfahrung, dass das, was als Kunst bezeichnet wird, nichts Selbstverständliches mehr ist, sondern aus allerlei Aktivitäten und Prätentionen besteht, bei denen sich nicht selten die Frage stellt, worum es sich dabei eigentlich handelt. Zu Händels Zeiten stellte sich diese Frage in keiner Weise, zumindest nicht grundsätzlich, gleichgültig ob man die italienische Oper mochte oder lieber andere Werke auf der Bühne erlebt hätte. Seit Marcel Duchamp verkündete, dass das als Kunst zu gelten hat, was als solche deklariert wird, scheint dagegen nicht mehr klar zu sein, wo sie anfängt und wo sie aufhört. An die Stelle eines zweieinhalb Jahrtausende währenden Formbewusstseins, mit dem sich in aller Regel auf Anhieb erkennen ließ, was Kunst ist und was nicht, trat die Reflexion über unsere Wahrnehmungsmuster, mit der seit einigen Jahren vor allem bewiesen werden soll, dass alles ein Produkt historisch sich wandelnder Diskurse ist und deshalb als bloßes Konstrukt gelten darf. Zwar wird bereits in Platons *Hippias maior* darüber diskutiert, ob ein Krug ein Kunstwerk oder bloß ein Gebrauchsgegenstand ist, doch es handelt sich bei dieser Diskussion vor allem um die Frage, welche Dinge als schön zu bezeichnen sind, und weniger darum, ob man Kunst und Nicht-Kunst miteinander verwechseln kann.

Just mit dem Aufkommen der Kunstreligion beginnen all jene Kategorien ins Wanken zu geraten, mit denen man einst meinte, die Kunst von dem, was keine Kunst ist, unterscheiden zu können. Dass diese geschichtlich noch nie dagewesene Kunstverehrung mit der größtmöglichen Relativierung dessen, was als Kunst gelten darf, zusammenfällt, ist nur scheinbar paradox. Schließlich entwickelte sich mit dem romantischen Geniegedanken eine Kunstvorstellung, zu der vor allem der Glaube gehört, dass alles und jedes, was da geschaffen wird, einer Eingebung entspringt, die keinen ästhetischen Regeln und Gesetzen unterworfen ist. Während man einst handwerklich beurteilen konnte, ob etwas gut oder schlecht gemacht ist, beanspruchen längst das Nicht-zu-Beurteilende oder solche Hervorbringungen, die sich mit einem sogenannten gesellschaftlichen Bewusstsein brüsten, einen künstlerischen Wahrheitsstatus, wie ihn sich früher die Kunst niemals selbst zugesprochen hätte. Jede Art von ästhetischer Norm oder Regelwerk kommt in dieser Perspektive schon deshalb einer Freiheitsberaubung gleich, da alles Regelhafte der individuellen Entfaltung und dem subjektiven Expressivitätsbedürfnis zutiefst widerspricht. Mit einem ebenso geschichtsfatalistischen wie geschichtsgläubigen Vorwärtsvokabular wurde zu diesem Zweck ein ganzes Jahrhundert lang betont, dass, wer auf der Höhe der Zeit sein und die gesellschaftlichen Verhältnisse in der Kunst angemessen verarbeiten will, gar nicht anders können kann, als die Grenzen der Kunst ständig zu verschieben, was schneller, als man denkt, bedeutet, sie aufzulösen.

Zu Händels Zeiten wäre es undenkbar gewesen, von der Kunst zu verlangen, dass sie über ein sogenanntes gesellschaftliches Bewusstsein wachen und es über sich selbst, was heißt über seine Vorurteile und Beschränktheit, aufklären muss. Während des 20. Jahrhunderts hatte eine solche Aufgabe in den Augen zahlloser Kunstapologeten geradezu als Voraussetzung eines jeden Schreibens und Komponierens zu gelten. Wer nicht das, was man pejorativ das Bestehende nannte, als das Falsche anprangerte und keinen utopischen Visionen anhing, musste sich den Vorwurf gefallen lassen, die Welt in ihrer Heillosigkeit hinzunehmen und den Mächtigen nach dem Munde zu reden. Von welchem archimedischen Punkt aus die Verhältnisse allerdings aus den Angeln gehoben werden sollten, blieb dabei meist reichlich unklar, und zwar gerade da, wo mit einem erstaunlichen Eiferertum die immergleichen weltanschaulichen Litaneien dahergebetet wurden. Eine derart zelotische, unduldsame, unerbittliche Gläubigkeit, wie wir sie in der Geschichts-, Fortschritts- und Utopiereligion des 20. Jahrhundert erlebten, gab es zu jener Zeit, die einige Leute immer noch für das finstere Mittelalter halten, allenfalls am Rande bei solchen Sekten, die nie die Chance hatten, die halbe Welt in die Knie zu zwingen. Dass die Kunst, seit sie nicht mehr im Dienst der Kirche und des Adels steht, mit ideologischen Ansprüchen wie nie zuvor überfrachtet wurde, lässt sie zuweilen als viel unfreier als zu jenen Tagen erscheinen, da sie sich gar keine allzu großen Gedanken über ihre Freiheit und Unfreiheit machte.

Händel musste sich nach dem Markt richten und wurde gleichzeitig von Teilen des Adels unterstützt. Einschränkungen erfährt er nicht durch ideologische Vorgaben, sondern durch solche Diven und Kastraten, deren Narzissmus einem Publikumsgeschmack entgegenkommt, der nach zwei Jahrzehnten entschieden nachzulassen beginnt. Als er sich aufs Oratorienkomponieren verlegt, muss es ihm wie eine Erlösung vorkommen, auf keine männlichen und weiblichen Primadonnen mehr Rücksicht nehmen zu müssen. Dass seine Werke dadurch an Intensität gewinnen, ist keine Frage, auch wenn das beträchtliche Teile seines Opernœuvres nicht im Geringsten schmälert. Ganz anders muss es ein Kunst-Adept im 20. Jahrhundert empfinden, wenn er durch eine überall hoffähig gewordene, sich kritisch gerierende und als aufklärerisch anpreisende Lehre dazu angehalten wird, ein sogenanntes Problembewusstsein zu entwickeln und daraus Schlüsse zu ziehen, die für diejenigen, die das fordern, eh längst feststehen. Skeptische Zurückhaltung gegenüber derartigen Postulaten erforderte von Künstlern, die sich während des letzten Jahrhunderts solchen erpresserischen Ansprüchen nicht unterwerfen wollten, vermutlich eine weitaus größere Kraft, als sie je zuvor in der Geschichte der Kunst gegenüber oppressiven Forderungen aufgebracht werden musste.

Zwischen einer rousseauistisch geprägten Aufklärung, die im Grunde allen utopischen Entwürfen der letzten beiden Jahrhunderte zugrundeliegt, und der Gewissheit, dass die

Erde nicht der Hort des Heils ist, liegt eine unüberbrückbare Kluft. Wenn von Carissimis Musik gesagt wird, durch sie leuchte ein Stück des Paradieses in die Welt herein, lässt sich das auch von Händels arkadischen Arien behaupten. Dass wir durch sie einen Schimmer des Paradieses erhaschen, heißt aber noch lange nicht, dass wir es hier unten errichten können. Insofern Carissimis und Händels Musik etwas Leuchtendes besitzen, ist es ein Licht, das – ganz im Sinne von Schellings Philosophie – ohne jenen dunklen, finsteren Grund nicht denkbar ist, der es erst so hell erscheinen lässt. Das weltanschauliche Gerede, mit dem die DDR-Musikwissenschaft aus Händel einen Aufklärer zu machen versuchte, konnte einzig und allein den Sinn besitzen, dass man ihn dort ohne schlechtes Gewissen aufführen durfte. Auch wenn Händel offensichtlich nicht wie Bach ein dezidiert religiöser Mensch war, spiegelt seine Musik einen Kosmos, in dem die Erde keineswegs dazu bestimmt ist, der Garten Eden zu sein. Insofern dabei das Paradies hereinleuchtet, empfinden wir das gerade deshalb als eine Gnade, weil es nicht der Normalfall ist. Wer diesen weltanschaulichen Hintergrund zugunsten rousseauistischer Illusionen und menschheitsbeglückender Utopien wegzuretuschieren versucht, macht aus Händels Werk etwas, das ihm zutiefst fremd ist.

Gemäß der Überzeugung, dass das Christentum die Ausweglosigkeit der antiken Tragödie überwunden hat, weil es selbst für die schlimmsten Verbrechen die Möglichkeit der Vergebung vorsieht, muss eine Kunst, die auf solchen Grundannahmen fußt, auch nicht ständig Klage gegen die Korrumpiertheit alles Irdischen führen. Ganz im Gegenteil findet in ihr alles, was das Diesseits ausmacht, seinen Platz, und zwar alles zu seiner Zeit, wie es in den alttestamentarischen Weisheiten des Salomon heißt, dem Händel nicht zufällig sein weltfreudigstes Oratorium widmet, ein Oratorium, dessen Musik eine außerordentliche Zärtlichkeit und ein wie nur selten freudiges Glühen besitzt und deshalb wie kein anderes an Carissimi erinnert. Aber es wird darin auch jene Geschichte der zwei Frauen erzählt, die sich bis zur Mordbereitschaft um dasselbe Kind streiten, womit gleichermaßen das, was uns zu weiten Teilen ausmacht, in den Mittelpunkt gerückt wird: Missgunst, Neid und Vernichtungsdrang.

Dass in Adornos Geschichtsphilosophie Komponisten wie Händel und Messiaen keinen Platz finden, ist nur konsequent. Wer ständig mit den Zauberformeln der Verdinglichung, Entfremdung und Verblendung hantiert und es für geradezu unsittlich hält, das Lob einer Welt anzustimmen, die vor Ungerechtigkeit strotzt, muss konsequenterweise jede Art von Kunst ablehnen, die zuweilen eine arkadische Schönheit ausstrahlt und einen Trost bereithält, der sich nichts Utopischem, sondern der Gewissheit verdankt, dass wir ihn immer brauchen werden. Bei Bach kann Adorno wenigstens ein ostinates memento mori und die damit zusammenhängende lutherische Weltverachtung entdecken. Händels Musik dagegen kennt eine Sanftmut und ein Jubilieren, die ihresgleichen suchen. Wenn die christliche Titelheldin im gleichnamigen Oratorium *Theodora* in ihrer Arie »Fond Flatt'ring World, Adieu« (»Adieu, schöne törichte, schmeichlerische Welt«) mit einem mehrfach bekräftigten »Fahr dahin!« einsetzt, vermittelt dieser Gesang alles andere als den Eindruck, dass diejenige, die es singt, mit allzu großer Freude ins Jenseits und zu ihrem Gott hinüberblickt. Sie muss sich, wie die vielen Wiederholungen zeigen, mühselig einreden, wie leicht ein solcher Abschied fällt, nur dass ihr Gesang just dann, wenn sie betonen zu müssen meint, wie wenig ihr an den irdischen Reizen und Freuden noch liegt, vom wahrlich tristen Moll des anfänglichen »Leb wohl!« in ein erstaunlich wohliges Dur umkippt.

Jephtha dagegen, diese alttestamentarische Unglücksgestalt, weiß sich nicht mehr zu helfen, als er seine Tochter einem Gott opfern muss, dem er versprochen hat, im Falle eines Sieges über seine Feinde den ersten Menschen darzubringen, der ihm bei seiner Rückkehr entgegenkommt. Dass es – ähnlich wie in Mozarts *Idomeneo* – sein eigenes Kind sein könnte, auf diesen Gedanken kommt er nicht, als es ihm mit aller Gewalt darum geht, die Schlacht zu gewinnen. In seinem Accompagnato-Rezitativ »Deeper, and deeper still«, bei dem man den Eindruck gewinnt, Beethoven habe sich beim Komponieren von Florestans Kerkerszene an ihm orientiert, lässt Händel Jephtha durch nicht weniger als vierzehn Tonarten irren, wie um mit diesem chromatischen Taumel, bei dem die Tonika vollkommen verlorenzugehen scheint, zu zeigen, dass er jeden Boden und jeden Halt verloren hat, bevor sein Ausruf »I can no more!« in einen Chor mündet, der – nicht ohne Vorwürfe an Gott – die alte Theodizee-Frage aufwirft: »How dark, O Lord, are Thy decrees!« (»Wie dunkel, o Herr, sind deine Ratschlüsse!«). Doch selbst dieser Chor endet mit einem dutzendfach bekräftigten »Whatever is, is right« (»Was immer ist, ist recht«). Es ist ein Satz aus Alexander Popes *Essay on Man*, einer 1734 erschienenen, in Versen abgefassten Abhandlung über die Natur und den Menschen, die von einem Dichter stammt, den die Natur nicht nur zum Krüppel gemacht hat, sondern der in England auch unter den Benachteiligungen leiden musste, die man dort zu gewärtigen hatte, wenn man aus einem katholischen Elternhaus stammte.

In wohl keinem anderen Werk begegnen wir einer so endlosen Schönheit und Grazie wie in *Semele*, das Händel vermutlich deshalb mit der unentschiedenen Gattungsbezeichnung »after the Manner of an Oratorio« charakterisiert, weil wir in ihm keinem biblischen Personal, sondern dem heidnischen aus der griechischen Antike begegnen. Dem Libretto fügt er eigens folgende Verse aus den *Pastorals* von Alexander Pope hinzu:

> Where'er you walk, cool gales shall fan the glade,
> Trees, where you sit, shall crowd into a shade;
> Where'er you tread, the blushing flow'rs shall rise,
> And all things flourish where you turn your eyes.

> (Wo immer du gehst, mögen frische Winde die Lichtung fächern, / Und Bäume, wo du sitzt, Schatten dir spenden; / Wo immer du hintrittst, mögen errötende Blumen aufgehen, / Und alles blühen, wohin deine Augen schauen.)

Allein seine Sprachmusik macht aus diesem Gebet einen Segensgesang, doch in Händels an Trost mit nichts zu vergleichender Vertonung erleben wir einen Frieden, dessen Schönheit alle Trauer längst in sich aufgehoben und sie in Dankbarkeit für all das, was einem in dieser Welt sonst noch widerfährt, verwandelt hat. Es spielt hier keine Rolle mehr, was daran heidnisch sein könnte und was christlich. Schließlich konnte Händel in Popes *Pastorals* das dichterische Pendant zu seiner Musik finden, in der sich eine Bejahung offenbart, die nichts von dem ausnimmt, was das Gegenteil von Frieden und Glück ist.

Barock und Wirrwarr

Was ist die Welt? Diese Frage steht nicht nur bei den schlesischen Barockdichtern im Zentrum. Was sie darauf antworten, ist bekannt: Die Welt ist, wie es bei Gryphius heißt, »ein Spiel der Zeit«, das mit uns gespielt wird und bei dem wir mitspielen müssen. Doch es findet in den Augen von Gryphius, dessen prägende Erfahrung der Dreißigjährige Krieg ist, nicht auf einer prächtigen Bühne statt, sondern in einem »Wohnhauß grimmer Schmerzen«, das wir selber sind. Während Luther in seinen Tischreden die Welt als »Scheißhaus« charakterisiert und sie mit einem betrunkenen Bauern vergleicht, ist sie für Gryphius das »offt bestuermbte Schiff der grimmen Winde Spil«, ein »See voll rauer Stuerme« und – um beim Bild des Wassers zu bleiben – vor allem ein »Thraenen Thal«. Endlos sind die barocken Vergleiche, mit denen man das, was die Welt ausmacht, einzufangen sucht, so endlos, dass Goethe davon nichts mehr hören will, da es in seinen Augen immer das Gleiche ist, was da gesagt und beschworen wird, zumal für dieses Immergleiche tausend Bilder gesucht wurden, die seines Erachtens kein einziges Mal einen neuen Gedanken einführen.

Mit solchen ideologiekritischen Verwerfungen unserer Lebensverhältnisse aus dem Geist der Utopie, wie wir ihnen in den geschichtsphilosophischen Zukunftsbeschwörungen von Condorcet bis zu Ernst Bloch oder auf ganz andere Weise in der Negationspositur eines Adorno begegnen, hat das allerdings nichts zu tun. »Diß alles stinckt mich an«, heißt es zwar in einem Gedicht von Gryphius, womit man aber eher an die Erfahrungen mit dem Dreißigjährigen Krieg als an ein angeblich falsches Bewusstsein denken muss, auch wenn im gleichen Gedicht »die tolle Phantasie« und »die flüchtige Begierd« als reines »Gauckelwerk« abgetan werden. Wenn wir jedoch wissen, dass »diß Leben« eh nur »eine Renne-Bahn« voller »Geschwaetz und Schertzen« ist, dann nützt es nicht viel, gegen diesen Wirbel und Trubel, dieses Sich-gejagt-Fühlen und Mitspielen anzurennen, schließlich kann daran auch das Eingedenksein der Nichtigkeit alles Irdischen kein bisschen etwas ändern.

»Die ganze Welt ist eine Bühne, und alle Männer und Frauen sind nur Spieler«, behauptet der melancholische Narr Jaques in Shakespeares *Wie es euch gefällt*. Es ist ein Narr, der wie alle Shakespearschen Narren so gut wie nichts Fröhliches an sich hat und auch so gut wie nie Witze macht, über die man wirklich lachen könnte. Vielmehr sind es Einzelgänger und Sonderlinge, die ein wenig abseits vom allgemeinen Trubel stehen und für solche Weisheiten zuständig sind, die uns Zuschauern erklären, was von unseren Aufgeregtheiten und Wichtigtuereien zu halten ist. »Toda es una entrada, una salida« (»Alles ist ein Eintreten und Verlassen«), bemerkt die Dame Welt am Ende von Calderóns *Großem Welttheater*, nachdem sie den Spielern ihre Kostüme und Requisiten wieder abgenommen hat, ganz so wie es einmal für jeden sein wird, wenn er endgültig abtreten muss und jene Gewänder, Zepter oder auch nur Bettelstäbe, die ihn fürstlich oder erbärmlich schmückten, zurücklässt.

Dass die Welt eine Bühne ist, diesem Bild begegnen wir in der Zeit des Barock so häufig wie kaum einem anderen. Das wirkliche Theater, in dem wir uns Stücke ansehen, ist deshalb weit mehr als nur ein Theater, zumal das, was dort aufgeführt wird, nicht nur ein Spiegel unserer Verhältnisse ist, sondern die Welt als solche repräsentiert. Was paradoxerweise heißt, dass nichts anderes als der Illusionsraum des Theaters die im Grunde einzig realistische Repräsentationsinstanz dessen ist, was das Ganze unseres Lebens ausmacht. Es ist der Ort menschlicher Selbstbegegnung schlechthin, weit mehr als das Buch, in welches wir uns versenken und etwas über Gott, die Welt und uns selbst zu erfahren hoffen. Von Molière bis zur Commedia dell'Arte, von den Jesuitendramen bis zu den Wandertheatern, die übers Land fahren, von Monteverdis *Orfeo*, der am Hof zu Mantua uraufgeführt wird, bis zur Londoner *Beggar's Opera*, in die das Volk strömt, von Calderóns jahrmarktähnlichem *Großen Welttheater* bis zu Racines gänzlich auf die gefeilte Sprache konzentrierten Tragödien scheint das, was man heutzutage das kulturelle Leben nennen würde, in solchen Ereignissen seine Höhepunkte zu finden.

Nicht zufällig spielt in der Barockzeit der öffentliche Raum und alles Repräsentative eine gewichtige Rolle, was sich nicht nur an den allerorten entstehenden Schauspiel- und Opernhäusern zeigt, sondern ebenso an den vielen Prachtbauten mit ihren Gartenanlagen und Promenaden, nicht zu vergessen den zahllosen Kirchen, die damals errichtet werden und keineswegs nur dem Zweck dienen, dass dort gebetet wird. Schließlich gleichen sie mit ihren Vorplätzen, Prunkfassaden, den vielen Seitenschiffen, Säulen, Gewölben, Statuen und Fresken manchmal geradezu Schlössern, die auch für die sogenannten einfachen Leute gedacht sind. Je mehr auf reformierter Seite der Glaube als ein intimes Vertrauensverhältnis zwischen dem Einzelnen und Gott empfunden wurde, desto entschiedener wollte die gegenreformatorische Seite vorführen, um wie vieles erregender es ist, an großen Gemeinschaftsereignissen teilzuhaben, zumal dabei an nichts gespart wurde, weder an Weihrauch noch an Prachtgewändern, goldenen Monstranzen, Glockengeläut und musikalischen Darbietungen, die alle dazu dienen sollten, etwas vom Wunder göttlicher Realpräsenz in der Welt zu vermitteln. So wie es in der Oper auch nicht allzu sehr darauf ankam, ob man verstand, was da gesungen wurde, so kam es für den Kirchgänger genauso wenig darauf an, was die lateinischen Gebete im Einzelnen bedeuteten, schließlich war das Wichtigste, dass es sich wie eine Sprachmusik anhörte, die wie jede Musik ihren Zweck in sich selbst besitzt. Der protestantische Glaube, es komme bei der Religion auf den persönlichen Nachvollzug dessen an, was da behauptet und gepredigt wird, wirft den Einzelnen dagegen auf sich selbst und das, was man sein Gewissen nennt, zurück, während auf katholischer Seite das genaue Gegenteil, nämlich eine kollektive Erregung, die Teilhabe am Göttlichen verspricht. Schließlich besaßen auch Wallfahrten bis vor wenigen Jahrzehnten in ländlichen Gegenden den Sinn, dass die Leute aus dem Dorf wenigstens ein paar Mal im Leben etwas von der Welt sehen konnten, wozu gehörte, dass man sich während der Busfahrten mit stundenlangen Litaneien und Gesängen in eine Art Trance hineinbewegte, um sich dann in den Wirtshäusern und Herbergen profaneren Freuden zuzuwenden.

Bei all dieser Dominanz des Öffentlichen und Theatralischen erscheint Anfang des 17. Jahrhunderts in Spanien allerdings auch ein Werk, das als der erste neuzeitliche Roman und damit als der erste Roman überhaupt gelten darf. Es ist ein Buch, das jeder kennt, selbst wenn er es nie in der Hand gehabt hat. Sein Verfasser ist Miguel de Cervantes, der 1571 als Marinesoldat – wie man heute sagen würde – an der Seeschlacht von Lepanto gegen die Osmanen, also gegen die Moslems, teilgenommen und dort seinen Arm verloren oder ihn zumindest so stark beschädigt hat, dass er zu nichts mehr zu gebrauchen war. Als er später in Sevilla wegen Veruntreuung von Staatsgeldern im Gefängnis sitzt, was in seiner Familie schon fast zur Tradition zu gehören scheint, fängt er an, seinen *Don Quijote* zu schreiben, der paradoxerweise gerade deshalb als ein höchst realistisches Buch gelten darf, weil er etwas in den Blick rückt, das mit der Wirklichkeit reichlich wenig zu tun zu haben scheint, nämlich unser Phantasieleben. Weil Don Quijote in Schafherden und Windmühlen seine Feinde erblickt, erscheint er in unseren Augen als verrückt, doch wissen wir nicht, ob ein Wesen, das die Welt tatsächlich so, wie sie ist, erleben könnte, nicht alle unsere Wahrnehmungen als bizarr empfinden müsste.

Immerhin stellt Descartes sich in seinen 1641 erschienenen *Meditationen über die Grundlagen der Philosophie* gleich zu Anfang die Frage, ob das, was wir denken, vielleicht überhaupt nichts mit dem, was wir als Wahrheit empfinden, zu tun haben könnte, sondern einzig und allein etwas über unsere Ideen, jedoch rein gar nichts über die Wirklichkeit aussagt. Descartes ersinnt sich für diese Möglichkeit die Existenz eines bösen Dämons, der uns arglistig täuschen könnte, nur dass man dafür eigentlich gar kein solches Wesen erfinden müsste, sondern es genügen würde, die Beschränktheit unseres Wahrnehmungs- und Denkvermögens in Betracht zu ziehen, um so etwas für keineswegs ausgeschlossen zu halten. Schließlich wird Descartes von Leibniz entsprechend entgegengehalten, dass unser Geist keineswegs nur klare Ideen auf der einen und falsche auf der anderen Seite hervorbringt, sondern aus zahllosen Übergängen zwischen diffusen und deutlichen Wahrnehmungen bzw. luziden oder verschwommenen Ideen besteht, ohne dass es eine Instanz gäbe, die uns sagen könnte, wo das absolut Wahre endet und das absolut Falsche beginnt. Im Übrigen ist überhaupt nicht gesagt, dass klare Ideen der Wirklichkeit eher als wirre entsprechen, zumal es durchaus sein könnte, dass die Wirklichkeit selbst etwas Wirres besitzt und keineswegs den Gesetzen unserer gedanklichen Logik gehorcht. Da wir all das nicht aus göttlicher Warte zu entscheiden vermögen, gibt Leibniz zu bedenken, dass wir bei unseren Urteilen über das, was in unseren Augen die Welt im Ganzen ausmacht, die Beschränktheit unseres perspektivisch verengten Blickwinkels in Betracht ziehen und uns dessen bewusst sein müssen, dass wir nur ein Teil des Ganzen sind und nicht über ihm stehen, was in keiner Weise moralisch, sondern rein erkenntnistheoretisch gemeint ist.

All das in Erwägung ziehend, mag uns Don Quijote zwar nach wie vor als ein Verrückter erscheinen, nur dass uns der Autor Cervantes ja selbst darüber aufklärt, dass sein Held zu viele Ritterromane gelesen hat und deshalb noch in einer Welt lebt, die es gar nicht mehr gibt. Allein, Don Quijote ist so sehr in seine Vergangenheit vertieft, dass sie ihm weit wirklicher als das erscheint, was seine Zeitgenossen für die Wirklichkeit halten. Weil er auszieht, um als ein wahrer Ritter gegen seine Feinde zu kämpfen, müssen ihm diese

Feinde auch begegnen, ob sie wollen oder nicht. Wie immer man es dreht und wendet, Cervantes' Roman handelt von der realen Macht des Imaginären und Illusionären, wobei diese Macht keineswegs nur bei Verwirrten und Verirrten anzutreffen ist, sondern die Eigenschaft besitzt, allgegenwärtig zu sein. Schließlich machen wir uns alle Bilder von der Welt, was heißt, dass es sich dabei in erster Linie um Bilder und nicht um die Welt selbst handelt. Dass das keineswegs bewusst passiert, sondern immer schon mit uns geschieht, und zwar allein durch unsere Sprache und durch Vorstellungen bedingt, die eine lange Geschichte besitzen, macht die Sache nicht einfacher. Vielleicht, so könnte es sein, begegnen wir in Don Quijote ja nur der Karikatur dessen, was der Normalfall ist. Trotzdem bringt uns das Wissen, dass es sich bei dem, was wir uns als die Welt vorstellen, vermutlich immer nur um Bilder, Imaginationen und Illusionen handelt, auch nicht viel weiter, da es schließlich keine Alternative dazu gibt. »Und da aus Vorstellungen / dieses ganze Leben besteht, / verdient es, Verzeihung zu erhalten / für die einen wie die anderen«, erklärt am Ende von Calderóns *Großem Welttheater* die Dame Welt, nachdem sie denen, die für eine Weile im Theatrum Mundi mitgespielt haben, die Kostüme wieder abgenommen hat.

Das, was das Barocke ausmacht, einzugrenzen ist ebenso schwierig, wie es leicht ist, auf Anhieb zu erkennen, ob es sich bei einer Kirche um eine barocke handelt oder nicht. Jacob Burckhardt charakterisiert den Barock in seinem *Cicerone* als »verwilderten Dialekt« der Renaissance, womit er ihm einerseits seine Reverenz erweist, andererseits aber auch unmissverständlich zum Ausdruck bringt, dass hier etwas aus dem Ruder läuft. Zwischen Kopfschütteln und zurückhaltender Bewunderung hin- und hergerissen, bemerkt er auf der einen Seite: »Manche Architekten komponieren in einem beständigen Fortissimo«, während ihn auf der anderen die Licht- und Schattenwirkungen dieser Baukunst zutiefst beeindrucken, deren Dekorationssucht ihn aber auch wieder abstößt und die er sogar als krankhaft empfindet. Vor lauter Zierrat und weil alles ständig maßlos prächtig sein wolle, vergehe einem bald die Lust, genauer hinzuschauen, meint er, da es sich dann doch meist um das Immergleiche handle, was an Goethes Verdikt über die gedankenarme, sich in tausend fruchtlosen Variationen erschöpfende Vanitas-Rhetorik erinnert. Bei aller Abwehr hebt Burckhardt allerdings denjenigen gegenüber, die ob dieses Schwulsts nur die Nase rümpfen, hervor, man müsse »die Künstler des Barockstiles von ganzem Herzen ob der Freiheit, welche sie genossen«, beneiden.

Burckhardts Schüler und Lehrstuhlnachfolger Heinrich Wölfflin setzt den Barock wiederum der Renaissance diametral entgegen. Als handle es sich bei dem einen um etwas klassisch Klares und beim andern um ein figuratives Geschlinge, das den Eindruck immerwährender Bewegung vermittle, lässt er anhand architektonischer Stilanalysen ganz unterschiedliche Denkweisen und Empfindungswelten erstehen. Plastischer als in seiner 1888 veröffentlichten Studie *Renaissance und Barock* lassen sich die Differenzen nicht beschreiben, gleichgültig ob man mit diesen Charakterisierungen im Einzelnen einverstanden ist oder nicht.

»Die Renaissance«, schreibt Wölfflin, »ist die Kunst des schönen ruhigen Seins. Sie bietet uns jene befreiende

Schönheit, die wir als ein allgemeines Wohlgefühl und gleichmäßige Steigerung unserer Lebenskraft empfinden. An ihren vollkommenen Schöpfungen findet man nichts, was gedrückt oder gehemmt, unruhig und aufgeregt wäre …

Der Barock beabsichtigt eine andere Wirkung. Er will packen mit der Gewalt des Affekts, unmittelbar, überwältigend. Was er gibt, ist nicht gleichmäßige Belebung, sondern Aufregung, Ekstase, Berauschung. Er geht aus auf einen Eindruck des Augenblicks, während die Renaissance langsamer und leiser, aber desto nachhaltiger wirkt.«

Gilles Deleuze, der im Barock all das zu finden glaubt, was seiner Entgrenzungsphilosophie entgegenkommt, verweist in seinem 1988 erschienenen Traktat *Die Falte – Leibniz und der Barock* gleich zu Anfang auf Wölfflin, ohne allerdings deutlich zu machen, wie sehr seine Charakterisierungen des Barocken und ebenso alle Gegensatzpaare, mit denen er in diesem Buch arbeitet, bis ins Kleinste ihm zu verdanken sind. Schließlich erblickt Deleuze wie dieser auf der einen Seite das Lineare, auf der anderen das Verdrillte, auf der einen das Feste, auf der andern das Fließende, hie das Befriedete, dort das Aufgewühlte, hie Harmonische, dort Chromatische, Einheitliche und Mannigfaltige, Abgerundete und Offene, Gerahmte und Grenzenlose, Schöne und Verzerrte, Ausgewogene und Maßlose, Klare und Wirre, Erbauliche und Abgründige, Transparente und Labyrinthische, Rationale und Bizarre.

Folgender Satz von Wölfflin könnte wie kein anderer dem gesamten Denken von Deleuze als Motto dienen: »Der Barock gibt nirgends das Fertige und Befriedigte. Nicht die Ruhe des Seins, sondern die Unruhe des Werdens, die

Spannung eines veränderlichen Zustands.« Konziser ließe sich nicht zusammenfassen, worum es Deleuze mit seiner Apologie der Übergänge und des Ereignisses geht, die er in allen seinen Schriften der angeblichen Starre des Seins und der Gier nach einem unbedingten Sinn als einzig befreiende Denk- und Lebensformen entgegensetzt. Selbst wenn er hervorhebt, wie im Barock das Architektonische ins Malerische übergeht und das Malerische architektonische Gestalt gewinnt, nimmt er einen zentralen Gedanken Wölfflins auf, nur dass es Wölfflin nicht um leidenschaftliche Plädoyers für libertäre Lebensformen, sondern um stilistische Unterscheidungen geht, während Deleuze im Barock ein Begehren nach Entgrenzung am Werk sieht, das in seinen Augen Vorbildfunktion besitzt, wenn es um den Kampf gegen alles Klassische, Normierende, Disziplinierende, Harmonisierende, Kodierende und Reglementierende geht.

Um zu erahnen, was jemanden wie Deleuze am Barock fasziniert, vergegenwärtigt man sich am besten, was andere an ihm abstößt. Bestes Beispiel dafür ist Benedetto Croce, der an ihm nur Irrationales und Inhumanes zu entdecken vermag. In seiner 1925 gehaltenen Rede mit dem Titel *Der Begriff des Barock* weist er zuerst einmal darauf hin, dass wir es dabei ursprünglich mit keiner Epochenbezeichnung, sondern einem Schimpfwort zu tun haben, so wie wir es auch von dem Wort Impressionismus kennen, das alles andere als positiv gemeint war. Als barock wurde alles Verzwirbelte, Verdrillte und im schlechten Sinne Phantastische bezeichnet, lauter Dinge, die in der Nähe des Grotesken und Abstrusen angesiedelt sind, so wie das einst nicht minder vom Gotischen galt, bevor es von Leuten wie Goethe in hymnischen Aufsätzen rehabilitiert und vom Ruch des Barbarischen, das ja in dem Wort Gote schon von sich aus steckt, befreit wurde. Alles Barocke dagegen gilt bis heute als überladen, übertrieben, lächerlich und fratzenhaft, als sei es immer schon seine eigene Karikatur.

»Jedermann fühlt«, behauptet Croce, »vor gewissen Barock-Skulpturen, -Malereien und -Gedichten, daß die Darstellung des Niedrigen, des Gräßlichen, des Bluttriefenden oder sogar auch einfach des gewöhnlichen, pöbelhaften Lebens das einzige Ziel hat, Bewunderung hervorzurufen, weil man es wagte und verstand, das zu reproduzieren, was einem Andern niemals als ein Gegenstand für die Kunst in den Sinn gekommen wäre.« Da dabei alles Kunstunwürdige in den Stand der Kunst erhoben werde, so meint er, müsse es einen auch nicht wundern, wenn im Barock alles Heroische und Leidenschaftliche sofort ins Groteske umkippe und dabei keinerlei Raum für Heiterkeit, Leichtigkeit, Vernunft und die »Freiheit der Seele« bleibe. Barock und Barbarei sind für ihn nahezu eins, wenn er im Brustton des humanistisch sich dünkenden Aufklärers erklärt: »Er stellt eine ästhetische, aber auch menschliche Sünde dar; er findet sich überall und zu allen Zeiten, wie alle menschlichen Sünden, wenigstens als eine Gefahr, in die man hineingeraten kann.« Woraus er folgert: »Kunst ist niemals barock und das Barocke niemals Kunst.« Das einzig Positive, was er ihm nachsagen kann, ist, dass er mit den zahllosen Sünden, die er in ästhetischer wie moralischer Hinsicht begangen hat, für alle Zukunft als negatives Vorbild dafür dienen mag, wie man es nicht machen soll und nicht machen darf. Generalistisch fasst er zusammen:

> »Der Barock ist eine Art des künstlerisch Häßlichen, und deshalb ist er überhaupt nicht künstlerisch, steht zur

> Kunst vielmehr im direkten Gegensatz. Ohne dem Gesetze der künstlerischen Übereinstimmung zu gehorchen, sich im Gegenteil dagegen auflehnend und dieses Gesetz hintergehend, entspricht der Barock selbstverständlich einem andern Gesetze; es ist kein anderes Gesetz als das der individuellen Laune, der Bequemlichkeit, der Grille und deshalb utilitaristisch und hedonistisch, wenn man es lieber so bezeichnen will.«

Um es an Eindeutigkeit nicht fehlen zu lassen, fügt er noch hinzu: »Für den, in psychologischem und allgemein menschlichem Sinn aufgefaßten Barock gibt es keine Ursache, weil es keine Ursache für das menschliche Irren gibt, außer der *virtus dormitiva*, der sündhaften Natur des Menschen selbst.« Damit gesteht Croce, auch wenn es nicht seine Absicht ist, immerhin ein, dass die barocke Welt mehr von der Natur des Menschen versteht als jene Rousseau-Anhänger, die blind an das Gute glauben, selbst dann, wenn die gesamte Geschichte etwas anderes erzählt und die Triebstruktur des Menschen entschieden dagegen spricht.

Wo Croce nur Wirrwarr zu entdecken vermag, fühlt Deleuze sich durch ein vitales Chaos belebt, wie er es im Bild rhizomatischer Wurzelwucherungen programmatisch allem Linearen, Zielstrebigen, Maßvollen, Ausgewogenen, Vernunftversessenen und Transparenzsüchtigen anarchisch-jovial entgegensetzt. Was Croce an den Ausgeburten einer verwilderten Phantasie verabscheut, deutet Deleuze ins pure Gegenteil um, wenn er all das, was andere als krankhaft empfinden, zum Kennzeichen einer anti-ödipalen, was heißt von allem Normativen und allen Autoritätsmechanismen befreiten Lebensweise stilisiert.

Für Deleuze ist nicht Descartes, sondern Leibniz der

Denker des Barock. Bei ihm trifft er auf eine Philosophie der unentwegten Übergänge und des Mannigfaltigen, auf ein Denken in Ereignissen und nicht in Substanzen, in Relationen und nicht in Systemen, in endlosen Aufspaltungen und nicht in solchen begrifflichen Reduktionen, die Übersicht schaffen und dafür möglichst alles festschreiben wollen. Tatsächlich staunt Leibniz wie kaum ein anderer darüber, dass kein einziges Blatt an einem Baum genau so wie ein anderes aussieht, weshalb für ihn die Frage im Zentrum steht, wie es möglich sein kann, dass eine ganze Welt aus milliardenfachen Individualitäten nicht im Chaos erstickt. Dass es Gesetzmäßigkeiten geben muss, die all das miteinander auf höchst komplexe Weise verknüpfen, scheint außer Zweifel zu stehen, zumal die Natur ja der beste Beweis dafür ist, wie das eine ins andere hineinspielt und Myriaden von Kräften dafür sorgen, dass diese grenzenlose Vielfalt sich miteinander verbindet, vom Winzigsten bis zum Allumfassenden.

Wenn Voltaire in seinem *Candide* Leibniz als Optimisten verhöhnt, der die Übel der Welt maßlos beschönigt, offenbart das vor allem, dass Voltaire nicht begriffen hat, worum es dabei geht, oder es nicht begreifen wollte. Mit Optimismus haben Leibniz' Überlegungen nicht das Geringste zu tun, ganz abgesehen davon, dass Voltaire moralische Fragen, die per se nur menschliche Angelegenheiten betreffen können, mit erkenntnistheoretischen und naturwissenschaftlich orientierten verwechselt. Alexander Pope griff er wegen dessen *Essay on Man* aus den gleichen Gründen an, schließlich wollte er den darin enthaltenen Satz »Whatever is, is right« im Sinne einer Rechtfertigung alles nur erdenklichen menschlichen Leidens begreifen. Dabei hat Pope, ähnlich wie Leibniz, unsere unzureichenden Erkenntnismöglichkeiten ausdrücklich zum

Gegenstand seiner Überlegungen gemacht, was er in dem Satz zusammenfasst: »'Tis but a part we see, and not the whole« (»Wir sehen nur einen Teil, und nicht das Ganze«). Dass die Erde ihren eigenen Gesetzen folgt und keinen menschlichen Wunschvorstellungen entspricht, auf diesen Gedanken scheint Voltaire nicht zu kommen. »Warum ist unser Blick nicht winzig fein?«, fragt Pope und antwortet: »Ganz klar: sonst müßt man eine Fliege sein! Was nützt, wär fein're Sehkraft uns vermacht, zu sehn die Milbe, nicht des Himmels Pracht?« Immerhin scheint die Welt Gesetzmäßigkeiten zu gehorchen, die zu durchschauen wir bis ins letzte Ende offensichtlich nicht in der Lage sind, was eben wiederum daran liegt, dass wir selbst und unser Erkenntnisvermögen lediglich ein winziger Teil des Ganzen sind. Dass niemand Hurra ruft, wenn ein Erdbeben eine ganze Stadt einäschert, schon zweimal nicht Leibniz und Pope, ist so gewiss, wie es ebenfalls gewiss ist, dass die Erde nur zu dem werden konnte, was sie ist, weil es in ihrem Inneren rumort. Und deshalb erklärt Pope, dass die Entrüstung über Naturkatastrophen sich nichts anderem als jenem anthropozentrischen Blick verdanken kann, der sich bei allem, was geschieht, ausschließlich fragt: Wie geht es mir dabei, und warum wird mir das angetan?

Fest steht jedoch, dass es kein Entstehen und Vergehen gäbe, hätte Gott aus der Welt etwas ebenso Vollkommenes gemacht, wie er selbst es ist, was schon deshalb nicht möglich gewesen wäre, da die Existenz zweier gleicher Vollkommenheiten sich widerspräche, zumal etwas schlechthin Vollkommenes ja nicht bloß der Teil eines umfassenderen Ganzen sein kann. Weil sie durch ein ständiges Gedeihen und Verderben, Entstehen und Vergehen, Geborenwerden und Sterben geprägt ist, erleben wir die Welt selbstverständlich auch als etwas Schreckliches. Doch das Gegenteil wäre der reine Stillstand, wodurch es – zumindest im irdischen Sinne – wiederum kein Leben gäbe, was in den Augen von Leibniz und Pope nur beweist, dass unsere Klagen zuweilen etwas äußerst Kurzsichtiges besitzen. Diese Verengung des Blicks ist zwar naturgegeben, insofern wir aus unserer Position nicht herausspringen können, doch wer diese perspektivische Behinderung nicht einmal in Betracht zu ziehen gedenkt, kommt in Leibniz' und Popes Augen über ein entrüstetes »Und was ist mit mir?!« nie hinaus. Über einen solchen anthropozentrischen Narzissmus, der sich zutiefst humanistisch fühlt und es insofern auch ist, als dabei nur das Humanum eine Rolle spielt, höhnt Pope:

> »Frag, wozu die Himmelskörper leuchten,
> zu welchem Zweck die Erde existiert? Der Stolz antwortet:
> ›Das ist für mich!
> Für mich weckt die gütige Natur ihre freundliche Kraft;
> Nährt jedes Kraut und breitet jede Blume aus;
> Macht jedes Jahr die Traube und die Rose neu,
> den Nektarsaft und den balsamischen Tau;
> Für mich die Mine tausend Schätze birgt;
> Für mich tausend Gesundheitsquellen entspringen;
> Meereswogen, die mich wiegen, Sonnen, die zum Licht
> mich führen;
> Die Erde ist mein Schemel, mein Baldachin der
> Himmel.‹«

Wenn Deleuze Leibniz und nicht Descartes zum Denker das Barock kürt, hängt das auch damit zusammen, dass Descartes nichts inständiger als die Frage nach einer festen Grundlage des Denkens umtreibt und es ihm vor allem um die Unfehlbarkeit unseres Urteilsvermögens geht, während

Leibniz bereits einen solchen Ansatz für verfehlt hält, wenn er zu bedenken gibt, dass unsere Wahrnehmung und unser Verstand Grenzen ausgesetzt sind, die in unserer Natur liegen und damit zu tun haben, dass wir die Welt und die Wirklichkeit niemals wie von außen überschauen können. Während es für Descartes nur Richtiges oder Falsches, Verworrenes oder Klares, Logisches oder Abwegiges gibt, entfaltet sich für Leibniz unser Wissen in einem steten Sowohl-als-auch, was sich bereits darin zeigt, dass wir tausend Dinge ausblenden müssen, solange wir unser Augenmerk auf einen bestimmten Punkt richten, weshalb es uns nie gelingen kann, alle Aspekte einer Sache gleichzeitig zu vergegenwärtigen und sie dabei auch noch mit allem anderen in Verbindung zu bringen. In dem Augenblick, da das eine sich erhellt, trübt sich der Blick auf anderes, ganz zu schweigen davon, dass wir uns eh immer nur winzigen Partikeln innerhalb jenes grenzenlosen Ganzen zuwenden können, in dem wir uns bewegen. So wie das Helldunkelspiel für die barocke Architektur und Malerei charakteristisch ist, so konstatiert Leibniz in gleicher Weise ein stetes Clair-obscur, wenn es um unser Wahrnehmen und Erkennen geht, nur dass es im Gegensatz zu dem, was man auf einem Gemälde sieht, in unentwegter Bewegung bleibt.

Im Kleinen lässt dieses Licht-Schatten-Phänomen sich bereits an jeder Art von Falte und Faltung studieren, wobei es zudem auf den Blickwinkel ankommt, von dem aus man das Gefaltete anschaut, und noch hinzukommt, dass sowohl der Standort des Schauenden sich ständig verändern kann als auch das Fallen und Sichbewegen der Falte selbst, was die Sache schließlich nicht einfacher macht, ganz abgesehen davon, dass sich alles in potentieller Unendlichkeit immer weiter falten lässt, ohne dass man je sagen könnte: Hier haben wir das Maximum erreicht! »Das Problem ist nicht«, schreibt Deleuze über Leibniz und die Eigenarten des Barock, »wie eine Falte beenden, sondern wie sie fortsetzen, die Zimmerdecke durchqueren lassen, sie ins Unendliche tragen«. Damit sind, in einem ganz anschaulichen Sinne, zuerst einmal die zahllos anmutenden Faltungen von Gewändern gemeint, wie wir ihnen bei barocken Statuen begegnen. Ähnliches lässt sich ebenso an den stuckierten Schnecken- und Muschelformen beobachten oder an jenen Prachtperücken, die zwar keine Falten, jedoch etwas endlos Verdrilltes und Gekringeltes besitzen.

Leibniz geht so weit, dieses Faltenmodell sogar auf unsere Seele und unseren Geist zu übertragen, die er sich ebenfalls als Wesen mit Knicken, Kanten, Krümmungen und Furchen vorstellt. Der Verstand sieht dabei wie ein dunkles Zimmer aus, in dem es kleine Öffnungen gibt, durch die Bilder der äußeren Dinge dringen, welche sich an einer dort aufgerichteten Leinwand brechen, diese Leinwand jedoch selbst bereits Falten besitzt, die daher rühren, dass sie nicht – wie John Locke annahm – eine tabula rasa ist, sondern zum einen die Spuren jener eingeborenen Verstandeswerkzeuge trägt, mit deren Hilfe wir das, was an Bildern eindringt, sortieren und miteinander verknüpfen, zum andern aber auch durch Einkerbungen geprägt ist, welche die bereits aufgefangenen Bilder hinterlassen haben. Damit haben wir es gleichzeitig mit mehrfachen Brechungen und Faltungen zu tun, die sich stets weiter falten und zu denen ständig neue hinzukommen können, was die Komplexität des Wissens und Erkennens der Möglichkeit nach ständig zu erhöhen vermag, gleichzeitig aber dafür sorgt, dass die Unübersichtlichkeit zunimmt.

Weil das eine ohne das andere schwer zu haben ist, bedeutet das konsequenterweise, dass die Erhellungs-Verdunklungs-Prozesse sich ebenfalls gegenseitig hochschaukeln.

Damit wir uns über die Schwierigkeiten, welche mit jeder Art von Begreifen und Verstehen zusammenhängen, keinesfalls hinwegtäuschen, gibt Leibniz in seinen *Betrachtungen über die Erkenntnis* auch noch zu bedenken, dass wir »an Stelle der Gegenstände Zeichen verwenden, deren Erklärung wir beim Denken für den Augenblick der Kürze halber zu unterlassen pflegen, wobei wir wissen oder glauben, daß wir sie beherrschen«. Zwischen uns und dem, wovon wir reden, steht immerhin die Sprache, deren Wörter allesamt über einen Bedeutungshof verfügen, der ebenfalls keine eindeutigen Grenzen kennt, nur dass wir uns nicht bei jedem Satz, den wir sagen, eigens darüber verständigen können, was genau mit welchem Wort gemeint ist, zumal uns das auch nur ein geringes Stück weiterbrächte, da mit jeder Worterklärung weitere Wörter ins Spiel kämen, die alles wieder ins Unendliche fortsetzten. Dies alles in Erwägung gezogen, müsste sich leicht begreifen lassen, warum es nicht schlichtweg hier das Wahre und dort das Falsche gibt, sondern alles verwickelter und verdrehter ist, was die Sache wiederum nur interessanter macht.

Leibniz' Vorstellung von jener Verstandeskammer, in die nur durch kleine Öffnungen Eindrücke von der Außenwelt eindringen, lässt sich einem Theaterraum vergleichen, der bekanntlich ebenfalls nur Türen, jedoch keine Fenster besitzt, womit er gleichzeitig jenem Bild der fensterlosen Monade entspricht, in die zwar von außen Geräusche und aufgrund ihrer türenartigen Durchlässigkeit auch Bilder dringen können, wodurch aber auch deutlich wird, dass dieser Theaterraum keineswegs bloß das Abbild der Welt, sondern eine eigene Welt in der Welt ist, mit ihren stuckierten Wänden und Lüstern, ihren Galerien und Logen, ihrem Parkett und der Bühne. Indem hier Bilder und Ereignisse der Außenwelt ihre Spiegelung finden, verändern sie sich unweigerlich und sind nicht mehr mit dem identisch, woher sie kommen. Sie werden zu Zeichen, und in dieser Zeichenhaftigkeit gleichen sie der Sprache, welche nur auf die Dinge verweist, jedoch nicht konform mit ihnen ist. Auf diese Weise verwandeln und vermannigfaltigen sich auch hier die Phänomene, wobei es sinnlos wäre, zu behaupten, das Eigentliche finde draußen statt oder drinnen, da beides zwar aufs Engste miteinander zusammenhängt, aber sui generis dennoch etwas anderes ist. Im Übrigen wird in den Augen von Deleuze das, was Leibniz als fensterlose Monade bezeichnet, in der barocken Architektur nicht nur im Bild des Theaters anschaulich, sondern genauso in der mönchischen Zelle, der Sakristei, der Krypta, der Kirche, dem Lesesaal und der Gemäldegalerie.

Wenn Deleuze die mäandernden Marmoradern und das Wimmeln und Wogen tausendfältiger Figuren und Formen dafür bewundert, dass sie eine Fülle ohne Zentrum, eine Vielheit ohne Synthesis, ein Gewusel ohne Harmonisierungszwang zum Ausdruck bringen, entdeckt er darin das von ihm gepredigte rhizomatische Denken, mit dem er nicht nur gegen jede Art von normierenden Schönheits-, Harmonie- und Ordnungsvorstellungen, sondern auch gegen solche hierarchisierenden Unterscheidungen wie zwischen Wesentlichem und Unwesentlichem, Wichtigem und Unwichtigem, Sein und Schein opponiert. Insofern der Barock die Trennung zwischen dekorativen und funktionalen Elementen, Wand und Fresko, Malerei und Architektur aufzuheben versucht, dient ihm das als Beispiel dafür, wie man sich von jenen Unter- und Überordnungskategorien verabschieden könnte, die meinen, zwischen Eigentlichem und Äußerlichem, Substantiellem und Akzidentiellem, Relevantem und Überflüssigem eine Trennlinie einführen zu müssen. Wie das eine ins andere übergehen und die Grenzen aufheben kann, zeigt sich für Deleuze an jenen barocken Gemälden, bei denen etwa ein Bein aus dem Bild baumelt, das in den Rahmen heraushängt, oder in solchen Bibliotheken, deren Folianten in Regalen stehen, die selbst bereits wieder ein Kunstwerk bilden. Offenkundig aber wird es an der Orgel, dem Barockinstrument schlechthin, an dem sich bestens sehen lässt, wie Bildnerisches und Funktionales, mechanische Notwendigkeit und architektonischer Schmuck eins werden und ein untrennbares Ganzes ergeben.

Wenn Deleuze und Félix Guattari in ihrem gemeinsam geschriebenen *Anti-Ödipus* hervorheben, dass sie einem maschinellen Denken anhängen und das in keiner Weise metaphorisch, sondern strictu sensu meinen, drückt sich darin eine Begeisterung für alles Kombinatorische, Netzwerkartige, zu Verkoppelnde und Transformatorische aus. Eine solche Erklärung kann man schon deshalb befremdlich finden, weil uns gewöhnlich alles rein Technische und Automatenhafte als Inbegriff des Leblosen erscheint. Dennoch können wir solchen Überzeugungen auch dort begegnen, wo man sie überhaupt nicht vermutet, nämlich in Schriften aus dem 19. Jahrhundert, die etwa aus der Feder von E. T. A. Hoffmann oder Gervinus stammen. Immerhin findet sich in Gervinus' Abhandlung *Händel und Shakespeare* ein kleiner Hymnus auf die Entwicklung vom Vegetativen zum Mechanischen, wenn er hinsichtlich der Entwicklung der Musikinstrumente bemerkt: »Welch einen Weg hat die Organik zurückgelegt von dem Stierhorn oder der Tritonsmuschel bis zur Trompete oder Posaune, von dem Schilfrohr zur Flöte, von der Syrinx zur Orgel, von der überspannten Muschel zum Klavier, von der Leier zur Geige, aus deren Saiten nach säcularem Gebrauche nur um so edlere Töne entlockt werden!«

Nicht zufällig ist auch die Drehorgel Anfang des 18. Jahrhunderts erfunden worden, sodass man, wäre es tatsächlich ein Fortschritt, ebenso von einer Entwicklung vom Animalischen zum Automatenhaften schwärmen könnte, nur dass der Leierkasten eine Trostlosigkeit ausstrahlt, die nicht nur in Schuberts *Winterreise* manifest wird, sondern weit mehr noch dort, wo sie zu Hause ist, nämlich auf dem Jahrmarkt. Dabei begegnen wir einer Art von Jahrmarkt auch im maschinellen Hokuspokus der barocken Bühnenmagie, wie sie nicht nur in Händels *Rinaldo* zum vollen Einsatz kam. Ähnlich der Geisterbahn auf dem Rummelplatz handelt es sich dabei in gleicher Weise um eine durchschaute Illusion, nur dass man sich ihr trotzdem nicht entziehen kann und nicht entziehen will. Bis heute lässt einen ein Theaterschnürboden kindlich staunen, obwohl sein mechanisches Prinzip so leicht durchschaubar wie nichts anderes ist. Dass man tatsächlich wie von einem hohen Himmel herab an Schnüren im Nu eine Welt erstehen lassen und sie genauso schnell wieder zum Verschwinden bringen kann, macht uns zu spielenden Göttern, die damit Gutes wie Böses im Schilde führen.

Auch in Athanasius Kirchers *Musurgia universalis* begegnen wir einer Begeisterung für alles Mechanische. Sie kommt in den vielen Zeichnungen zum Ausdruck, mit denen Kircher den Aufbau von allerlei Orgeln und Musikautomaten skizziert. Die magische Wirkung der Musik wird hier allenthalben auf mechanische Prozesse zurückgeführt, wozu auch der Verweis auf die pythagoreischen Proportionslehren gehört, mit denen von den Planeten bis zu unseren Saitenlängen und Echoklängen alles, was sich zwischen Himmel und Erde abspielt, als eine Angelegenheit von Zahlenverhältnissen expliziert wird. Gleichzeitig begegnen wir einer Vorliebe für Schneckenformen und alles in sich Verflochtene, so etwa wenn es bei Pope heißt, die Welt sei »ein mächtiges Labyrinth, doch nicht ohne Plan«. In diesem Sinne beschreibt Athanasius Kircher auch das Ohr, wenn es bei ihm heißt:

> »Weil dann die Natur / in dem sie under anderm auch das Ohr / als deß Gehörs Werckstatt / recht zurichten / desselben underschiedliche krumme Umgäng / lange hole Weg / Hölen und Löcher / runde Schnecken=gäng / und andere verborgene Örter / gleichsam lauter Labyrinthen / setzen und anordnen wollen / vor andern so viel Mühe / so viel Fleiß angeleget / muß das Gehör gewißlich nur auch ein fürtrefflicher / hochnützlicher / zum wohl=seelig=herzlich=lieblich= und bequemen Leben höchst=nöthiger Sinn seyn.«

Wenn Deleuze vom Maschinellen schwärmt, zielt er damit nicht nur auf Gegenständliches, sondern auch auf kompositorische Verfahrensweisen. Explizit rühmt er am Barocken das Serielle, womit er meint, dass aus einer bestimmten Anzahl festgelegter Elemente eine unendliche Reihe von Varianten und Variationen, Kombinationen und Verkettungen erzeugt werden kann. Er grenzt sich damit gegen Entwicklungsvorstellungen ab, bei denen aus einem Keim zielstrebig und folgerichtig ein organisches Ganzes erwachsen soll, wie man es etwa von der klassischen Sonatenform kennt oder es sich in pädagogischer Hinsicht anhand jenes Baummodells studieren lässt, das für eine ebenso standfeste wie geradlinig nach oben zielende Entfaltung steht. Obwohl Deleuze den Gedanken der Serialität in Bezug auf die Musik so gut wie nicht ausführt und schon zweimal nicht auf Händel zu sprechen kommt, ließe sich gerade an dessen Werken bestens veranschaulichen, was damit gemeint sein kann. Schließlich geht es dabei um eine Art Legobaukastenprinzip, mit dem sie zusammengefügt, wieder zerlegt und neu zusammengestückelt werden. Ein Werkbegriff wie dieser stellt das Gegenbild zu einem solchen dar, der etwa ein Gebilde wie eine Oper als ein Unikat und etwas in sich Geschlossenes begreift, das nur auf Kosten seiner inneren Einheit aufgebrochen werden kann.

Ganz anders verhält es sich mit Händels Opern und Oratorien, die von Anfang an aus Bausteinen bestehen, denen man noch ein halbes Dutzend Mal in anderen Werken wiederbegegnet. Auf unbedingte Originalität und Unverwechselbarkeit kam es damals überhaupt nicht an, zumal ein Komponist sich ganze Arien aus Opern und Kantaten anderer Komponisten entlehnen konnte, ohne deshalb als Plagiator zu gelten. Selbst in seinem letzten Oratorium *Jephtha* bedient Händel sich der Messen eines inzwischen vollkommen vergessenen böhmischen Komponisten namens Franz Wenzel Habermann, der in Paris und Florenz als Kapellmeister in Diensten stand. Von einem Urheberrecht konnte damals nicht die Rede sein, selbst dann nicht, wenn die Anleihe über ein bloßes Zitat weit hinausging. So heißt es in Matthesons 1739 erschienener Schrift *Der vollkommene Kapellmeister* in dem Kapitel »Von der Erfindung«: »Entlehnen ist eine erlaubte Sache; man muss aber das Entlehnte mit Zinsen erstatten, d. i. man muß die Nachahmungen so einrichten und ausarbeiten, daß sie ein schöneres und besseres Ansehen gewinnen, als die Sätze, aus welchen sie entlehnet sind.« Und er fügt noch hinzu: »Wer es nicht nöthig hat und von selbst Reichthum gnug besitzet, dem stehet solches sehr wol zu gönnen; doch glaube ich, daß deren sehr wenig sind: maassen auch die grössesten Capitalisten wol Gelder aufzunehmen pflegen, wenn sie besondere Vortheile oder Beqvemlichkeit dabey ersehen.«

Immerhin wurden damals manche Werke kaum vier, fünf Mal aufgeführt, so wie es etwa Händels *Semele* erging, einem weltlichen Oratorium, das zu seinen ergreifendsten überhaupt gehört. Bei einer Funeral-Musik oder einem Coronation-Anthem dagegen war die erste Aufführung naturgemäß meist auch die letzte. Selbst eine Cäcilien-Ode konnte man allenfalls einmal im Jahr am 22. November aufführen, wofür dann in aller Regel immer wieder eine neue geschrieben wurde. An die Unsterblichkeit eines Werks wurde damals weniger als zu anderen Zeiten gedacht, zumal es stets konkrete Aufführungsanlässe gab und damit die Sache zuerst einmal für erledigt galt, weshalb es absurd und ein Jammer gewesen wäre, hätte man nicht das Beste aus bereits existierenden Opern oder Oratorien wenigstens noch ein zweites oder auch drittes Mal verwendet.

Wenn Adorno in seinem zusammen mit Hanns Eisler im Jahre 1947 im amerikanischen Exil veröffentlichten Buch mit dem Titel *Komposition für den Film* Händel in die Nähe der schnell dahinschmierenden, flach komponierenden, nur funktionale Musik abliefernden Filmkomponisten rückt, trifft er damit zwar etwas entfernt Richtiges, folgert daraus jedoch etwas Grundfalsches. Bei allem Mittelmaß, das es bei Händel zuhauf gibt, ist es Mittelmaß auf einem anderen Niveau als bei solchen, deren Werke ihren Anlass nicht überstehen. Auftragskomponisten waren damals streng genommen alle, vor allem auch Bach, der von Sonntag auf Sonntag eine neue Kantate ablieferte. Händel war dagegen sogar sein eigener Unternehmer, mit allen Vor- und Nachteilen. Selbst ein Beethoven hätte ohne seine adligen Gönner nicht überlebt, auch wenn er sich für die Revolution begeisterte und Prometheus, dem Herausforderer der Götter, musikalische Opfergaben darbrachte.

Das, was wir inzwischen als Potpourri verachten, muss man, was die Barockzeit anbelangt, anders bewerten. Wenn heutzutage etwa der Dirigent Marc Minkowski mit seinen Les Musiciens du Louvre aus diversen Opernzwischenspielen und Ballettmusiken von Rameau eigenmächtig eine Suite zusammenstellt, die er als *Une symphonie imaginaire* betitelt, ist das im Kontext einer barocken Kombinationspraxis weit eher gerechtfertigt, als wenn er von Beethoven, Schubert oder Bruckner einen Satz aus dieser, einen anderen aus jener und einen dritten aus wieder einer anderen Symphonie herausbräche und sie nach eigenem Gusto miteinander verknüpfte. Zu Händels Zeit dagegen war es üblich, ganze Opern aus Arien anderer Komponisten zusammenzustückeln, ohne dass jemand Anstoß daran genommen und Originalität eingeklagt hätte. Für Lord Middlesex, der ihn mit lukrativen Mitteln dazu bringen wollte, die Oper trotz der zunehmenden Misserfolge nicht aufzugeben, baute Händel aus lauter bereits bestehenden Stücken den *Alessandro Se-*

vero zusammen, wozu Mainwaring bemerkt, es handle sich dabei um ein Pasticcio, was sein Übersetzer Mattheson den deutschen Lesern in einer Fußnote folgendermaßen erklärt: »Die Italiener nennen ein aus vielerley Meistern zusammengesetztes Singspiel ein Pasticcio, oder eine Pastete.«

Heutzutage versteht man, vor allem in literarischem Zusammenhang, unter Pasticcio die Nachahmung eines Stils, den man derart treffend zu imitieren versucht, dass man das Nachgemachte für ein Original halten könnte. Vor allem die Brüder Goncourt haben sich darin versucht, wobei sie selbst wiederum von Proust nachgeahmt wurden, so wie Proust es in seiner *Recherche* mit Flaubert, Sainte-Beuve und wiederum den Brüdern Goncourt selbst machte. Zu Händels Zeiten verstand man darunter insofern etwas ganz anderes, als es üblich war, ganze Opern aus bereits vorhandenen Werken zusammenzubasteln, sei es aus eigenen oder solchen anderer Komponisten. So brachte Händel etwa 1737, nachdem er mit seinen eben erst uraufgeführten Opern *Arminio* und *Gustino* reichlich erfolglos geblieben war, eine Oper mit dem Titel *Didone abbandonata* – »Die verlassene Dido« – heraus, bei der lediglich die Rezitative von ihm waren, während die gesamten Arien von Leonardo Vinci stammten, der damals in Italien einige Berühmtheit besaß und Nachfolger von Alessandro Scarlatti als Kapellmeister am Hof von Neapel war. Immerhin bekam man für solche Pasticci das gleiche Honorar wie für ein Werk, das vom ersten bis zum letzten Takt aus der eigenen Feder stammte. Spätestens hier kann man sehen, dass eine Oper – wie auch jedes andere Werk – damals noch nicht als ein in sich geschlossener Kosmos angesehen wurde, in den man nur auf Kosten seiner Zerstörung ad libitum eingreifen kann.

The Beggar's Opera ist ebenfalls ein solches Pasticcio, zumal sie sich vor allem aus folkloristischen Melodien zusammensetzt, aber auch mit dem Siegesmarsch aus Händels *Rinaldo* aufwartet. Und als Farinelli 1734 in London eintraf, um Händels Gegenspielern zum Triumph zu verhelfen, wurde zu seinem Einstand Hasses *Artaserse* gegeben, diese Oper jedoch mit einer ganzen Reihe von zusätzlichen Arien angereichert, die von Porpora, Ariosti und Farinellis Bruder Riccardo Broschi stammten, sodass man hier ebenso von einem Pasticcio sprechen könnte, zumal es in diesem Fall vor allem darum ging, dass der neue Star sein ganzes Können an einem einzigen Abend zur Geltung bringen konnte, während Händel seine Werke derweil nicht selten vor nahezu leerem Haus aufführte. Noch als Glucks *Orfeo ed Euridice* acht Jahre nach ihrer Wiener Uraufführung 1770 erstmals in London auf die Bühne kam, gefiel sich der Protagonist – laut Charles Burneys Bericht – nicht nur darin, nach heftigem Beifall eine Arie zu wiederholen, vielmehr wurden von vornherein Stücke aus Werken anderer Komponisten eingefügt, um mit ein paar mehr Nummern glänzen zu können. Es soll sich dabei um Kompositionen von Johann Christian Bach, Pietro Alessandro Guglielmi und auch um eine, die sich der Orpheus-Sänger Gaetano Guadagni selbst dazugeschrieben hatte, gehandelt haben. Gerade Gluck muss eine solche Willkür als Affront empfunden haben, zumal er die Mechanik des Rezitativ-da-capo-Arien-Geklappers und alles Äußerliche und Showhafte endgültig hinter sich lassen wollte, um ein Werk einzig und allein aus sich selbst, gemäß einer inneren dramaturgischen Notwendigkeit, zu schaffen, weshalb in diesem Fall das Aus-der-Rolle-Schlüpfen eines Sängers und sein narzisstisches Reagieren auf Applaus schon zweimal nichts zu suchen hatten. Entsprechend bemerkt Charles Burney in diesem Zusammenhang:

> »Die Einheit, Schlichtheit und dramatische Vortrefflichkeit dieser Oper, welche ihm auf dem Kontinent so hohes Ansehen einbrachte, waren hier zu einem großen Teil gemindert durch die heterogene Mixtur einer Musik anderer Komponisten mit ganz anderen Stilen … Ein Drama, das in Wien so großes Interesse weckte, dass die Zuhörer fast glaubten, es eher mit einem Dichter als mit einem Musiker zu tun zu haben, ereilte in England das gleiche Schicksal wie alle anderen italienischen Dramen, bei denen nur das Talent und das Gefallen der Sänger darüber entscheiden, ob man sie für gut oder schlecht hält.«

Doch bis es schließlich so weit war, dass man Werke als etwas Originäres, Einmaliges, Unverwechselbares empfand und sie auch entsprechend konzipierte, wäre niemand auf die Idee gekommen, ein Pasticcio für eine Frechheit zu halten und der Übernahme Dutzender von Arien, die nicht der eigenen Eingebung entsprangen, den Vorwurf des Plagiats zu machen. Wie bereits erwähnt, stammt auch Bachs »O Haupt voll Blut und Wunden« von einem weltlichen Lied mit dem Anfangsvers »Mein G'müt ist mir verwirret, das macht ein Jungfrau zart.« Genauso begegnen wir im zweiten Satz von Haydns *Kaiser-Quartett* einer Melodie, die uns seit langem als Deutschlandhymne vertraut ist, nur dass sie ursprünglich für den Text »Gott erhalte Franz, den Kaiser« herhalten musste, jedoch schon lange vor Haydn existiert haben soll. Anstatt von Plagiat zu reden, sprach man damals von Parodie, womit keineswegs – wie heute – etwas Satirisches und Karikierendes gemeint war, sondern lediglich zum Ausdruck gebracht wurde, dass es sich um Stücke handelt, die schon einmal benutzt wurden und aus anderen Zusammenhängen stammen.

Während Benedetto Croce mit einem aufklärerischen Pathos, das ausschließlich den Gegensatz von Licht und Dunkel zu kennen scheint, Nüchternheit, Vernunft und klassisches Proportionsdenken anmahnt, schreckt Deleuze gerade vor solchen Tugenden wie vor nichts anderem zurück. Dabei ist Croce bei weitem nicht der Einzige, den am Barock das Maßlose abstößt. Der Romanist Hugo Friedrich etwa moniert an den Manierismen barocker Dichtung, dass dabei »der normale Abstand zwischen Stil und Sache ein übermäßiger wurde«. Nur fragt sich, welcher Abstand denn der angemessene sein könnte. Dass jeder Vorschlag etwas Willkürliches, bloß Behauptetes, mithin Dogmatisches besitzen muss, ist schon deshalb evident, weil jeder, der zu wissen glaubt, wie sich die Dinge am besten benennen lassen, die Welt, wie sie wirklich ist, vermeintlich genau zu kennen scheint. Dabei könnte es ja auch sein, dass das Wirkliche sich der Sprache entzieht und ihr Unsagbares im Exzess barocker Manierismen sogar adäquater zum Ausdruck gelangt als in dem Versuch, sich um eine möglichst klare, eindeutige, einfache Diktion zu bemühen.

Jacques Lacan, der für seine ans Lallen grenzenden Sprachspiele bekannt ist, bemerkt in seinem 1973 gehaltenen Seminar mit dem Titel *Encore*: »Wie jemand kürzlich bemerkt hat, reihe ich mich … eher auf der Seite des Barock ein … Und eben dies wird mich in die Geschichte des Christentums eintauchen lassen.« Als müsse eine solche Bemerkung seine Hörerschaft zumindest irritieren, wenn nicht sogar schockieren, fügt er hinzu: »Sie haben das nicht erwartet?«, und fährt fort: »Das Amüsante ist offenbar – ich habe Ihnen das schon erzählt, aber Sie haben nicht zugehört –, daß der Atheismus vertreten werden kann nur von den Geistlichen. Viel schwieriger bei den Laien, deren Unschuld in diesen Dingen total bleibt. Erinnern Sie sich an diesen armen Voltaire. Das war eine boshafte, agile, listige, außerordentlich sprunghafte Type, aber durchaus würdig, in dieses Ablagekästchen da drüben einzutreten, das Pantheon.« Was heißt, Voltaire lag nur an seiner eigenen Herrlichkeit, und von allem andern hat er nicht viel verstanden. Was Lacan im Übrigen all jenen bescheinigt, die meinen, die Vernunft sei das Gegenteil der Unvernunft, das Gute das Gegenteil des Bösen und das Wahre das Gegenteil der Illusion. Allein der Glaube, dass grammatikalisch korrekte Formulierungen die Dinge richtiger erfassen als ein Gelalle, erscheint ihm als weitverbreiteter Aberglaube. Er selbst weicht mit Vorliebe in eine anakoluthische Sprache aus, um mit ihr vorzuführen, dass das, was in uns ständig an durcheinanderschießenden Gedankenfetzen anbrandet, sich nur auf Kosten unentwegter Ausblendungen in eine vernünftig wirkende Syntax pressen lässt.

Was das Kopfschütteln über die Schimären einer solchen Vernunftgläubigkeit und die entsprechende Vorliebe für barocke Maßlosigkeiten anbelangt, trifft Lacan sich durchweg mit Deleuze, obwohl die beiden ansonsten in fast nichts übereinstimmen, zumindest nicht im Grundsätzlichen. Während nämlich Deleuze unentwegt gegen den Glauben anrennt, der Mensch agiere lediglich aus einem Mangel heraus, ist Lacan überzeugt davon, dass ihn nichts anderes so sehr ausmacht wie ein ständiges Mangelgefühl. In den Augen von Deleuze kultiviert Lacan damit ein tradiertes Menschenbild, das es schon deshalb zu überwinden gilt, weil es sich immer noch in den alten ödipalen Mustern des Sich-klein-Fühlens, Sich-Aufbäumens und Siegenwollens bewegt. Während Deleuze die Fülle unserer Möglichkeiten anpreist, verweist Lacan auf das, was uns in seinen Augen wie nichts anderes ausmacht, nämlich die Panik vor dem Nichts, vor der Leere, dem Abgrund.

Dass das Christentum, und speziell das barocke, davon mehr versteht als jede humanistisch sich wähnende Menschen- und Weltverbesserungslehre, steht für Lacan fest. Wenn Hugo Friedrich beklagt, im barocken Manierismus klafften die Sprache und das, was sie meint, bizarr auseinander, dann ist Lacan genau der gegenteiligen Meinung. Schließlich führt in seinen Augen die brave Subjekt-Objekt-Prädikat-Ordnung vor allem vor, dass wir – wie Nietzsche spottet – naiv an die Grammatik glauben und dabei auch noch meinen, diese Art von konvenabler Formuliererei spiegle tatsächlich die Dinge wider, wie sie sind. Deshalb sieht er in einer Sprache, die durch Stammeln und Lallen über sich selbst hinauswill, wenigstens den Versuch am Werk, die grammatikalischen Grenzen zum Unsagbaren hin zu sprengen. Entsprechend bemerkt er mit Blick auf die Heilige Theresa von Avila: »Diese mystischen Ergüsse, das ist weder Geschwätz noch Wortmacherei, das ist in summa, was man lesen kann vom Besten.« Woraus sie sich speisen und worauf sie zielen, ist in Lacans Augen nichts anderes als das ungebremste Begehren, dessen einziges Ziel die Selbstüberschreitung und schiere Selbstauflösung in der Vereinigung mit anderem ist. Und deshalb geht es letzten Endes um nichts anderes als diverse Formen der Entgrenzung, die in den Visionen einer Vereinigung mit Gott ihren exzessivsten, gierigsten, bedürftigsten Ausdruck findet. »Sie brauchen sich nur in Rom die Statue von Bernini ansehen zu gehen, um sofort zu begreifen, daß sie gerade einen Orgasmus bekommt, da gibt es keinen Zweifel«, weist Lacan auf Berninis berühmte Statuengruppe mit dem Titel »Die Verzückung der Heiligen Theresa« hin, was im Italienischen noch etwas unmissverständlicher lautet: »L'Estasi di santa Teresa«, zumal Ekstasen nicht nur an andächtige Erregungen denken lassen. Weil das Erotische daran so evident ist, soll es bei deren Enthüllung in der Kirche Santa Maria della Vittoria auch empörte Reaktionen gegeben haben. Wenn Philippe Ariès in seiner 1978 erschienenen *Geschichte des Todes* feststellt, im barocken Theater gebe es die Neigung, »die Liebe zu steigern, indem man sie möglichst nah am Tod ansiedelt«, kommt er ebenfalls ausdrücklich auf die von Bernini dargestellten mystischen Ekstasen zu sprechen. »Diese heiligen Jungfrauen«, heißt es bei ihm, »sterben vor Liebe, und der kleine Liebestod wird mit dem großen körperlichen Tod verwechselt. Die Verwechslung von Tod und Wollust geht so weit, daß jener das Hochgefühl nicht unterbricht, sondern im Gegenteil noch steigert«, was er mit dem Verweis auf einen Vers von Victor Hugo bekräftigt, der lautet: »Douce est la mort qui vient en bien aimant« – »Süß ist der Tod, der bei der guten Liebe kommt«.

In Abgrenzung zu jenen Psychiatern um Charcot, zu denen auch Freud während seiner Ausbildung gehörte, hebt Lacan hervor, dass sich diese mystischen Ekstasen nicht auf den sexuellen Akt reduzieren lassen, sondern es dabei um ein unentwegtes Ex-sistere im Sinne einer Entgrenzungsgier geht, die uns ein Leben lang umtreibt. Sie kann sich auch in dem Verlangen nach jener unio mystica ausdrücken, deren

Verzückungsschauer nicht nur ein rein geistiges Erlebnis sind. Schließlich schüttelten über Theresa von Avilas Vereinigungssucht mit Gott selbst ihre Mitschwestern den Kopf, vor allem, nachdem sie eines Tages erklärte, sie wolle von nun an nur noch »in« Christus leben und weben, was mehr als bloß bildlich gemeint war. Dass Lacans Bruder ebenfalls Mönch war und sich seine Entgrenzungen im Wir-Gefühl eines klösterlichen Lebens suchte, davon erzählt Marie Balmary in ihrem 2005 erschienenen Buch *Le moine et la psychanalyste*. Seiner Gesprächspartnerin, die ihn regelmäßig im Kloster besucht, erklärt er, es gehe bei diesem »Wir« um ein täglich neu zu gewinnendes Mysterium, das mit sprachlichen Mitteln nicht mehr zu erklären sei und schon zweimal nichts damit zu tun habe, dass man ein Ich und ein Du zusammenzähle.

Wenn wiederum der Jesuitenzögling Jacques Lacan sich zum Christentum barocker Prägung hingezogen fühlt, hat das vor allem damit zu tun, dass sich im gegenreformatorischen Katholizismus das Sinnliche und Seelische, Fleischliche und Geistige, Wahrheitssucherische und Wollüstige kaum auseinanderdividieren lassen. »Die Seele ist das, was man über den Körper denkt«, heißt es in Lacans *Encore*, womit der Glaube, das Psychische lasse sich vom Physischen trennen, als dualistische Illusion abgetan wird. In der barocken Ikonographie jedenfalls lässt sich eine solche Aufspaltung nicht finden, zumal Lacan an den zahllosen leidensentzückten Märtyrergestalten »all das, was delektiert, (und) all das, was deliriert« zu entdecken meint, wogegen er über den reformatorischen Entrümpelungs- und Bildersturmeifer spottet: »Eben das war unsere Malerei, bis man dann ins Leere gehen sollte, indem man ernstlich begann, sich mit kleinen Quadraten zu beschäftigen.«

Der lutherisch getaufte Händel bewegt sich mit seiner Musik ganz auf dieser Seite des Delektierens und Delirierens. Eine Kantate wie »Ich will den Kreuzstab gerne tragen«, die wie nichts anderes für Bachs Werk steht, könnte man sich bei Händel allenfalls nur weit am Rande vorstellen. Venus und Adonis, Minerva und Juno, Apollo und Dafne begegnen uns in seinen Kantaten weit eher, und wenn es sich um geistliche Gesänge handelt, wird nicht die Klage über unser irdisches Jammertal und unsere Endlichkeit, sondern mit Versen von Brockes das Lob Gottes angestimmt. Auch in seinen Oratorien sind es äußerst weltliche Dinge, die dort im Zentrum stehen, sieht man einmal vom *Messias* ab, in dem es um keine politischen Machtkämpfe und amourösen Geschichten geht, wie sie selbst in *Theodora* noch eine wesentliche Rolle spielen, wobei an diesem Oratorium – wie bereits erwähnt – vor allem bemerkenswert ist, dass die Chöre jener wahrlich nicht zimperlichen römischen Heiden, die Theodora im Venustempel vergewaltigen, allesamt mitreißender und lustvoller als diejenigen der Frommen klingen. *Solomon* wiederum besteht zu weiten Teilen aus einem einzigen Rühmen der Schöpfung und einer erotisch aufgeladenen Begegnung zwischen dem König der Juden und der Königin von Saba.

Bei Händel begegnen wir einer pantheistisch angehauchten Weltfreude, deren poetisches Pendant in Alexander Popes *Pastorals* und seinem *Essay on Man* mit seinem »Whatever is, is right« zum Ausdruck gelangt. Ganz anders dagegen ist Bachs Musik durch die Kreuzestheologie mit ihrer Hervorhebung des Leidens und der Hoffnung auf Erlösung im Jenseits geprägt. Im Mittelpunkt steht dabei die Figur Jesu, die mit ihrer Passionsgeschichte der Menschheit beweisen sollte, dass Unrecht, Schmerz und Pein konstitutiv sind für die Welt, es aber auch eine Auferstehung gibt. Entsprechend ist von Bachs früher Kantate »Christ lag in Todes Banden« über »Actus tragicus« bis zur späten »Ich ruf zu Dir, Herr Jesu Christ« immerzu von Verzweiflung, Not, Qualen, Sünde und Tränen die Rede, gepaart mit der Bitte um Gnade. Blendet man einmal den *Messias* aus, so taucht in Händels musikalischer Welt Jesus so gut wie nie auf, selbst in seinem Auferstehungsoratorium *La Resurrezione* nicht, in dessen Zentrum zwar die Kreuzigung steht und die biblische Magdalena ihren Herrn und Heiland beweint, es dabei aber ganz generell um die Mächte der Finsternis und des Lichts, um Erebos und Elysium geht, wie sie auch in einem heidnischen Kosmos existieren, nur dass sie hier christlich eingefärbt sind. Als der Evangelist Johannes die Schmerzen der Mutter Maria über den Tod ihres Sohnes zu beschreiben sucht, singt er ein von pastoralen Flöten umgarntes Lied im Sechsachteltakt, das ebenso von einem Liebhaber sein könnte, der seiner Angebeteten unterm Fenster mit einem Ständchen aufwartet. Der Refrain lautet:

»Così la tortorella
Talor piange e si lagna,
Perché la sua compagna
Vede, ch'augel feroce
Dal nido gli rubò.«

»So mag das Turteltäubchen
Zuweilen schluchzen und klagen,
Weil seine liebe Gefährtin
Durch einen wilden Vogel
Vom Nest geraubt es sieht.«

Die Passionsgeschichte dient hier zur poetisierenden Umspielung allgegenwärtiger Freuden und Leiden, wie man sie in jeder Hirten- und Schäferdichtung finden könnte. Etwas spezifisch Christliches sucht man dabei vergebens, zumal Kreuzigung und Auferstehung in erster Linie zum Anlass dienen, Schmerz und Schrecken in ganz allgemeiner Weise zu beklagen und im Gegenzug umso leuchtendere Bilder für die erneut aufblühende irdische Schönheit zu finden, wenn der Herr sein Grab verlassen hat. Der Evangelist singt daraufhin:

»Ecce il sol, ch'ésce dal mare,
E più chiaro che non suole
Smalta i prati, i colli indora.«

»Siehe, die Sonne schwingt sich aus dem Meer empor,
und strahlender als je zuvor beglänzt sie
die Felder und streut Gold auf alle Hügel.«

Heidnisches und Christliches, ein orphisches Arkadien und alttestamentarische Geschichten um Macht, Gewalt und Eros liegen bei Händel nahe beieinander und gehen ineinander über. Auch Semele und Jupiter, Juno und Herkules finden in seine Oratorien Eingang, so wie in *La Resurrezione* vor allem Luzifer und ein Engel eine entscheidende Rolle spielen, weshalb es eher um grundlegende Bilder von Licht und Finsternis und um das geht, was die Welt im Generellen ausmacht.

Was wiederum den *Messias* anbelangt, so steht dort zwar der Gottessohn im Mittelpunkt, doch es ist eine Mitte, die seltsam leer bleibt, was nicht heißt, dass der Glaube an den Erlöser dabei keine Rolle spielt, jedoch der Eindruck entsteht, als gehe es bei diesen bunt zusammengewürfelten Bibelversen nicht weniger um die Pracht der irdischen Welt, die – mit Schelling zu reden – umso heller erstrahlt, je finsterer die Mächte des Bösen sind. Entsprechend dient das Martyrium in erster Linie als Voraussetzung für das Hallelujah, weshalb im *Messias* die lutherische Hoffnung auf Gnade so gut wie keine Bedeutung besitzt, sondern das Jauchzen und Jubeln im Vordergrund steht. Im Übrigen bemerkt Horace Walpole in einem Brief vom 24. Februar 1743 anlässlich einer *Messias*-Aufführung im Covent Garden Theatre: »Händel hat ein Oratorium auf die Bühne gebracht, um der Oper zu schaden, was ihm gelingt. Er engagierte dafür all die Göttinnen aus Possenspielen und die Roastbeef-Sänger aus den Zwischenaktmusiken an den Theatern, mit einem Mann, der nur eine einzige Note singen kann, und einem Mädchen ohne jede Note; und so singen sie auch und machen brav ihre Hallelujahs.« Mit den Roastbeef-Sängern spielt Walpole auf eine schnell populär gewordene Ballade von Henry Fielding an, die aus dessen singspielartiger *The Grub-Street Opera* (Fressgassenoper) stammt und offensichtlich von den billigen Galerieplätzen herab immer wieder lautstark als Einlage zum Mitsingen verlangt worden ist.

Händels geistliche Werke wirken weit weniger geistlich als diejenigen von Bach, zumal sie auch nie für die Kirche konzipiert wurden, was kein Hindernis sein sollte, den *Messias* später dennoch in Gotteshäusern aufzuführen. Werke wie *Saul*, *Solomon* oder *Jephtha* dagegen besitzen nicht einmal etwas spezifisch Christliches, zumindest nicht im Sinne der Kreuzestheologie. Man könnte sie genauso gut als Konzert-Opern bezeichnen, die – wie etwa *Solomon* – nahezu überhaupt keine dramatische Handlung aufweisen, zuweilen aber auch – wie *Saul* oder *Jephtha* – in hohem Maße über bühnentaugliche Konflikte verfügen. Gelegentlich greift Händel sogar auf Libretti zurück, in denen ein Personal auftritt, das nicht einmal aus dem Alten Testament, sondern aus der heidnischen Antike stammt. Nicht zufällig wundert sich Herder – zumindest vordergründig – darüber, dass Händels *Ode for St. Cecilia's Day* zusammen mit der äußerst weltlichen Ode zum Alexanderfest aufgeführt wurde, wenn er schreibt:

> »Freilich scheints sonderbar, daß die Innung der brittischen Tonkünstler eine Heilige dieser Art mit dem *Alexanderfest* begrüßten, einem Trinkfest, wo die Buhlerin und der Tonkünstler mit ihr einen berauschten König zum Trunk, zur Wollust, zur Rache, zum Brande Persepolis wecken und treiben. Werden nun gar alle diese böse Effekte als Wirkungen der Tonkunst nicht nur angeführt, sondern selbst in Wirkung gestellt, so ist das Fest ein eben so schlechtes Lob auf die Musik, als ein unwürdiges Geschenk für die Heilige. Wahrscheinlich verließ man sich auf die *Andacht*, d. i. auf die Geistes-Abwesenheit der himmlischen Patronin, wenn man ihr solche Gesänge, und zuletzt dann, hinter der Geschichte einer Thais, oder Amphions, des Orpheus u. f. *sie* mit ihrer Orgel vom Himmel kommen ließ, die Bälge zu beleben.«

Orpheus und David, Jupiter und der jüdisch-christliche Gott, das irdische Arkadien und der Garten Eden sind bei Händel nicht immer fein säuberlich auseinanderzuhalten. Auch damit erweist er eher der katholischen Vielgötterei als jenem lutherischen Säuberungsprogramm seine Reverenz, bei dem wir es weniger mit den Schönheiten der Schöpfung und den Delirien des Delektierens als mit einem Deus absconditus zu tun haben, für den wiederum jenes alttestamentarische

Bilderverbot zu gelten hat, das der Katholizismus durch die Menschwerdung Gottes aufgehoben sieht.

Aus protestantischer Sicht haben weltanschauliche Spekulationen über die Welt und den Kosmos schon deshalb keine theologische Rolle zu spielen, weil solche philosophischen Auspizien als fragwürdiges Erbe einer Scholastik gelten, die aus der Sicht eines Luther nicht mehr den Glauben und die Gnadenlehre, sondern allerlei begriffliche Systembauten in den Mittelpunkt des religiösen Denkens rückt. Allerdings bekennt der evangelische Theologe Eberhard Jüngel in einem der Vorworte zu seinem erstmals 1977 erschienenen Hauptwerk *Gott als Geheimnis der Welt*: »Wer wenigstens für eine Weile in den alten Burgen, Schlössern und Domen wenn auch nicht zu Hause, so doch zu Gast war und ihre Architektur zu bewundern Gelegenheit hatte, der weiß, was er verlassen – oder muß ich sagen: was ihn verlassen? – hat.« Mit dieser Architektur meint er nicht nur die äußerlich sichtbare, sondern auch die jener »imponierenden metaphysischen Konstruktionen«, die zu unterschreiben ihm die Skepsis gegenüber solchen von Menschen gemachten Begriffstürmen verwehrt, obwohl sie ihm Bewunderung abverlangen.

Pomp und Pifa

1752 erscheint von Charles Avison, der Komponist und Organist in seiner Heimatstadt Newcastle ist, ein Traktat mit dem Titel *Essay on Musical Expression*. Darin teilt er Komponisten in solche ein, die dem harmonischen Gerüst den Vorzug geben, und solche, die eine Begabung fürs Melodische besitzen. Als Anhänger der italienischen Schule empfindet Avison Händel trotz dessen Lehrjahren im Süden als viel zu deutsch, um ihm wahrhaft einen Sinn fürs Melodische zusprechen zu wollen. »Um einiger belangloser Lautmalereien willen bedeutet ihm die Schönheit des Ausdrucks nichts«, klagt Avison und veranschaulicht es anhand einer Arie aus *Acis and Galatea*, in der Händel nicht nur das Orchester, sondern auch den Sänger ein Vogelgetriller imitieren lässt, was Avison für etwas der menschlichen Stimme ganz Unangemessenes und dem Ideal des Schönen Entgegengesetztes hält. Dabei verwirft er keineswegs alles, was Händel geschrieben hat, ganz im Gegenteil, nur dass bei ihm, wie er meint, das Harmonische, Modulatorische, Chromatische und Kontrapunktische ein so hohes Gewicht besitzen, dass das Geschmeidige zu kurz kommt. Etwas allgemeiner formuliert lautet sein Einwand: Das Expressive ist Händel wichtiger als das Anmutige.

Adorno wiederum kanzelt Händel ob seiner einfältigen

Ausdrucksgewalt ab, was heißt, dass er es gern majestätisch, pompös und bombastisch hat. Während Avison eine Grazie anmahnt, die er bei Händel zu wenig finden zu können glaubt, ist für Adorno klar, dass es sich bei einer solchen Musik vor allem um ein mächtiges Auftrumpfen handelt. Obwohl die beiden von ganz anderen Seiten her argumentieren und in völlig unterschiedliche Richtungen zielen, lässt sich dabei ein gemeinsamer Punkt ausmachen. Was nämlich Avison als Übergewicht des Harmonischen kritisiert, ist in Adornos Augen nichts anderes als der Versuch, Klangmassen aufeinanderzutürmen. Anders als Avison hätte Adorno gewiss nichts gegen deren Wirkungen einzuwenden, würden sie ihm nicht als hohl, forciert und bloß effekthascherisch erscheinen.

Natürlich gibt es bei Händel neben den musikalisch-onomatopoetischen Sonnenauf- und Sonnenuntergängen auch die Sturmmusiken und den lautmalerisch gezeichneten Stillstand der Sonne, und ebenso gibt es in seinen Sieges- und Triumphmärschen und Jubelchören das Auftrumpfende und Fanfarische, nur dass man das, was in einer Partitur zu finden ist, nicht gleichsetzen darf mit einer Aufführungspraxis, bei der Hundertschaften von Sängern und Musikern aufgeboten werden, wie Wagner es in London bei einer *Messias*-Aufführung erlebt und bewundert hat. Beethovens Verehrung für Händel mag sich durchaus auch diesem Machtvollen verdanken, wobei man bei Beethoven in ähnlicher Weise wie bei Händel stets auf beides trifft, nämlich das Pastorale und Triumphale. Ein größerer Kontrast als zwischen Beethovens sechster und siebter Symphonie lässt sich kaum denken, und nicht minder zwischen der achten und der neunten, die bekanntlich mit einem utopischen

Menschheitsumarmungsgesang endet, den man durchaus als brachial empfinden kann. Zu solchen Exzessen lässt Händel sich dagegen nie hinreißen, und man kann von seiner Musik auch kaum das behaupten, was Adorno über diejenige Beethovens gesagt hat, als er meinte, aus der Entfernung höre sie sich oft nur wie Bum-bum an.

Wenn Adorno allerdings meint: »Wesentlich zu lernen war an Händel die Ökonomie der Mittel. Davon ist in Beethovens mächtige Kahlheit der beste Teil eingegangen. Heute ist bloß noch die hieratische Geste übrig, die nicht mehr frommt«, dann zeugt das von der gleichen Verwechslung einer Deutungstradition mit jenem Kristallinen, wie es auch und gerade in der Partitur einer *Feuerwerksmusik* zu finden ist. Insofern ihn an Händel der Hang zum Grandiosen abstößt, will er in gleicher Weise wie bei Heinrich Schütz übersehen, dass ein Werk nicht identisch mit dem ist, was daraus manchmal gemacht wird. Wie wenig Händel zum Pomp neigt, zeigt sich an seinem Trauermarsch aus dem *Saul*, der zwar von Bläsern geprägt ist, nur dass man Posaunen und Pauken zarter und zurückhaltender gar nicht einsetzen könnte, zumal dabei zweistimmig gesetzte Traversflöten den Ton vorgeben.

Selbstverständlich nehmen das Triumphalische, die Anthems und Hallelujahs, aber auch das Fanfarische etwa der im Freien aufgeführten *Feuerwerksmusik* bei Händel einen nicht unwesentlichen Raum ein, doch lässt sich eine Musik, die für repräsentative Zwecke geschrieben worden ist, nicht mit Werken vergleichen, die nur ihren eigenen Gesetzen gehorchen wollen und eine Autonomie für sich beanspruchen, die bei genauerem Hinsehen oft durchaus etwas Illusionäres besitzt, da ja so gut wie jedes Werk, das größere Ausmaße annimmt, für einen Anlass oder zumindest mit dem Ziel entstanden ist, an einem dafür prädestinierten Ort aufgeführt zu werden. Natürlich gibt es in Händels Opern und Oratorien Gelegenheiten zuhauf, ein »Raise your choice to sound of joy« wie in *Susanna*, oder ein »Sound and alarm« wie in *Judas Maccabaeus* anzustimmen, doch es handelt sich dabei schon aufgrund der meist zügigen Tempi und Koloraturen nie um ein schlichtes Jubel- oder Kampfgebrüll. Wer bei Händel vor allem an Hallelujahs und Trompetengeschmetter denkt, blendet das, was seinen Kosmos viel stärker prägt – nämlich das Innige, Anmutige, Grazile –, vollkommen aus. Wenn Gervinus Händel als den »Cicerone der Gefühlswelt« charakterisiert, zielt das weit weniger auf das Kollektive der Chorgesänge, sondern jenes Intime, das an Wärme, Schönheit, Trauer und Seligkeit vermutlich fast alles übertrifft, was in dieser Zeit sonst noch komponiert worden ist.

Nahezu unverständlich ist, dass Händels durch und durch opernhaftes, mit allegorischen Figuren aufwartendes Oratorium *L'Allegro, il Penseroso ed il Moderato* (Der Heitere, der Grübler und der Gemäßigte), das 1740, also ein Jahr vor dem *Messias*, entstand, heutzutage zu seinen unbekanntesten zählt, obwohl es im 19. Jahrhundert zu seinen am meisten aufgeführten Werken gehörte. Völlig zu Recht bemerkt Chrysander, dieses Werk eigne sich wie kein anderes »für die Berichtigung von Urtheilen und Vorurtheilen«, zumal es in Händels Schaffen »wie ein Novum aus den Wolken« gefallen sei, und zwar sowohl mit seiner »Ueberfülle der herrlichsten Melodien wie durch den Reiz einer an das Sonderbare streifenden Eigenthümlichkeit«, die es »unschätzbar für die Bestimmung des Händel'schen Kunstcharakters« mache. Im Grunde kennt man Händels Musik erst, wenn man dieses weltliche Oratorium hört. Lyrisch, leuchtend, jauchzend, anrührend, mit Gesängen von ungebremster Freude und einer wahrlich arkadischen Heiterkeit steht es für eine Welt, die bei ihm einen weit größeren Raum als das Mächtige und Prächtige einnimmt, wobei natürlich auch die melancholische Gegenstimme des Grüblers nicht fehlen darf, der nachts in seinem einsamen Turmzimmer sitzt und auf der Suche nach der Wahrheit Platons Werke studiert. In den meisten dieser Arien begegnen wir auch keinem da-capo-Geklapper, sondern durchkomponierten Gesängen, und ebenso wenig stehen die Chöre als monolithische Blöcke zwischen den Soloauftritten, sondern verhaken sich häufig mit ihnen. Der Text ist – zumindest in den ersten beiden Akten – von keinem anderen als Milton, was heißt, dass er für sich schon Sprachmusik ist. Nicht nur die Arie »Mirth, admit me of thy crew« und das Duett »As steals the morn upon the night« gehören zum Ausgelassensten und zugleich Ergreifendsten, was Händel je geschrieben hat, vielmehr strahlt das ganze Werk schon dadurch etwas Ungewöhnliches aus, dass in dem Zwiegesang »Haste thee, nymph« ein auskomponiertes Lachen für Solo und Chor den Mittelpunkt bildet und in der Arie »Or let the merry bells ring round« ein Glockenspiel ganze Vogelkonzerte evoziert, während in dem Bass- und Chorgesang »Populous cities please me then« ein Lobgesang aufs städtische Leben und Treiben angestimmt wird.

Dass das Arkadische bei Händel eine weit größere Rolle als das Pomphafte spielt, zeigt sich von seinen Anfängen bis zu den späten Oratorien. Als er nach Rom kam, gab es dort eine Accademia dell'Arcadia, die 1690 von Dichtern gegründet worden war, die sich regelmäßig im Palast Christinas von Schweden versammelt hatten, die ein Jahr zuvor gestorben war. Neben Carlo Sigismondo Capece, von dem die Verse für *La Resurrezione* stammen, und den Kardinälen Pamphili und Ottoboni, die für Händel solche Libretti wie *Il Trionfo* oder *Il delirio amoroso* schrieben, gehörten auch Corelli und Alessandro Scarlatti diesem Zirkel an. Wie ihr Name schon sagt, hatte es sich diese Akademie zum Ziel gesetzt, die bukolische Dichtung wiederzubeleben, wie man sie etwa von Theokrit und Vergil kennt, was heißt, dass nichts Verkünsteltes und Bombastisches, sondern das Einfache und Anrührende als Leitfaden dienen sollte. Dass Orpheus dabei eine entscheidende, Prometheus dagegen überhaupt keine Rolle spielt, ist evident, zumal der eine für die magische Kraft einer Musik steht, die selbst Tiere befrieden kann, während der andere das Brachiale und Gewaltsame symbolisiert. Nicht zufällig bildet den Titel der ersten erhaltenen Oper der Name des thrakischen Sängers, als könne es gar kein anderer als er sein, der all das versinnbildlicht, was mit ihr neu erstehen und zugleich an die heidnische Antike anknüpfen sollte. Wie wenig dieses Heidnische dem Christlichen widersprechen muss, können wir an Monteverdis Orpheus sehen, der am Ende des Geschehens von Apoll in den Himmel hochgeholt wird, womit die Geschichte eine christlich eingefärbte Wendung nimmt, während wir in Ovids *Metamorphosen* lesen, dass er von den Mänaden, also den Furien des Dionysos, bei lebendigem Leib zerfleischt wird. Andersherum erweist Händels *Cäcilien-Ode*, deren Text von Dryden stammt, keineswegs nur der christlichen Schutzpatronin der Musik ihre Reverenz, vielmehr ist sie umringt von Orpheus, vom alttestamentarischen Harfenisten Jubal, vom Trompeten spielenden und Trommeln schlagenden Kriegsgott Mars und vom liebesklagenden Flötenspieler Pan, auf dass im weiten Rund der levantinischen und abendländischen Religionen und Mythologien auch keiner fehle.

Was Händel ebenfalls aus Italien mitbrachte, ist jene Hirtenmusik, die sich nach den oboenartigen Schalmeien in Kalabrien und den Abruzzen Pifa nennt. Seiner zärtlichsten Pifa begegnen wir in einer Zwischenmusik aus dem *Messias*, einer geradezu seligen Siciliana im Sechsachteltakt, die einen kindlichen Frieden ausstrahlt. Er muss diese Art von Musik während seines Aufenthalts in Neapel kennengelernt haben, zu der Zeit, als er an *Aci, Galatea e Polifemo* arbeitete und damit im Sinne der Accademia dell' Arcadia einen pastoralen Stoff wählte, der sich ebenfalls in den *Metamorphosen* findet. Ebenso begegnen wir in der Mitte der *Feuerwerksmusik* einem Largo alla Siciliana, dem er auch noch eigens den Titel »La Paix« gab, ganz zu schweigen davon, dass weite Teile des Oratoriums *Solomon* oder der Oper *Orlando* einen solchen orphisch-pastoralen Geist atmen. Im Grunde gibt es so gut wie kein Werk von Händel, das nicht davon geprägt ist. Irenes »As with rosy steps the morn advancing« aus *Theodora*; Michals »In sweetest harmony they liv'd« aus *Saul*; die Alt-Arie »He shall feed His flock like a sheperd« aus dem *Messias*; das Duett »O lovely peace« aus *Judas Maccabaeus;* Achsahs »As chears the sun the tender Flow'r, That sinks beneath a falling Show'r«, von dem der Schriftsteller Samuel Butler gesagt haben soll, es sei die schönste Schilderung eines warmen, erfrischenden Sonnenregens, die ihm je untergekommen sei – all das belegt beispielhaft, wie beseligend Händels Musik sein kann, ganz zu schweigen von dem Oratorium *Semele* mit seinem mozartischen »Come, Zephyrs, come«, »Oh Sleep, why dost thou leave me« und »Wher'er you walk«, was zum Berührendsten in seinem gesamten Werk gehört, auch wenn gerade dieses Oratorium ein Schattendasein wie kaum ein anderes führt, was sich allein durch das Libretto, aber keineswegs durch das, was Händel aus ihm gemacht hat, erklären lässt.

Obwohl nahezu zwei Generationen sie trennen, wäre es zuweilen naheliegender, Händel neben Haydn zu stellen, statt seinen Namen in einem Atemzug mit demjenigen Bachs zu nennen. Schließlich war Haydn von den Oratorien, die er von Händel in London hörte, so tief beeindruckt, dass ihm erst dabei der Gedanke kam, ein Werk wie *Die Schöpfung* zu schreiben. Entworfen hat Haydn sie 1794 bei seinem zweiten Aufenthalt in England und fertiggestellt daheim in Wien, wobei das von Baron van Swieten angefertigte Libretto auf eine Vorlage zurückgeht, die Haydn aus London mitgebracht haben soll. Sein erster Biograph Georg August Griesinger behauptet, sie stamme von einem gewissen Lidley, der angeblich Texte aus der Genesis, den Psalmen und Miltons *Paradise Lost* kompiliert hatte, um sie Händel anzubieten. Ob das zutrifft oder nicht, spielt kaum eine Rolle, bezeichnend allerdings ist, dass Haydns Musik, die oft etwas von sonnigen Sonntagen besitzt, an denen ein unendlicher Friede zu herrschen scheint, vermutlich durch Händel weit mehr als durch jeden anderen Komponisten inspiriert wurde, zumindest was solche Werke wie *Die Schöpfung* oder *Die Jahreszeiten* anbelangt. Dass in beiden Fällen die Libretti auf englische Vorlagen zurückgehen, mag als Zufall erscheinen, nur dass diese Zufälle insofern keine sein können, als sowohl Miltons *Paradise Lost* wie auch James Thomsons *The Seasons* eine Weltfreudigkeit besitzen, wie sie in gleicher Weise Händels Musik auszeichnet.

So viel arkadischen Süden, so viel musikalisch vorweggenommenen Eichendorff, so viel Morgenlicht und elysischen Frieden wie bei Händel finden wir selten bei einem Komponisten, zumal es eine Schönheit ist, der nie die starken Kontraste fehlen, weshalb bei ihr immer auch die Dankbarkeit für ein Innehalten mitschwingt, das als Gnade erlebt wird. So energisch, triumphal und virtuos solche Rampen-Arien, die für einen Senesino und eine Cuzzoni geschrieben wurden, zuweilen klingen, so weltlich andächtig und auf entrückte Weise leuchtend sind jene anderen, die für eine Weile die Zeit anzuhalten scheinen.

Zeittafel

1685

Georg Friedrich Händel wird am 23. Februar in Halle im »Haus am Schlamm« als Sohn der Dorothea Taust, einer Pfarrerstochter, und des kurfürstlichen Leibchirurgen Georg Händel geboren.

1697

Händels Vater stirbt am 11. Februar.

1701

Beginn der Freundschaft mit Georg Philipp Telemann, mit dem Händel auch noch in London Briefkontakt hält.

1702

Im Februar Immatrikulation an der 1694 gegründeten Universität Halle, wo Händel vermutlich den Hamburger Dichter Heinrich Barthold Brockes kennenlernt, von dem er später mit seinen *Neun Deutschen Arien* Verse aus dessen Gedichtsammlung *Irdisches Vergnügen in Gott* und die sogenannte *Brockes-Passion* vertonen wird, die es auch in Fassungen von Telemann, Reinhard Keiser und Johann Mattheson gibt. In Halle lehrt Christian Thomasius, der als erster Professor Vorlesungen auf Deutsch hält.

1703

Händel geht nach Hamburg, wo er an der 1678 unter heftigem pietistischen Protest eröffneten Oper Geiger und Cembalist wird.

Bekanntschaft mit Johann Mattheson, mit dem er im August nach Lübeck zu Buxtehude reist, wo beide wegen dessen Nachfolge als Organisten vorspielen, jedoch ohne weiteres Interesse wieder abreisen, da Buxtehude die Vergabe der Stelle an die Heirat seiner Tochter knüpft. Im Dezember kommt es nach einem Opernabend zum Duell mit Mattheson, weil Händel den Platz am Cembalo, von wo aus er das Orchester leitet, nicht für ihn während der Vorstellung räumen will.

1705

Im Januar wird Händels erste Oper *Almira* in Hamburg aufgeführt. Der Erfolg scheint mäßig zu sein. Im Februar steht seine zweite Oper *Nero* auf dem Spielplan, die verschollen ist.

1706–1710

Händel ist in Italien, vermutlich zuerst in Florenz, dann in Rom, danach in Neapel und schließlich in Venedig. 1707 wird er in Rom von Mitgliedern der Accademia dell' Arcadia gefördert, vor allem von Fürst Ruspoli, in dessen Palast er wohnt, und Kardinal Ottoboni, in dessen Palast Corelli eine Suite besitzt und in dem wöchentlich Konzerte und Bühnenwerke aufgeführt werden, für die der Kardinal aufkommt. Bei ihm lernt Händel auch Alessandro Scarlatti, den damals berühmtesten Opernkomponisten, und seinen Sohn Domenico kennen, mit dem es zu einem der damals beliebten Wettspiele auf dem Cembalo und der Orgel kommt, wonach die beiden sich anfreunden, nur dass Händel den größten Teil seines Lebens in London, Domenico Scarlatti hingegen in Spanien verbringen wird. In Rom entstehen zwei der großartigsten Werke Händels: das *Dixit Dominus* und das Oratorium *Il Trionfo del Tempo e del Disinganno*. Bei den Proben des Letzteren schreitet Händel gegen Corelli ein, der sie leitet. Er wirft ihm vor, nicht in der Lage zu sein, seine Ouvertüre mit der angemessenen Verve zu dirigieren. Im Übrigen singt die Sopranistin Margherita

Durastanti mit, die später zu den Stars der Londoner Oper zählen wird. In Rom sind damals per Dekret alle Karnevalsveranstaltungen, zu denen auch die Aufführung von Opern gehört, für fünf Jahre zum Dank dafür ausgesetzt, dass Rom im Jahre 1703 von einem Erdbeben verschont blieb, das direkt vor der Stadt zahllose Opfer forderte. Im Sommer 1708 wird in Neapel Händels opernartige Serenade *Aci, Galatea e Polifemo* uraufgeführt. Im Sommer 1709 stirbt Händels jüngere Schwester Johanna Christine. Ende 1709 findet in Venedig die Uraufführung seiner Oper *Agrippina* statt, die es auf die exorbitante Anzahl von siebenundzwanzig Vorstellungen bringt.

1710

Im Frühjahr reist Händel von Venedig aus über Innsbruck nach Deutschland zurück. Im Sommer wird er vom Kurfürsten Georg Ludwig von Hannover zum Kapellmeister ernannt, wobei Händel sich erbittet, nicht ständig anwesend sein zu müssen, sondern auch reisen zu dürfen. Am Hannoveraner Hof steht auch Gottfried Wilhelm Leibniz in Diensten, bloß dass er die meiste Zeit in halb Europa unterwegs ist. Welche Achtung dieser Universalgelehrte am Hof besitzt, lässt sich erahnen, wenn man weiß, dass nur sein Sekretär ihn auf dem Weg zu seiner letzten Ruhestätte begleitet hat. Im Herbst reist Händel nach London.

1711

Im Februar wird in London am Queen's Theatre mit immensem Erfolg die Oper *Rinaldo* uraufgeführt, der zahlreiche Aufführungen folgen und die auch in Dublin, Hamburg und Neapel auf den Spielplänen steht. Im Sommer reist Händel von London nach Düsseldorf, wo er wegen einer eventuellen Anstellung den Pfalzgrafen Johann Wilhelm trifft, von dem er ein Entschuldigungsschreiben für seine verspätete Rückkehr nach Hannover ausgestellt bekommt. Händel will so schnell wie möglich nach London zurück.

1712

Im Herbst trifft Händel zum zweiten Mal in London ein, wo er für den Rest seines Lebens bleiben wird. Während der ersten drei Jahre wohnt er beim Earl of Burlington, einem berühmten Architekten und Mäzen, in dessen Haus alles, was an Dichtern und Musikern Rang und Namen hat, ein und aus geht. Händel widmet ihm seine damals entstehenden Opern *Il Pastor fido*, *Teseo* und *Amadigi di Gaula*, mit denen er an den Erfolg des *Rinaldo* allerdings nicht anknüpfen kann.

1713

Im Januar Uraufführung von *Teseo* im Queen's Theatre. Nach der zweiten Vorstellung setzt sich der Impresario Owan MacSwiney mit den Einnahmen nach Italien ab. Händel lernt den Dichter Alexander Pope kennen, dessen Texte er verschiedentlich vertont, und seien es nur einzelne Verse, die er dessen *Pastorals* oder dem in Reimen verfassten *Essay on Man* entnimmt und in Oratorien wie *Semele* oder *Jephtha* einfügt. Ebenfalls Bekanntschaft mit dem Schriftsteller John Gay, der die in Händels Opern auftretenden italienischen Diven fünfzehn Jahre später in seiner *Beggar's Opera* sarkastisch parodieren wird.

1714

Im Februar Aufführung der *Ode for the Birthday of Queen Anne* in Windsor, von der Händel ein jährliches Salär von 200 Pfund zugesprochen bekommt, was heutzutage in ungefähr dem Jahresgehalt eines einfachen Beamten entspricht. Im August stirbt die Königin. Ihr Nachfolger wird Händels früherer Arbeitgeber, der Kurfürst von Hannover, der sich jetzt King George I. nennt. Seit Mainwarings erster Händel-Biographie hält sich das Gerücht, Händel habe für ihn in der Hoffnung, er werde ihm seine häufige Abwesenheit und den Aufbruch nach England verzeihen, die *Wassermusik* geschrieben. Allerdings werden frühestens drei Jahre nach der Ankunft Georges I. Teile dieses Werks erstmals aufgeführt, weshalb es sich dabei vermutlich um eine Legende handelt.

1716

Besuch in Halle. In Ansbach trifft Händel den früheren Studienfreund Johann Christoph Schmidt, der mit ihm nach London geht, um für ihn dort als Sekretär und Notenkopist zu arbeiten. Mainwaring stützt sich in seiner 1760 erschienenen Händel-Biographie im Wesentlichen auf dessen Informationen.

1717

Im Juli Aufführung von Teilen der *Wassermusik* während einer Lustfahrt des Königs und seiner Entourage auf der Themse. Händel wohnt im Haus des Lord Chandos, der nichts mit Hofmannsthals fiktivem Briefschreiber zu tun hat. Bei ihm wird die neu komponierte, mit der neapolitanischen Fassung von *Aci, Galatea e Polifemo* so gut wie nicht zusammenhängende Masque *Acis and Galatea* in privatem Rahmen aufgeführt, was erklärt, warum das Libretto nicht auf Italienisch ist.

1718

Am 8. August stirbt Händels zweite jüngere Schwester Dorothea Sophia.

1719

Im Februar Gründung der *Royal Academy of Music*, deren geschäftlicher Direktor John James Heidegger ist, mit dem Händel seit seiner Ankunft in London zusammenarbeitet. Er kam als Schweizer Diplomat nach London, wechselte jedoch zum Theater, wo es ihm als äußerst umtriebigem Geschäftsmann vor allem auf volle Kassen ankommt. Er gilt als der hässlichste Mann Englands und steht dutzendfach im Zentrum von William Hogarths Karikaturen. Als künstlerische Leiter stehen Händel der Komponist Giovanni

Bononcini, der Bühnenbildner Roberto Clerici und der Librettist Paolo Antonio Rolli zur Seite. Im Sommer reist Händel nach Dresden, um vom dortigen Hof solche berühmten italienischen Sänger wie den Kastraten Senesino oder Margherita Durastanti nach London zu locken. Offenbar hätte Bach seinen Landsmann auf dessen Reise gern getroffen, nur dass sich die beiden nie persönlich begegnen. Auf Seiten der Bach-Anhänger kommen damals Stimmen auf, die behaupten, Händel sei ihm aus dem Weg gegangen, wofür es keine Belege gibt.

1720

Im April Uraufführung der Oper *Radamisto*, bei deren Wiederaufnahme im Dezember Senesino seine erste große Händel-Partie singt.

1722

Bononcini und der Librettist Rolli treten von ihren Leitungsfunktionen an der Royal Academy zurück, weshalb Händel jetzt, zumindest in musikalischer Hinsicht, schalten und walten kann, wie er will. Im Dezember Ankunft der italienischen Primadonna Francesca Cuzzoni in London.

1723

Händel bezieht in der Brook Street, Hanover Square, eine Wohnung, wo er bis zu seinem Tod bleiben wird. Weil Jimi Hendrix kurze Zeit im Nachbarhaus wohnte, überlegte man sich in London ernsthaft, dort eine gemeinsame Gedenktafel für die beiden anzubringen.

1724

Im Februar Uraufführung von *Giulio Cesare*, der in den nächsten Jahren auch in Braunschweig und Hamburg aufgeführt wird, wo man auf sechsunddreißig Vorstellungen kommt. Im Oktober Uraufführung des *Tamerlano*, der später ebenfalls in Hamburg auf den Spielplan kommt.

1727

Anfang des Jahres beantragt Händel die englische Staatsbürgerschaft, die er kurz darauf auch zugesprochen bekommt. Am 6. Juni 1727 fangen die beiden Primadonnen Francesca Cuzzoni und Faustina Bordoni während einer Vorstellung auf der Bühne an, sich anzuschreien und die Haare auszuraufen. Im Juni stirbt George I. während einer Reise nach Deutschland. Im Oktober Krönung von dessen Sohn George II. in der Westminster Abbey, wo Händel sein *Coronation Anthem* aufführt. Händel wird *Composer of Musick for his Majesty's Chappel Royal.* Im November Uraufführung von *Riccardo Primo,* einem Lobgesang auf Richard Löwenherz, im King's Theatre.

1728

Ende Januar erste Aufführung von Gays und Pepuschs *The Beggar's Opera,* der über sechzig weitere Vorstellungen folgen. Die Bettleroper ist in London der Renner und zieht vor allem auch ein Publikum an, das die Häme genießt, mit der darin Händels Opernbetrieb verspottet wird. In den Figuren der Polly und Lucy, den sich gegenseitig als Huren beschimpfenden Geliebten von Mackie Messer, sind unschwer die Cuzzoni und die Bordoni wiederzuerkennen. Im Juni wird die Royal Academy of Music wegen schieren wirtschaftlichen Ruins aufgelöst. Senesino verlässt London und geht nach Paris. Im Herbst wird die New Royal Academy of Music gegründet.

1729

Anfang des Jahres reist Händel nach Italien, um für die neugegründete Royal Academy italienische Sänger zu engagieren. Er ist auch mit dem berühmtesten aller Kastraten, Carlo Broschi, genannt

Farinelli, im Gespräch, der zwar fünf Jahre später tatsächlich nach England kommt, jedoch bei der neugegründeten Opernkonkurrenz auf der Bühne steht.

1730

Senesino kehrt nach London zurück.

Am 27. Dezember stirbt Händels Mutter neunundsiebzigjährig in Halle.

1732

Mehrere Aufführungen des Oratoriums *Esther* im King's Theatre.

1733

Der Sohn von George II., Prinz Frederick von Wales, gründet im Theatre in Lincoln's Inn Fields eine Gegenoper zu derjenigen der Royal Academy und nennt sie Opera of the Nobility. Da in der Hannoveraner Dynastie alle Söhne mit ihren Vätern unbarmherzig verfeindet sind und davon auch das ganze Land weiß, ist es in erster Linie ein Akt innerfamiliärer Renitenz, der jedoch für Händel und das gesamte Londoner Operngeschehen weitreichende Folgen hat. Schmerzhaft für Händel ist vor allem, dass sich auch frühere Freunde wie der Earl of Burlington, bei dem er in seinen ersten Londoner Jahren wohnte, seinen Gegnern anschließen. Dass alle italienischen Sängerinnen und Sänger bis auf Anna Maria Strada ihn ebenfalls verlassen und zur Konkurrenz überlaufen, ist indessen weniger verwunderlich, da Händel zu seinen Diven und Kastraten seit langem nicht mehr das beste Verhältnis hat, am allerwenigsten zu Senesino. Infolge seiner zunehmenden Misserfolge, was die Oper anbelangt, wendet Händel sich vermehrt dem Oratorium zu. Am 9. Juli soll das Oratorium *Athalia* in Oxford aufgeführt und Händel aus diesem Anlass die Ehrendoktorwürde verliehen werden. Da es offenbar nicht möglich ist, an diesem Tag alle Professoren und Honoratioren rechtzeitig zur Feierstunde zusammenzubekommen, wird Händel gebeten, den Termin um einen Tag zu verschieben, was er – aus welchen Gründen auch immer – ablehnt und damit den Ehrendoktor ausschlägt. Ende Dezember eröffnet die Opera of the Nobility mit einem Werk ihres aus Neapel kommenden musikalischen Leiters Niccola Porpora. Bereits durch die Stoffwahl sagt dieser Händel den Kampf an, schließlich trägt die Oper den Titel *Arianna in Nasso*, sodass Händels *Arianna* gute drei Wochen danach wie zu spät gekommen wirkt.

1734

John James Heidegger, mit dem Händel fast fünfundzwanzig Jahre lang eng zusammenarbeitete, vermietet das Theater am Haymarket, in dem Händel bislang so gut wie alle seine Opern aufführte, ab Herbst an die gegnerische Seite. Händel ist gezwungen, mit seinen Leuten ans Covent Garden Theatre umzuziehen, wo die Oper sich die Bühne mit dem Schauspiel teilen muss. Farinelli trifft in London als zukünftiger Starsänger der Opera of the Nobility ein.

1735

Im April Uraufführung der Oper *Alcina* im Covent Garden Theatre.

1736

Im Februar Uraufführung der Ode *Alexander's Feast or the Power of Musick* im Covent Garden Theatre.

1737

Im März Aufführung der Neufassung des 1707 in Rom uraufgeführten Oratoriums *Il Trionfo del Tempo e del Disinganno*, das jetzt den vereinfachten Titel *Il Trionfo del Tempo e della Veritá* trägt. Im Juni stellt die Opera of the Nobility ihren Betrieb ein. Das Konkurrenzunternehmen hat dafür gesorgt, dass beide Opernbetriebe sich so gut wie ruiniert haben. Händel erleidet einen Schlaganfall und einen Nervenzusammenbruch. Im September und Oktober ist er zur Kur in Aachen. Im November stirbt Königin Caroline, weshalb die Theater sechs Wochen lang geschlossen bleiben. Im Dezember Aufführung des *Funerals Anthem for Queen Caroline* in der Westminster Abbey.

1738
Im April Uraufführung der Oper *Serse*, die wiederum im King's Theatre am Haymarket gespielt wird. Im April wird in den Vauxhall Gardens eine Händel-Statue aufgestellt.

1739
Im Januar Uraufführung des Oratoriums *Saul* im King's Theatre. Im April folgt ebenda die Uraufführung des Oratoriums *Israel in Egypt*. Am 22. November, dem Tag der Heiligen Cäcilie, der Schutzpatronin der Musik, Aufführung der *Ode for St. Cecilia's Day*, zusammen mit *Alexander's Feast* am Lincoln's Inn Fields Theatre.

1740
Im Februar Uraufführung des weltlich-heiteren Oratoriums *L'Allegro, il Penseroso ed il Moderato* im Lincoln's Inn Fields Theatre. Von Juli bis Oktober Reise nach Haarlem, Berlin und vermutlich auch nach Halle. Es kursieren Gerüchte, Händel wolle England verlassen.

1741
Im Januar Uraufführung von Händels letzter Oper *Deidamia* im Lincoln's Inn Fields Theatre, die nach der dritten Vorstellung abgesetzt wird. Zwischen dem 22. August und 14. September komponiert Händel den *Messias*. Im Oktober schließt er das Oratorium

Samson ab. Auf Einladung des irischen Vizekönigs reist er Ende des Jahres nach Dublin, wo er im Dezember *L'Allegro, il Penseroso ed il Moderato* aufführt.

1742

Anfang des Jahres zahlreiche Aufführungen verschiedener Werke von Händel in Dublin. Am 9. April ist die Generalprobe für den *Messias* ausverkauft. Die Uraufführung am 13. April in der Music Hall ist ein Benefizkonzert für Häftlinge, Kranke und Waisenkinder. Zahlreiche Aufführungen während des restlichen Jahres folgen. Im Sommer, bevor er wieder nach London abreist, soll Händel in Dublin eine Aufführung von Shakespeares *Hamlet* mit dem berühmten Schauspieler David Garrick gesehen haben.

1743

Im Februar Uraufführung des Oratoriums *Samson*, dem zahlreiche Aufführungen folgen. Am 23. März erste Londoner Aufführung des *Messias* im Covent Garden Theatre, wogegen Teile des Klerus protestieren, da in ihren Augen ein solcher Stoff nicht in einen Amüsierbetrieb gehört. Im April oder Mai bekommt Händel einen zweiten Schlaganfall. Am 27. Juni Sieg der Engländer gegen die Franzosen bei Dettingen, das in der Nähe von Aschaffenburg liegt. Händel komponiert das *Dettingen Te Deum*, das am 26. September in der Chapel Royal in St. James's Palace und am 27. November in Anwesenheit des Königshauses aufgeführt wird.

1744

Im Februar Uraufführung des Oratoriums *Semele*, in dem antike Figuren wie Jupiter und Juno auftreten.

1745

Im Januar Uraufführung des Oratoriums *Hercules* im King's Theatre am Haymarket. Auch in ihm treten, wie der Titel bereits vermuten lässt, nur Figuren aus der Antike auf. Im März Uraufführung des Oratoriums *Belshazzar*.

1747
Im April Uraufführung des *Judas Maccabaeus* im Covent Garden Theatre, dem zahlreiche Aufführungen auch an anderen Orten folgen.

1748
Im März Uraufführung des Oratoriums *Joshua* im Covent Garden Theatre.

1749
Im März Uraufführung des Oratoriums *Solomon* im Covent Garden Theatre. Am 21. April Uraufführung der *Music for the Royal Fireworks* im Londoner Green Park zur Feier des Friedensvertrages von Aachen. Schon zur Probe sollen sich über zehntausend Zuhörer eingefunden haben, wobei es aufgrund der volksfestartigen Stimmung angeblich auch zu Schlägereien kam. Händel spendet dem Waisenhaus eine Orgel und gibt dort eines seiner Benefizkonzerte.

1750
Im März Uraufführung des Oratoriums *Theodora* im Covent Garden Theatre. Im Mai wird Händel in den Vorstand des Waisenhauses gewählt, in dem er im gleichen Monat den *Messias* aufführt, bei dessen Hallelujah sich alle von den Sitzen erhoben haben sollen. Am 1. Juni macht Händel sein Testament. Im August bricht er zum letzten Mal nach Deutschland auf. Zwischen Den Haag und Haarlem ereignet sich ein Kutschenunfall, bei dem er verletzt worden sein soll. Während seiner Rückreise wird ihm in Den Haag ein Brief von Telemann überreicht, auf den er ihm am 25. Dezember französisch antwortet und dabei schreibt: »Ich beglückwünsche Sie

zu der vollkommenen Gesundheit, deren Sie sich in so hohem Alter erfreuen und wünsche Ihnen von ganzem Herzen die Fortdauer allen Glückes für die zukünftigen Jahre. Wenn die Leidenschaft für die exotischen Pflanzen etc. Ihre Lebenstage verlängern und die Ihnen eigene Lebhaftigkeit verlängern könnten, so biete ich mich mit grossem Vergnügen an, in irgendwelcher Weise dazu beizutragen. Ich mache Ihnen ein Geschenk und schicke Ihnen eine Kiste Blumenzwiebeln, von denen mir die Kenner dieser Pflanzen versichern, wenn sie mir die Wahrheit sagen, dass diese ausgewählt und von reizvoller Seltenheit seien. Sie werden die besten Pflanzen aus ganz England bekommen, die Jahreszeit ist noch passend, um daran Blüten zu haben. Sie werden darüber der beste Richter sein und ich erwarte Ihr Urteil darüber. Indessen lassen Sie mich nicht zu lang nach Ihrer freundlichen Antwort auf diesen Brief schmachten, da ich ja doch in herzlichster Freundschaft und voller Wärme bin.«

1751

»Biß hierher kommen, den 13 Febr (= Mittwoch) 1751 verhindert worden wegen relaxation des Gesichts meines linken Auges so relaxt«, notiert Händel mitten in der Partitur seines letzten Oratoriums *Jephtha*. Im März Uraufführung des Oratoriums *The Choice of Hercules* im Covent Garden Theatre, zusammen mit *Alexander's Feast*. Im Frühsommer Kuraufenthalt in Cheltenham Wells. Wegen zunehmender Erblindung ist Händel in Augenbehandlung. Nach dem letzten Takt schreibt er in die *Jephtha*-Partitur: »G. F. Handel. Aetatis 66. Finis (= Freitag) Agost. 30. 1751.« Es ist sein letztes Werk.

1752

Im Februar Uraufführung von *Jephtha* im Covent Garden Theatre. Im März Wiederaufnahme von *Samson*, *Judas Maccabaeus* und dem *Messias*. Im August bei einer vollkommenen Lähmung des

Kopfes gänzliche Erblindung Händels. Im November Augenoperation durch den Hofchirurgen der Prinzessin von Wales.

1753

Im Januar ist Händel offensichtlich kurzzeitig in der Lage, seine Wohnung wieder selbständig zu verlassen. Ende des Monats erneuter vollkommener Verlust des Augenlichts. Im März Wiederaufnahmen von *Jephtha*, *Alexander's Feast, Judas Maccabaeus* und *The Choice of Hercules*. Am 1. Mai erneute Benefiz-Aufführung des *Messias* im Waisenhaus, zum letzten Mal unter Händels Leitung.

1754

Am 6. April findet nicht nur die letzte Aufführung der Oper *Admeto* in London statt, sondern auch die letzte Aufführung einer Händel-Oper für die nächsten hundertsiebzig Jahre, bevor die in den zwanziger Jahren des letzten Jahrhunderts gegründeten Göttinger Händel-Festspiele sich wieder auf Entdeckungsreise machen. Am 20. September diktiert Händel folgenden, wiederum auf Französisch gehaltenen Brief an Georg Philipp Telemann: »Vor einiger Zeit ließ ich einen Vorrat exotischer Pflanzen zusammenstellen, um sie Ihnen zu senden, als mir der Kapitän Jean Carsten (an den ich mich gewandt hatte, um sie Ihnen zu übersenden) sagen ließ, dass er gehört habe, Sie seien verstorben. Sie werden nicht zweifeln, dass mich diese Nachricht auf das äußerste betrübte. Sie können sich also die Freude denken, die ich empfand, als ich hörte, dass Sie vollkommen gesund sind.«

1755

Mehrere Wiederaufnahmen, unter anderem im März von *Theodora*, der Händel ein paar weitere Gesänge hinzufügt, die er John Christopher Smith diktiert.

1756

Neben verschiedenen Wiederaufnahmen im Mai erneute Aufführung des *Messias* im Waisenhaus. Am 6. August ergänzt Händel sein Testament, indem er seine Oratorien-Librettisten Thomas Morell und Newburgh Hamilton mitbedenkt und das Erbe für John Christopher Smith erhöht.

1757

Im März Uraufführung des Oratoriums *The Triumph of Time and Truth* im Covent Garden Theatre, der dritten, nunmehr englischen Fassung des frühen, in Rom erstmals aufgeführten *Il Trionfo del Tempo e del Disinganno*. Sowohl im März als auch im August ergänzt Händel nochmals sein Testament.

1759

Wiederaufnahme des Oratoriums *Solomon* im Covent Garden. Im April erneute Ergänzung des Testaments, indem er die Gesellschaft zur Unterstützung verarmter Musiker mitbedenkt.
Am 14. April stirbt Händel in seiner Wohnung in der Brook Street. Am 20. April wird er in der Westminster Abbey beigesetzt. Mehrere tausend Trauernde begleiten ihn auf seinem letzten Weg.

Register von Händels Werken